*Nem azért jöttem, hogy tanítsalak.
Azért jöttem, hogy szeresselek.
A szeretet fog tanítani téged..*

INGYENES BÓNUSZ

Fedezze fel az ősi gyógyító titkokat, amelyek megváltoztathatják az életét

Küzd Ön, vagy valamelyik szerette a következő kihívások egyikével:

- ✓ Fizikai
- ✓ Mentális
- ✓ Érzelmi
- ✓ Spirituális

Szeretne megszabadulni a szenvedéstől, amely évek óta kínozza?

INGYENES tagsági weboldalunk tartalmazza az összes linket, videót és forrást ebből a könyvből, ami az én ajándékom Önnek.

Dr. Clint G. Rogers és Dr. Naram

Erre most a következő weboldalon regisztrálhat:
www.MyAncientSecrets.com/Belong

Az INGYENES TAGSÁGI WEBOLDALON felfedezheti:

- ✓ Hogyan csökkentheti azonnal a szorongást
- ✓ Hogyan fogyjon le, és tartsa meg a súlyát
- ✓ Hogyan erősítheti immunitását és növelheti energiáját
- ✓ Hogyan enyhítheti az ízületi fájdalmakat étellel
- ✓ Hogyan javíthatja a memóriáját és a koncentrációját
- ✓ Hogyan fedezze fel az élete célját
- ✓ És még sok mást...

Minden fejezethez kap videókat, amelyek illeszkednek az egyes fejezetekhez, bemutatva a könyvben található titkokat, így segíthet önmagán és másokon.

Emellett egy hatásos játékot is kipróbálhat, amelynek címe: *30 nap az Önben rejlő ősi titkos erő feltárásához*. Játék közben felfedezheti, hogyan alkalmazhatja azonnal az ősi gyógyító titkokat az életében. (MEGJEGYZÉS: Ez magában foglal olyan haladó tartalmakat, amelyek ebben a könyvben nem találhatóak meg.)

Fedezze fel most itt: MyAncientSecrets.com/Belong

Notes from the Hungarian translators

A barátnőm Dorottya, a könyv fordítója által hallottam erről az ősi gyógymódokat bemutató könyvről, és amint elolvastam rendkívül megtetszett és örültem amikor felkértek a könyv lektorálására.

A lektorálás során elmélyültem a szövegben és az érdekes történetekben, elkezdtem alkalmazni a Siddha-Veda gyógyító technikákat és ennek eredményeként energikusabbnak, erősebbnek és egészségesebbek éreztem magam.

Ajánlom a könyvet mindenkinek, aki nyitott a természetes gyógymódokra, szeretné jobban megismerni önmagát és mindazoknak akik szeretnék a saját kezükbe venni életük iranyítását.

- Ildiko

Amikor találkoztam egy Kryon összejövetelen dr. Clinttel, nem tudtam hogy ki ő és min dolgozik. De megragadott a kisugárzása. Csodálatos életerő és tisztaság sugárzik belőle. Most már tudom, hogy minek köszönheti ezt nagy részben.

A munkám során hasonló folyamaton mentem keresztül, mint Dr.Clint. A szkeptikusból az ősi gyógymódok lelkes hívőébe!

Nagy izgalommal várom a magyar kiadást, hogy ez a csodálatos könyv, illetve az ősi módszerek hozzájáruljanak nálunk is az életerő, a tisztaság és az öröm emelkedéséhez, a testi lelki gyógyuláshoz.

Nagy szükség van rá!

- Fűzér Marta

Elismerés egy gyógyító mester ősi titkaiért

„Dr. Clint G. Rogers nagyszerű sevá-t (szolgálatot) végzett ezzel a könyvvel. A világnak nagy segítségre van szüksége, mert szennyezett, és nem csak úgy, ahogy sokan gondolják,... mentális, érzelmi és spirituális szennyezettségről is szó van. A könyvben található ősi gyógyító titkok mélyebb megoldást jelentenek a mai világ legnagyobb problémáira. Több mint 40 éve ismerem és tisztelem Dr. Naramot, és személyesen találkoztam mesterével Baba Ramdas-szal, valamint ismerem ennek a töretlen vonalnak az erejét, amely közvetlenül Jivakától (Buddha személyes orvosa) származik. Láttam, hogy Dr. Naram az ősi gyógyító elvek alkalmazásával segített azoknak az embereknek, akiket hozzá küldtem, az olyan betegségekből való kigyógyulásban, mint a reumás ízületi gyulladás, az epilepszia, a súlyos menstruációs vérzés, a májfertőzés, a tüdőfertőzés, a szklerózis multiplex, a szív blokkok, a rák, a meddőség, a mióma, cukorbetegség, pajzsmirigy problémák, terhességi komplikációk, magas koleszterinszint, magas vérnyomás, hajhullás, hasvízkór, húgyúti problémák, farokcsont törés, súlyos sérv, pikkelysömör, autizmus, ekcéma, nyaki spondilózis és agyi kihívások, hogy csak néhányat említsünk. Dr. Naram sziddhi (gyógyító erő) birtokosa, amelyet mestere kegyelméből kapott. Az ősi gyógyítás ebben a könyvben feltárt titkaira ma nagyobb szükség van, mint valaha."*

- Őszentsége Hariprasad Swami
(a Yogi Divine Society vezetője)

„Dr. Pankaj Naram az ősi gyógyító titkok világszintű mestere. Ez a könyv inspiráló: megosztja velünk, hogyan lehet alkalmazni ezeket az ősi gyógyító titkokat a mindennapi életben a szétáradó energia, egészség és boldogság érdekében. A cukorbetegségem és a koleszterinszintem kezelésére az ő gyógynövény készítményeit szedem, amelyekkel rendkívüli eredményeket értem el. Számos tanítványunk a Bhakti Ashramban az ő gyógynövény készítményeit szedik, amellyel hihetetlen hatást értek el, és néhányan teljesen meggyógyultak. Legyen szó cukorbetegségről, pajzsmirigyről, ízületi gyulladásról, ízületi fájdalomról, hátfájásról, asztmáról vagy másról: mindegyik esetében csodálatos eredményeket hoz. Köszönöm Dr. Clint G. Rogersnek ezt a nagyszerű könyvet, amelyet minden embernek el kell olvasnia."*

- Szeretett Premben, Sadhvi Suhrad (Yogi Mahila Kendra)

„Ismerem Dr. Naramot, csodálatos ember, így amikor hallottam, hogy Dr. Clint G. Rogers megírta ezt a könyvet ősi gyógyító titkokról, nagyon izgatott lettem. A legtöbb embernek még arra sincs lehetősége, hogy 3 percet töltsön Dr. Narammal, de ezen a könyvön keresztül bárki vele tarthat egy olyan utazáson, amely bepillantást enged abba a hatalmas örömbe, békébe, világosságba és mély bölcsességbe, amely életét áthatotta. Minden ragyogóan fel van vezetve ebben a könyvben - micsoda fenomenális ajándék ez a világ számára. Tegyen egy szívességet magának és olvassa el."*

- Jack Canfield (Siker-coach, és az Erőleves a léleknek című könyvsorozat társszerzője))

„Több mint 30 éve ismerem Dr. Naramot, és láttam, ahogy a gyógyítás terjesztésére irányuló küldetése az egész világon növekszik... az ősi gyógyító tanítások jelentőségét propagálja a modern társadalomban. Dr. Naram azokat az ősi gyógyító gyakorlatokat tárja fel a világ előtt, amelyek elvesztek a nemzedékek során. Biztos vagyok benne, hogy minden olvasót le fog nyűgözni és inspirálni fog ez a valós történet, amelyet Dr. Clint G. Rogers egyetemi kutató mesél el. Fedezze fel az ősi bölcsesség gyöngyszemeit, amelyeket a mindennapi életben alkalmazhat."*

- A.M. Naik (a Larsen & Toubro csoport elnöke, India és a világ egyik legelismertebb vezérigazgatója)

„Ez a könyv olyan, mint egy fénysugár az emberek számára. Egyszerűen beleszerettem. Annyira szépen megírt történet: reményt fog adni rengeteg olyan embereknek, akinek szüksége van rá. Nem akartam, hogy véget érjen! Megállapítottam, hogy az Amrapali titkainak megismerése elengedhetetlen mindenki számára. Ez kétségkívül az egyik kedvenc könyvem."*

- Arianna Novacco (Miss World Italy, 1994)

„Ez az erőteljes könyv sok-sok életet fog megváltoztatni a világon. A Korán és a Hadísz az egészségről beszél, ahogy Mohamed próféta (Béke legyen vele!) mondja: Isten nem küldött semmilyen betegséget anélkül, hogy ne küldene gyógymódot rá (Hadísz száma: 5354). A könyvben leírt ősi titkok révén sok ember fog meggyógyulni! Imádkozom, hogy több ember szentelje életét ezen ősi tudomány megtanulására és megosztására, hogy az emberek javára váljon Afrikában és az egész világon."*

–Dr. Batilda Salha Burian (korábbi tanzániai nagykövet Japánban, Ausztráliában, Új-Zélandon és Dél-Koreában)

„Figyelemre méltó történetek olyan emberekről, akik mindenféle rosszullétet és betegséget visszafordítottak. Ezek nem „orvosi csodák", mert ezen eredmények bizonyos elvek követése mellett előreláthatók. Mindenkinek joga van az egészséghez. Clint az igazságot kutatja, akinek kíváncsisága egyedi útra és küldetésre vezette. Lenyűgöző tudása van a

hasznos, de általában ismeretlen ősi gyógyító technikákról. Sok sikert kívánok neki e könyvhöz és ahhoz az átfogó küldetéséhez, hogy segítse az emberiséget."*
- Joel Fuhrman, M.D. (A Táplálkozáskutatási Alapítvány elnöke és hatszoros NY Times bestseller szerző)

„Hűha! Ez a könyv megváltoztatja a legtöbb ember életről és egészségről alkotott elképzelését. Minden egyes történet életre szóló hatással rendelkezik. Az egyes oldalak olvasása közben folyton arra gondoltam, mennyire szeretném, ha a fiam és minden ember, akit szeretek, elolvasná ezt a könyvet."*
- Wendy Lucero-Schayes (olimpiai bajnok műugró, 9-szeres nemzeti bajnok)

„Nagyon jó követni a könyvben leírt ősi hagyományos gyógyító módszereket. Dr. Naram olyan, mint egy nagy professzor, ismeri az autentikus ősi gyógyszerek készítésének helyes módszereit természetes összetevőket használva, így segít másoknak mélyen meggyógyulni mellékhatások nélkül, amelyek új betegséget alakítanának ki. Nekem is voltak gyomorproblémáim, cukorbetegségem és gondjaim a vérnyomásommal is. De miután Dr. Naram kezeléseiben részesültem három évig, ma sokkal jobban vagyok. Ő sokat segített rajtam, és már nagyon jól érzem magam."*
- Őeminenciája Namkha Drimed Ranjam Rinpocse
(a Ripa vonal legfelsőbb vezetője, Nyingma Vajrayana buddhizmus)

„Izgatottan várom, hogy megoszthassam ezeket a titkokat másokkal, és hogy ennek az ősi gyógyító tudásnak a gazdagsága elterjedjen az egész világon, mert tudom, hogy nekem nagyon sokat segített. Miómáim voltak, ami miatt rengeteg vért vesztettem, és nagyon vérszegénynek éreztem magam. A nyugati orvosok el akarták távolítani a méhemet, de én hittem abban, hogy ha a szervezet létrehoz egy problémát, akkor az öngyógyításra is képes. Miután találkoztam Dr. Narammal, az egész étrendem megváltozott, és elkezdtem szedni a gyógynövényeket, hogy segítsek a testem méregtelenítésében és táplálásában. Most már örömmel mondhatom, hogy sokkal jobban élvezem az életet. Nemcsak a miómáim tűntek el, hanem a térdeim állapota is javult, amelyek az évekig tartó profi testépítés miatt sokat szenvedtek! Hit kell hozzá, és a gondolkodásmód megváltoztatása a múltbéliből a jelenlegibe. De ha égető vágyunk van, Dr. Naram segíthet abban, hogy az álmunk valósággá váljon."*
- Yolanda Hughes (A Ms. International testépítő verseny kétszeres győztese)

„Az emberek sokféleképpen hívják Dr. Naramot, de én a gyógyító gurumnak nevezem őt. Évek óta szedem a gyógynövény-kiegészítőit, hogy természetes módon támogassam a hormon- és tesztoszteronszintemet és tesztelem a vérvételek eredményeit, hogy lássam a hatást, és remekül érzem magam. 73 évesen még mindig az edzőteremben vagyok és edzek a Mr. World versenyekre. Nagyon sok minden múlik a pozitív gondolkodásmódon, és nekem az tetszik, hogy Dr. Naram természetes, méreganyag mentes módon nyújt megoldásokat arra, hogy nagyszerű egészségem legyen és elérjem az álmaimat."*

- Sadanand Gogoi (Mr. India Masters, ötszörös győztes)

„Amint elkezdtem olvasni, nem akartam letenni! Ez a könyv zseniálisan áthidalja Keletet és Nyugatot, akárcsak az *Egy jógi önéletrajza* című könyv tette, őszinte, magával ragadó és üdítő módon. Ez a könyv az egész világon elterjed majd, és milliók életét fogja megérinteni, mivel a Dr. Naram által megosztott ősi titkok megváltoztatják az egészségről és a mélyebb gyógyulásról alkotott hiedelmeinket."*

- Pankuj Parashar művész,
zenész és bollywoodi filmrendező)

„Minden nyugati orvoslásban képzett orvos nagyra értékeli annak erősségeit, de ugyanakkor tisztában van a korlátaival is. Einstein gondolkodása örökre megváltoztatta az energiáról és a fizikáról alkotott felfogásunkat. Az orvostudományban is van felfedezendő igazság a jelenlegi gondolkodásunkon és kondicionálásunkon túlmenően. Ha megnyitjuk elménket a keleti orvoslás több ezer éven át felhalmozott tudása előtt, az lehetőséget kínál arra, hogy a nyugati orvoslást nagyobb hatékonysággal és gyógyulással egészítsük ki és bővítsük ki. Ez a könyv, Egy gyógyító mester ősi titkai, megnyitotta az elmémet, és remélhetőleg az Önét is egy olyan univerzum felé, ahol még rengeteg minden létezik, amit továbbra is tanulhatunk és hasznosíthatunk."*

- Bill Graden, M.D.

*Kérem, olvassa el a könyvhöz tartozó orvosi nyilatkozatot.
További fontos ajánlások a könyvhöz a MyAncientSecrets.com oldalon találhatók.

Egy gyógyító mester ősi titkai

Egy gyógyító mester ősi titkai

Egy nyugati szkeptikus,
egy keleti mester,
és az élet legnagyobb titkai

CLINT G. ROGERS, PHD

Wisdom of the World Press

EGY GYÓGYÍTÓ MESTER ŐSI TITKAI
Egy nyugati szkeptikus, egy keleti mester és az élet legnagyobb titkai,
Clint G. Rogers, PhD

Szerzői jog© 2020 Paul Clinton Rogers.
Minden jog fenntartva.
A kiadó kifejezett írásbeli engedélye nélkül a könyv egyetlen részét sem szabad reprodukálni, fénymásolni vagy adatlekérdező rendszerben tárolni, illetve elektronikus, mechanikus úton, vagy más módon továbbítani, Megjelent: Wisdom of the World Press, www.MyAncientSecrets.com

Published by Wisdom of the World Press
www.MyAncientSecrets.com

ISBN-13: 978-1-952353-89-5
eISBN: 978-1-952353-43-7

Cover design by Daniel O'Guin
Interior design by Christy Collins, Constellation Book Services

Printed in the United States

Megjegyzés az új szavakról: Ez a könyv sok olyan szót mutat be, amelyek valószínűleg újak lesznek Ön számára - nekem legalábbis azok voltak. Például, amikor először hallottam a marmaa szót, azt gondoltam, hogy bármi lehet: vajfajta, hízelgő állat vagy egy részeg kalóz, aki a nagymamáját hívja eképp („*óh, szeretlek, kedves Marma!*"); persze kiderült, hogy ezek egyike sem igaz. Néhány szó eleinte furcsának tűnhet. Megteszek minden tőlem telhetőt, hogy átadjam mind jelentésüket, mind kiejtésüket, és ami a legfontosabb, hogy elmagyarázzam, miként alkalmazhatja ezeket. Minden fejezet tartalmaz jegyzeteket az általam vezetett naplóból gyógykészítményekről, idézetekről és kérdésekről. Arra kérem, hogy legyen a kutatója az itt megosztott erőforrásoknak. Próbálja ki, tesztelje őket, és figyelje meg, mi történik. A könyv hátulján találja a szószedetet.

*Orvosi nyilatkozat: Ez a könyv kizárólag oktatási célokra szolgál. A könyvnek nem célja az, és nem is használható fel arra, hogy azzal bármilyen fizikai vagy érzelmi állapotot diagnosztizáljunk vagy kezeljünk. A szerző nem ad tanácsot, és orvosi konzultáció hiányában sem közvetve sem közvetetten nem írja elő egyik technika alkalmazását sem fizikai, érzelmi vagy egyéb orvosi problémák kezelésének gyógyító módszereként. Kérjük, keresse meg az orvosát, akivel ezekben a kérdésekben konzultálhat - különösen a gyógyszerek szedését illetően. A szerző szándéka csupán a fizikai, érzelmi és szellemi jólétről való általános jellegű információk nyújtása. A könyvben rögzített esetek egyfelől figyelemre méltóak, ám azt is fontos szem előtt tartani, hogy az eredmények minden egyes személynél sokféle tényezőtől függően változhatnak, és nem feltétlenül általános érvényűek. Abban az esetben, ha a könyvben szereplő információkat saját maga számára használja fel - ami az Ön joga -, a szerző és a kiadó nem vállal felelősséget a tetteiért. Mindenki önmaga felelős a saját tevékenységéért és azok eredményeiért. Tájékozódjon teljeskörűen, hogy olyan döntést hozzon, amellyel a kívánt eredményt érheti el.

Tartalom

1. **Fejezet:** Ősi gyógyító titkok, amelyek megmenthetik az életünket — 1
2. **Fejezet:** Az emberek 95%-a nem tudja ezt a fontos dolgot önmagáról — 19
3. **Fejezet:** Misztikus India, egy ősi tudomány, és egy gyógyító mester — 43
4. **Fejezet:** Mi a legfontosabb? — 61
5. **Fejezet:** Egy nagyszerű titok a sikerhez bármiben — 67
5. **Fejezet:** A tehén ghí és testünk titkos pontjai percek alatt normalizálni tudják a vérnyomást? — 83
7. **Fejezet:** Egy pillanat, amely megváltoztatta az életem — 95
8. **Fejezet:** A Fiatalság Forrása — 117
9. **Fejezet:** Modern orvosi csodák egy ősi tudományból? — 127
10. **Fejezet:** Lehet gyereke egy 50-es éveiben járó menopauzás nőnek? — 151
11. **Fejezet:** Titkos diéta a 125 év feletti életkorhoz? — 163
12. **Fejezet:** Ősi titkok az állatok segítésére is? — 181
13. **Fejezet:** A történelem tanulságai: a legnagyobb akadályok és a legnagyobb felfedezések — 195
14. **Fejezet:** Az életcélunk felfedezésének titkai — 209
15. **Fejezet:** Elefántok, Pitonok, és Felbecsülhetetlen Pillanatok — 221
16. **Fejezet:** Egy váratlan új probléma — 231

17. Fejezet: Búcsúzás ... 237

18. Fejezet: Ősi bölcsesség, modern világ ... 243

55

Epilógus: Isteni útmutatás, öngyógyító titkok és az ... 257
álmaink valósággá válásának alapelvei

Utószó: A szeretet misztikus csodái ... 265

Szerzői megjegyzés: Mi jön ezután? ... 279

Függelék:

Útmutató az új szavakhoz ... 285

Naplójegyzeteim (bónusz titok Önnek) ... 292

Naplójegyzeteim (bónusz titok Önnek) ... 293

A könyvben megemlített gyógynövénykészítmények* ... 294

Szórakoztató képek és áldások ... 296

Szentek, tudósok és támogatók levelei: ... 298

Még egy szórakoztató történet Önnek ... 305

A Szerzőről ... 307

Nem véletlenül olvassa ezeket a szavakat. Ön és én kapcsolatban állunk, és hiszem, hogy e pillanatban egy különleges ok vezette Önt ehhez a könyvhöz.

Kik azok akiket Ön őszintén szeret? És mennyire lenne hajlandó segíteni nekik, ha kétségbeesetten szükségük lenne rá? **A szeretet az egyik legerősebb**, Önben lakozó erő. Soha ne becsülje le azt, amire képes.

Még egy olyan tudományos hátterű egyetemi kutató számára is, mint én, a szeretet volt az az erő, amely kiszorított a komfortzónámból, hogy olyan megoldások után járjak, amelyek túlmutatnak azon, amit addig logikusnak vagy lehetségesnek tartottam.

„Fiam?" Apám hangja arra utalt, hogy valami nincs rendben. „Haza tudsz jönni? Beszélnem kell veled."

2010 tavasza volt. Posztdoktori hallgatóként, a finnországi Joensuu egyetemén végeztem kutatásokat, és éppen Indiába utaztam amikor telefonhívást kaptam. Fogalmam sem volt róla, hogy életem iránya ilyen drasztikusan meg fog változni.

Amint tudtam, visszarepültem az Egyesült Államokba, és találkoztam édesapámmal az irodájában, a Utah állambeli Midvale-ben. Ahogy becsukta mögöttünk az ajtót, egymás mellé ültünk az íróasztala előtti székeken. A padlót nézte, és nem tudta, hogyan kezdjen bele. Elviselhetetlenül hosszúnak tűnő csend után a szeme lassan felemelkedett, hogy találkozzon zavart tekintetemmel.

„Nem tudom, hogyan mondjam el neked - kezdte -, a fájdalom nagyon erős. Éjszakánként akkora kínok között fekszem ébren, hogy őszintén szólva nem tudom, meg akarom-e élni a reggelt. Nagyon valószínű, hogy ezt a hetet már nem élem meg"

A lélegzetem is elállt a szavaitól. Azonnal elöntött a szomorúság és megbénított a félelem. Mintha nem is az apámat hallanám. Ő volt a hősöm. A támaszom. Mellettem állt életem minden lépésében. Tudtommal jól volt, amikor utoljára láttam. Persze, voltak problémái, mint mindenkinek, aki öregszik. De ez? Minden más, ami fontosnak tűnt számomra ezt a pillanatot megelőzően, elhalványult, miközben kétségbeesetten próbáltam kitalálni, hogyan segíthetnék rajta.

Édesapám és édesanyám összeölelkezve.

Édesapám a lehető legjobb orvosi ellátást kapta meg; négy kiváló orvos tizenkét gyógyszert írt fel neki a súlyos ízületi gyulladástól kezdve a magas vérnyomáson és koleszterinszinten át a gyomor-bélrendszeri és alvási problémákig, de panaszai nem enyhűltek. Ellenkezőleg, a fájdalom csak fokozódott. Az elmém és a testem sokkos állapotban volt. Úgy éreztem, mintha váratlanul gyomorszájon vágtak volna.

Életemben semmi sem tudott felkészíteni egy ilyen pillanatra. Sőt, az életem eddigi pillanatáig semmilyen tevékenység sem adott számomra elegendő tudást és ismeretet, hogy képes legyek segítséget nyújtani. Évekig segítettem az embereknek nyugdíj-megtakarításaikat a tőzsdén befektetni. Ez a munka pénzügyi szempontból kifizetődő volt, de személyes szinten nem elégített ki, így doktori fokozatot szereztem oktatási pszichológiában és technológiában. Doktori tanulmányaim jól felkészítettek a szigorú akadémiai kutatásokra, de a gyógyításról semmit sem tudtam. Ahogy egy professzorom említette nekem: „A diplomák felhalmozása általában csak annyit jelent, hogy egyre több specifikus tudásra teszünk szert, de más dolgokról egyre kevesebb tudásunk lesz."

Szóval itt állunk. Édesapám azt mondta: „Két orvosom is közölte velem ebben a hónapban, hogy nem tudják, mi az amit még tehetnek az érdekemben." Úgy döntött, hogy elérkezett a vég, és egyszerűen csak azt akarta, hogy segítsek neki a szálak lezárásában, abban az esetben, ha már nincs sok ideje hátra. Látva, hogy elvesztette a hitét, a felépülésben, azt mondtam: „Apu, soha nem osztottam meg valóban veled azt, amit Indiában láttam. Elmesélhetek néhány történetet?"

A vele megosztott élményeimet ebben a könyvben önnel is megosztom. Nem tudtam, hogy segítenek-e rajta vagy sem, de kétségbe voltam esve, és nem tudtam, mi mást tehetnék.

Talán az élet elkerülhetetlenül ezt teszi mindannyiunkkal. Elvisz minket egy olyan kétségbeesett pontra, ahol bármink is van, és akárkik is vagyunk, az nem elegendő. És ezt mi is tudjuk. Ezen a ponton vagy feladjuk, vagy kinyújtjuk a kezünket valami után, ami a tudásunk határain kívülre esik - valami nagyobb hatalom irányába.

Amint ezt írom, arra gondolok, hogy Ön, vagy valaki, aki közel áll Önhöz, lehet, hogy jelenleg ebben a helyzetben van. Imádkozom, hogy ez a könyv átalakítsa és megáldja az Ön életét azzal, hogy megadja azt, amire a legnagyobb szüksége van: reményt és bátorságot arra, hogy nyitottá váljon a megoldás befogadására még akkor is, ha az váratlan forrásból származik.

Az édesapámmal történtek segítettek megérteni, hogy a szeretet még életünk legsötétebb idején is irányt mutathat nekünk. A könyv későbbi részében még visszatérek az édesapámmal folytatott nehéz beszélgetésre, de előbb meg kell osztanom az azt megelőző váratlan eseménysorozatot.

2009-ben, Kaliforniában találkoztam Dr. Pankaj Narammal (ejtsd: Pan-kázs Na- ram). Bár az Egyesült Államokban viszonylag ismeretlen volt, több mint egymillió ember ismerte el gyógyító mesterként Európában, Afrikában és Ázsiában, beleértve Indiát, ahol született. A gyógyító mesterek évszázados, töretlen vonalából származik, amely Buddha személyes orvosától eredeztethető, ahol minden mester megőrizte és továbbadta azokat az ősi titkokat, amelyek segítségével bárki javulhat mentálisan, fizikailag, érzelmileg és spirituálisan.

Személy szerint soha nem vonzódtam az alternatív gyógyászat vagy az azt hirdető emberek felé, feltételezve, hogy a legjobb orvosi felfedezések az egyetemek és kórházak jól finanszírozott tudományos kutatásaiból származnak. Akiken Dr. Naram segített, azt mondták, hogy azonnal felismerte a problémáikat, csupán a pulzusuk letapogatásával. Azután természetes hatóanyagokat tartalmazó gyógykészítményeket adott nekik, amelyek segítettek a gyógyulásban, még a „gyógyíthatatlan" állapotokból is. A leírásaik alapján úgy tűnt számomra, mintha ő egy Jedi gyógyító lenne a Csillagok háborúja című filmből.

Amikor találkoztam Dr. Narammal, erősen szkeptikus voltam. Hogyan volt lehetséges, hogy képes bárki is mindannak a megvalósítására, amit Dr Naramról meséltek? Az ebben a könyvben leírt események előtt az egészséggel kapcsolatos hozzáállásomat „tipikusan amerikai" -ként lehetne jellemezni. Rengeteg feldolgozottés gyorsételt fogyasztottam, és amikor megbetegedtem, vagy a Google-on keresztül kerestem megoldást arra, hogy megtudjam mit tehetek, vagy orvoshoz mentem. A problémám diagnosztizálásához elvártam, hogy az orvosok lázmérővel mérjék meg a lázamat, steril tűkkel szurkáljanak meg, hogy vért vegyenek a testemből, és bizonyos esetekben elektromágneses sugárzással lássanak el, vagy arra kérjenek, hogy pisiljek egy kis pohárba. Az eredmények alapján arra számítottam, hogy gyógyszert írnak fel vagy injekciót kapok, hogy jobban legyek, vagy szélsőséges esetben műtétet javasolnak. Feltételeztem, hogy a legújabb kutatások szerinti legjobb megoldást adják számomra. Ebből az esetből kiindulvanem tudtam megérteni, hogy képes Dr. Naram ennyire pontosan diagnosztizálni és ilyen hatékonyan segíteni az embereknek azzal a rendszerrel, amit ő „a mélyebb gyógyulás hat titkos kulcsának" nevezett.

Még azután is, hogy találkoztam Dr. Narammal, és láttam azt, hogy munkája milyen nagy hatással van a betegeire, sok kétség merült fel bennem és küzdöttem azzal, hogy megértsem, amit láttam. Egy egyetemi kutató kíváncsiságával, és egészséges adag nyugati szkepticizmussal vegyítve sok időt töltöttem Dr. Naram klinikáin, kérdéseket tettem fel neki és azoknak, akiken segített. Még e szavak írása közben is ráébredek arra, hogy a történetet aligha hinném el magamnak, ha nem éltem volna át.

Az utam a kaliforniai hollywoodi Lowes Luxury Hotelből Olaszország legjobb pizzériájába vezetett; a New York város Ground Zero pusztításától az indiai Mumbai nyomornegyedéig; és a finnországi Joensuu tiszta és rendezett egyetemén végzett kutatásaimtól a Himalája távoli területein található tűzgödröket és rejtett templomokat felkereső helikoptertúrákig. Az elmúlt tíz évben Dr. Narammal együtt huszonegy ország több mint száz városában jártam.

A helyeknél sokkal lenyűgözőbbek voltak az emberek, akik ezrével jöttek Dr. Naramhoz; a rendőröktől, papoktól és maffiózókon át az apácákig, filmsztárokig és prostituáltakig. Láttam szárit, burkát vagy bikinit viselő nőket; láttam munkaruhát vagy vallásos palástot viselő férfiakat és még néhány meztelen szvámit is! A millárdosok, az üzleti élet titánjai, a politikusok és a híradós személyek szépen vasalt sötét öltönyben érkeztek, és jöttek piszkos, gyűrött ruhát viselő utca-gyerekek is. Az emberek elhozták gyermekeiket, szomszédjaikat és a háziállataikat.

Dr. Narammal közösen találkoztam nagyhatalmú sáfrány szinű ruhába öltözött rinpocsékkel és lámákkal az aranyszínű templomaikban; milliók által imádott narancssárga ruhás jógikkal és szvámikkal a nagy folyók melletti ásramokban; misztikus, feketébe öltözött agori tantrikus mesterekkel, égő halotti máglyák előtt. Tanúja voltam a problémáknak, amelyekkel szembesülniük kellett, és megfigyeltem, ahogy a ropogós fehér ruhába öltözött Dr. Naram hogyan segített mindegyiken.

Tyaginath, egy 115 éves Agori mester, akivel többször találkoztam Dr. Naram társaságában.

A klinikákon felvettem videóra és dokumentáltam több száz páciens esetét, engedélyükkel fényképeket készítettem (amelyek közül néhány ebben a könyvben is szerepel), és elkértem az orvosi jelentések másolatát, valamint egyéb bizonyítékokat a tapasztalataikról. Legalább néhány problémájukkal (mint a szorongás, az emésztési zavarok, a magas vérnyomás, a meddőség, a súlygyarapodás, a hajhullás és az autizmus) úgy gondolom, hogy Ön is találkozott már. Gyakran beszéltem emberekkel, mielőtt találkoztak volna Dr. Narammal, majd évekkel később ismételten, és szemtanúja voltam átalakulásuk teljes ívének. A Dr. Narammal folytatott számtalan beszélgetésemből sokat rögzítettem. Ezek felfedik a mesterek évszázadokon keresztül átadott titkait. Meglepetésemre rájöttem, hogy az egészségügyi panaszaink orvoslásához szükséges gyógyszerek jó része megtalálható a saját otthonunkban és a konyhánkban, ha csak tudjuk, mit kell tennünk velük.

Az édesapám iránti szeretettel fűtve, az *Egy gyógyító mester ősi titkai* című könyv az én utamat követi nyomon, amely az ősi gyógyító tudomány nyugati szkeptikusaként vezetett el... nos, meglátja hová, miközben olvassa. A Dr. Narammal eltöltött idő oly nagy mértékű kihívás elé állított engem, valamint az egészségre és az életre vonatkozó meggyőződéseimet, ami semmi máshoz nem hasonlítható. Ez a könyv ennek az utazásnak első évét örökíti meg. Tragikus módon Dr. Naram 2020. február 19-én hunyt el; mindössze néhány hónappal e könyv megjelenése előtt. Ennek eredményeként az itt leírt tudás megosztása most még sokkal fontosabb, mint valaha.

Miközben megosztottam ezeket az értékes titkokat másokkal, megdöbbentem, hogy milyen kevesen tudnak arról, hogy létezik egy ilyen ősi gyógyító tudomány. Valójában mi az ami Önt ehhez a könyvhöz vezette? Talán nem ismerte az ilyen mélyebb gyógyulást, mint az Ön számára lehetséges megoldások egyikét. Nagyon izgatott vagyok azért, mert ezt a tudást megismerve teljesen megváltoztathatja az Ön és az Önhöz közel álló emberek életét, és lehetséges, hogy ez többet mutat Ön számára, mint amire valaha is számított.

Clint G. Rogers, PhD
Mumbai, India
2020. Március

1. FEJEZET

Ősi gyógyító titkok, amelyek megmenthetik az életünket

*Az élet legjobb dolgai váratlanul történnek.
A legjobb kalandokat sosem úgy terveztük meg, ahogy aztán végződtek. Szabadítsuk fel magunkat az elvárásoktól! A legjobb dolgok akkor történnek és attól a személytől érkeznek, amikor és akitől a legkevésbé várnánk el.*
– Ismeretlen szerző

Mumbai, India

A mély szeretet olyan erő, amely mennyei magasságokba emelhet, és időnként olyan útra terelhet, amely a pokol torkába vezet.

Reshma imádkozott bármilyen megoldásért, ami megmentheti egyetlen lányát, aki a vér rákos kezelések szövődményei miatt életveszélyes kómában volt. „Nincs remény" - mondták neki a mumbai kórház orvosai. „Eddig még senkit sem láttunk ilyen súlyos állapotból felépülni. Ideje elengedni őt." Mit tehetünk, ha valaki, akit igazán szeretünk haldoklik, és kétségbeesetten akarunk neki segíteni, de nem tudjuk hogyan? És mit éreznénk, ha az amit segítségképp tenni próbálunk, még tovább rontja a helyzetet?

Inspiráció, vagy a kétségbeesés útján vezérelve?

Az indiai Mumbaiban jártam, Dr. Naram klinikáján, akiről azt hallottam, hogy világhírű gyógyító. Valószínűtlen körülmények sorozata vezetett oda: erről később fogok beszámolni. Egyelőre csak annyit mondok el, hogy Indiában nagyon sok dolgot fel kellett dolgoznom, és a Dr. Naram körül kavargó tevékenység zavarba ejtő volt számomra. A klinikán töltött utolsó napom egyikén megkérdeztem tőle, hogy miért repülnek hozzá az emberek a világ minden tájáról, ha csupán öt percet tölthetnek el vele? Honnan tudtak a létezéséről?

Dr. Naram elmosolyodott, és meghívott a stúdióba, hogy nézzem végig, amint felvesz egy, az ősi gyógyításról szóló tévéműsort, amelyet a világ 169 országában sugároznak. Kíváncsiságból úgy döntöttem, hogy elmegyek.

Bár Dr. Naram a felvételek során többnyire hindi nyelven beszélt, maga a forgatási folyamat lenyűgözött. Soha nem jártam egy tévéműsor kulisszái mögött, és meglepett, hogy milyen sok aprólékos erőfeszítéssel készült minden egyes részlet. Körülbelül negyven percbe telt amíg a világítást sikerült helyesen beállítani, és a rendező végül azt mondta: „Figyelem, csend, felvétel!"

Egy pillanatra csend honolt. Aztán Dr. Naram úgy kezdett el beszélni a kamerába, mintha a legjobb barátjához beszélne. Mindenkit magával ragadott a jelenléte és a hangja. Mivel sokáig tartott,

Dr. Naram felvételt készít a ZeeTV által a világ 169 országában sugárzott tévéműsorához.

amíg idáig eljutottunk, azon kaptam magam, hogy bosszankodom, amikor némi zavart hallottam a teremben. Egy zöld kendőt viselő nő lépett be a stúdióba, majd hangosan és zavaróan beszélni kezdett, egyáltalán nem törődve a körülötte lévő terem csendjével.

A rendező is ingerült lett. Dr. Naram azonban, miután meglátta a nőt, megkérte a rendezőt, hogy hagyja abba a felvételt. Odalépett az asszonyhoz és türelmesen hallgatta, ahogy esdeklett: - Dr. Naram, szükségem van önre. Kérem, kérem, mentse meg a lányom életét! Meg fog halni. Könyörgöm." Ahogy a hölgy könnyekre fakadt, az én szívem is meglágyult.

„Minden reggel nézem az ön bangladesi tv műsorát- mondta -, ahol oly sok embernek segít. Minden alkalommal, amikor megbetegszünk, az ön által ajánlott házi készítményeket használjuk, amik igazán hatásosak. Megtaláltam ennek a TV-stúdiónak a címét, taxiba ültem és idejöttem azzal a céllal, hogy megmentse a lányomat. "

A nő neve Reshma volt. Tizenegy éves lányával, Rabbattal több mint ezer mérföldet utazott Bangladesből Mumbaiba, a világ egyik legjobb rákos betegeket kezelő kórházába. Rabbat leukémiában szenvedett, és a kórházba érkezését követően szörnyű tüdőfertőzést kapott, amely sajnos a kezelések egyik lehetséges mellékhatása. Reshma elmondta, hogy az egykor mosolygós és játékos Rabbat hirtelen kómába esett, miután testét elragadta a fertőzés. A lány már tizenegy napja kómában feküdt, élete 100%-ban a légzőkészülékre volt utalva. Annak ellenére, hogy a legdrágább orvosi berendezésekkel rendelkeztek, a kórház vezető orvosai kénytelenek voltak Rabbat túlélési esélyét csaknem nullára csökkenteni; és arra ösztönözték Reshmát, hogy vegye le lányát az őt életben tartó gépekről.

Reshma kimerítette férje és családja összes anyagi forrását, és súlyos adósságba került, hogy megmentse lányukat. Még ha lett is volna napi ezer dollárja, hogy életben tartsa a lányát az intenzív osztályon - amivel em rendelkezett -, akkor is kifutott az időből.

Minél tovább nem mutatta a javulás jeleit Rabbat, annál határozottabban sürgették Reshmát az orvosok, hogy vegyék le a lányát a gépekről.

Mint minden odaadó anya, Reshma is kétségbeesetten keresett bármit és bárkit, ami és aki segítséget tudna adni.

A lányát életben tartó gépek leállítása egyre nagyobb nyomásként

„Nem számít mekkora a probléma vagy a nehézség, soha ne adjuk fel a reményt!"

– Baba Ramdas
(Dr. Naram Mestere)

nehezedett rá, amikor felvillant Reshmában a remény apró szikrája: hirtelen eszébe jutott, hogy Dr. Naram Mumbaiban él. Reshma kétségbeesése és anyai ösztöne elvezette őt oda, ahol Dr. Naram a felvételt készítette, mindössze tizenkét órával azelőtt, hogy ismét elhagyta volna az országot. Dr. Naram olyan gyakran utazott, hogy ritkán tartózkodott Indiában - még kevésbé a stúdióban - így Reshma ezt isteni jelnek tekintette.

„Oka van annak, hogy ma épp itt van" - mondta Reshma. „Allah [Isten] vezetett el önhöz. Ön az egyetlen reményem!"

Mindez elég komoly nyomásnak tűnt, ezért figyelmesen néztem, ahogy Dr. Naram válaszol.

Gyengéden megérintette Reshma karját, és így szólt: „A mesterem azt tanította nekem, hogy bármilyen nagy is a probléma vagy a nehézség, soha ne adjuk fel a reményt!"

Bár hamarosan készült elhagyni az országot, Dr. Naram megígérte, hogy másnap elküldi egyik legjobb tanítványát, Dr. Giovanni Brincivalli-t a kórházba, hogy megnézze a lány állapotát. Aztán hozzám fordulva azt mondta: „Clint, miért nem kíséri el Dr. Giovannit? Tanulhatna valami értékeset."

Nem úgy terveztem, hogy az egyik utolsó napomat Indiában egy kórházban töltsem, de mégis elmentem. Ez a döntés végül sorsfordítónak bizonyult

Az élet és a halál közötti távolság

Másnap Reshma aggódva üdvözölte Dr. Giovannit és engem a kórház bejáratánál. Hosszú, sötét hajáthátul copfba fogta össze, és egy zöld kendőt viselt, amelyet a teste köré tekert. Időt nem vesztegetve gyorsan az intenzív osztályra vezetett minket, ahol a lánya, Rabbat kómában feküdt. Mint a kórházak intenzív osztályai általában, ez is steril és szomorú hely volt. Négy ágy volt a szobába zsúfolva, mindegyiken valakit mélyaltatásban tartottak. A nehézség érzése lógott a levegőben, és én azt reméltem, hogy nem kell sokáig maradnom. A családtagok visszafogott csendben álltak mellettem. Suttogásuk és halkan hulló könnyeik áthatoltak a gépek és monitorok szüntelen pittyegésén. A sivár atmoszféra egy halottasházi színre emlékeztetett, és megdöbbentett annak a valószínűsége, hogy ezek a családok, köztük Reshma családja is, hamarosan egy koporsó, vagy temetkezési máglya égő lángjai fölött állhatnak, amely szerettüket emészti el. Dr. Giovanni Rabbat ágya mellé lépett; fehér nadrágot és fehér gombos inget viselt. Foltokban enyhén őszülő haja és szelíd természete volt. Miközben megvizsgálta Rabbat pulzusát, együttérző szeme, amelyet általában széles, vidám mosoly kísért, most aggodalom homályosított el. Én Reshma mellett álltam a lánya ágyának lábánál.

„Nemrég még ugrókötelezett, mosolygott, és fagylaltot nyalt a kertünkben" - mondta nekem az asszony, miközben a lánya törékeny kis testét néztük, amely takarókba volt begubózva. Rabbat alig lélegzett. Szemei rángatóztak, miközben apró ragasztócsíkokkal voltak lecsukva. Fiatal arca és teste feldagadt és puffadt volt a halál csalogatásától. Egy éles tű szúrta át csuklóját, ami egy infúzióhoz volt csatlakoztatva. Az

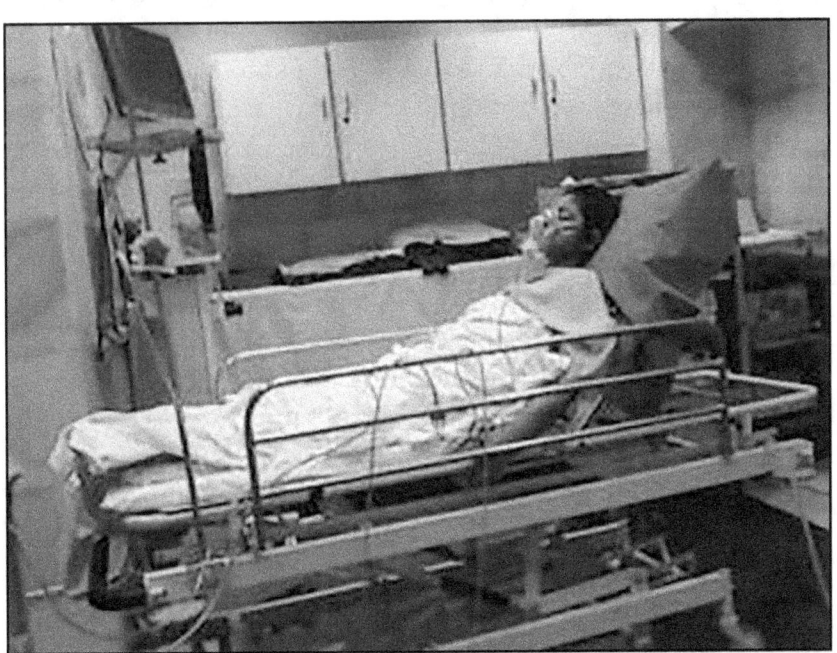

Rabbat kómában az édesanyja által készített fényképen

„Mit akar?"
(A kulcskérdés melyet Dr.Naram mindenkinek feltett)

orrából és a szájából kiálló csövek segítették a lélegzését, míg a mellkasához és a fejéhez csatlakoztatott elektromos vezetékek segítették nyomon követni az életjeleit. Nem tudtam, mit mondjak miközben az öntudatlan lányára vetettük pillantásunkat, és eszembe jutott az a kérdés amit Dr. Naram tett fel nekem, amikor először találkoztunk - ugyanazt a kérdés, amit mindenkinek feltesz. Így hát megkérdeztem Reshma-tól: „Mit akar?"

Lecsorduló könnyekkel arcán közvetlenül rám nézett, és tört angolsággal válaszolt: „Csak azt akarom, hogy a kislányom kinyissa a szemét, és újra azt mondja: 'Anyu'„. Reshma hangja megremegett beszéd közben.

A könyörgésének puszta nagyságától és az asszony fájdalmától megszakadt a szívem, mivel nem tudtam, hogyan válhatna az valaha is valósággá.

Körülnéztem a csúcstechnológiájú, modern kórházi környezetben, és arra gondoltam, hogy ha valaki megmenthetné a lányát, az nem ez a hely lehetne? Ez az egészségügyi intézmény felért minden olyan intézménnyel, amit az Egyesült Államokban vagy Európában láttam. Ez volt az egyik legjobb rák kezeléssel foglalkozó kórház, és Rabbat kezelőorvosa neves rákspecialista volt. Ha a szakterületének egyik, nem csak Indiában vagy Ázsiában, hanem az egész világon legnagyobb tekintélye nem talált megoldást, akkor kijózanítóan nyilvánvalónak tűnt, hogy valószínűleg sehol sincs megoldás.

Arrogáns volt Dr. Naram részéről azt gondolni, hogy ősi gyógyító módszereinek esélye lesz, amikor a legjobb szakemberek nem tudtak segíteni? Vagy talán Dr. Naram tudta, hogy nem tehet semmit, ezért kerülte hogy eljöjjön, és önmaga helyett a tanítványát küldte el? Ha így van, akkor miért nem tudott őszinte lenni Reshmával, és elmondani neki, hogy nincs megoldás? Miért ringatta az asszonyt hiú reményekbe azzal, hogy elküldte Dr. Giovannit? Aggódtam, hogy Reshma reményei hiábavalók voltak, és hogy Dr. Naram ősi gyógymódjaiba vetett hitében elkerülhetetlen szívfájdalomnak tette ki magát.

Kijózanító érzés volt Reshma mellett állni, és tehetetlenül nézni a lányát. Kezdtem érezni és még jobban megérteni a hatalmas nyomást és traumát, amit Reshma átélt. Mindent feláldozott. Magára hagyta a férjét és két kisfiát Bangladesben, hogy a legjobb kezelést találja meg egyetlen lányának. Reménykedett abban, hogy mindez megérte, amikor Rabbat a javulás jeleit mutatta, egészen addig a baljós napig, amikor egy gombás fertőzés hirtelen megtámadta a lánya egész testét. - Egyik nap Rabbat a torkához kapott - magyarázta Reshma halkan -, azt mondta, hogy olyan érzése van, mintha valaki fojtogatná. Nem sokkal ezután kómába esett. A szomorú valóság az volt, hogy a kezelések mellékhatásai, amelyek miatt súlyosan eladósodtak, most jobban fenyegették Rabbat életét, mint maga a leukémia. Az ápolónő elmondta Reshmának, hogy ha az oxigén csöveket eltávolítják lánya szájából, akkor azt valószínűleg csak néhány percig élné túl.

Reshma lánya iránti szeretete olyan hatalmas és olyan erőteljes volt, mint az óceán, amely először hullámba tornyosul, majd a homokba csapódik. Lányára nézve Reshmát kínos kérdések ejtették foglyul. Ez lenne a végeredménye minden imájának, pénzének és könnyének? Neki kell meghoznia a rettegett döntést, hogy véget vessen a lánya életének? Hogy lehetséges ez? Ez egy olyan döntés, amellyel senkinek sem szabadna szembenéznie - egy anya felfoghatatlan rémülete.

Reshma kétségbeesésének szemtanújaként olyan érzelmek kerültek felszínre bennem, amelyek régóta mélyen el voltak temetve. Nyolc éves voltam, amikor meglátogattam a nővéremet a kórházban, nem sokkal a váratlan halála előtt. Kisfiúként láttam a nővérem szenvedését, és tehetetlennek éreztem magam, amiért nem tudtam semmit sem tenni ellene. Meglepett ez az emlék, és, ahogy Reshma csendesen sírva állt mellettem, éreztem, hogy könnyek gyűlnek a szemembe.

Abban a pillanatban döbbentem rá, hogy milyen törékeny az élet; az élet és halál közötti távolság bármelyikünk számára csupán egy-két lélegzetnyire lehet. Tudatosult bennem, ahogy a levegő beáramlik a tüdőmbe, majd kiáramlik belőle.

Megértettem, hogy minden egyes lélegzetvétel ajándék. Szomorúságom zavart kényelmetlenséggé változott. Abban a pillanatban úgy éreztem, hogy talán hiba volt Indiába jönnöm, főleg amikor ott álltam, és figyeltem, ahogy ez a kislány küzd minden megmaradt lélegzetéért, és fogalmam sem volt arról, hogy Dr. Naram, vagy az ősi módszerei segíthetnek-e.

Meghökkentett Reshma azon döntése, hogy felkereste Dr. Naramot - és megpróbáltam túllépni kényelmetlenségemen -, így figyelmemet Dr. Giovanni felé fordítottam.

Könnyek és hagyma

Láttam, ahogy Dr. Giovanni megvizsgálja Rabbat pulzusát, és felhívja Dr. Naramot, hogy megbeszéljék a helyzetet. Dr. Giovanni Európa legrégebbi és egyik legelismertebb orvosi egyetemén szerzett orvosi diplomát azelőtt, hogy több mint tizenhét éven át Dr. Naram mellett tanulni kezdett. Amikor először találkoztam vele, azon tűnődtem, hogy ez a magasan képzett, egy tekintélyes orvosi egyetemről származó orvos miért érdeklődik egyáltalán ezen ősi gyógyítási módszerek tanulmányozása iránt, nemhogy ilyen hosszú időn keresztül. Annak ellenére, hogy mind a nyugati, mind a keleti orvoslásban jártas volt, megkérdőjeleztem azt, hogy hogyan értékelné Dr. Giovanni ezt a látszólag szörnyű prognózist.

A klinikán láttam, hogy Dr. Naram vagy Dr. Giovanni gyógynövény-készítményeket vagy házi gyógymódokat ír fel. Bár az emberek azt mondták nekem, hogy ezek valóban segítettek nekik a gyógyulásban, én inkább azt gyanítottam, hogy ez a placebo hatásnak tudható be. Talán a páciensei *hittek* abban, hogy Dr. Naram segíthet rajtuk, és a hitük teremtette meg a pozitív eredményt - azt hogy jobban érezték magukat. De hogyan hathatott a placebo hatás Rabbatra, aki eszméletlen volt? Nem *hihette* csak úgy, hogy valami segíthet rajta, nem tudott hitével teremteni. A hit az hit, de a tények azok tények. Ez a lány kómában volt. Semmit sem tudott enni, így a házi gyógymódokat vagy gyógynövény-kiegészítőket amúgy sem tudta lenyelni. Hogyan lehetne neki egyáltalán beadni gyógynövénykészítményt?

Figyelmesen hallgattam, ahogy Dr. Giovanni beszélni kezdett. „Dr. Naram szerint vannak dolgok, amelyeket azonnal el kell végeznünk." Ahelyett, hogy a modern és az ősi, a nyugati és a keleti megközelítések keveredését javasolta volna, Dr. Giovanni kizárólag az ősi gyógyítási módszerekre összpontosított.

Elsőként gyógynövénytablettákat vett elő a táskájából, amelyeket

Reshma összetört, összekeverte ghee-vel (tisztított vaj, amelyet úgy hoztak létre, hogy az összes tejszilárd anyagot kifőzték belőle), és Rabbat köldökére kente. Dr. Giovanni elmagyarázta, hogy „olyan esetekben, amikor az illető nem tud enni, ez a testrész második szájként működik, amelyet az ősi időkben arra használtak, hogy segítsenek bejuttatni a szükséges tápanyagokat a szervezetbe".

Ez a megközelítés furcsának tűnt, de mivel a kórház orvosai már mindent megtettek, és nem volt mit veszteni, senki sem akadályozta meg őt ebben.

Ezután Dr. Giovanni utasította Reshmát, hogy hol és milyen gyakran nyomjon meg bizonyos pontokat a lánya kezén, karján és fején. „A gyógyítók azon vonala szerint, amelyhez Dr. Naram is tartozik, ezt a mélyebb gyógyító eszközt marmaa shaktinak hívják" - mondta Dr. Giovanni Reshmának. A legkülönösebb látvány az volt, ahogy egy olyan elismert európai orvos, mint ő, ennyire magabiztosan végzi ezeket a furcsa tevékenységeket. És amit ezután tett, az teljesen bizarr volt.

„Szükségünk van egy hagymára és egy kis tejre"- mondta. Valaki hozott neki egy hagymát a konyhából, amit Rabbat arca mellé tett az asztalra. Ahogy a hagymát hat darabra szeletelte, úgy tűnt, mintha a hagyma aromától kissé megrándult és könnybe lábadt volna Rabbat szeme. Dr. Giovanni egy tálba tette a darabokat, és az asztalra helyezte Rabbat fejétől balra. Aztán megkérte Reshmát, hogy öntsön tejet egy másik tálba, és helyezze azt a lánya fejének jobb oldalára.

„Semmit sem szabad csinálni a tálakkal. - magyarázta. „Egyszerűen csak hagyja ott őket, amíg Rabbat alszik."

Szürreális volt. A legdrágább, legmodernebb orvosi berendezésekkel voltunk körülvéve, és mi hagymát szeleteltünk és egy tálba tejet öntöttünk. Nem szóltam semmit, de csak ezt tudtam gondolni: Tényleg? Nem vettem részt mindebben, csak a szoba széléről figyeltem, nem akartam, hogy ilyen bizarr, babonásnak tűnő megközelítéssel összefüggésbe hozzanak. Nem tudtam elképzelni, hogy bármi változást is hozhatna mindaz, amit Dr. Giovanni tett. Reshma legalábbis hálásnak tűnt, amiért valami más dolga is volt, mint a lánya életben maradásának figyelése.

Mivel nem volt arra esély, hogy Rabbatnak baja essen, a kórházi személyzet nem állította meg Reshmát és Dr. Giovannit, de a tekintetük tükrözte azt a kételyemet, hogy ebből bármi jó is származna.

Amikor Dr. Giovannival aznap délután elhagytuk a kórházat, nem hittem, hogy még egyszer látjuk Rabbatot, hacsak nem a temetésére kapunk meghívást. Ahogy a sofőrünk lassan utat tört magának a mumbai dugó dudálásán keresztül, csendes szomorúság kerített hatalmába. Ez az érzés túlságosan is ismerős volt, életem hátterét képezte, amely a mai napon átélt élményen túlra nyúlt. Elárasztottak az emlékek. A legtöbb ember azt mondaná, hogy fiatal koromtól fogva boldognak és sikeresnek tűntem, de legbelül másként éreztem magam. Átható, melankolikus magányosságot hordoztam magamban, amiről ritkán beszéltem, még azokkal is, akik a legközelebb álltak hozzám. Ehelyett inkább valami figyelemelterelő után néztem.

Nem aggódom a saját halálom miatt, de az attól való félelem, hogy elveszítek valakit, akit szeretek, különösen gyengéd érzelmeket vált ki belőlem, amióta a nővérem, Denise meghalt kisfiú koromban. És ezt még nyersebbé tette az, hogy többszöri próbálkozás után saját kezűleg vetett véget az életének.

Emlékszem, ahogy azon az éjszakán kibotorkáltam a sötét szobából, ahol épp a tévét néztem, és egy pillanat alatt visszacsöppentem a családról szóló komédiasorozat képzeletbeli, pofonegyszerű világából a saját családom zord valóságába. A nappali felé sétáltam, miközben megzavartak a kint villogó mentőautó fényei. Apám betessékelt egy mellékszobába, ahol a többi testvérem sírva gubbasztott. A saját könnyeivel küszködve mondta el, hogy a nővérem eltávozott. Öngyilkos lett.

Habár csak nyolc éves voltam, újra és újra feltettem magamnak ugyanazokat a kérdéseket. *Hogy lehet, hogy sem az orvosok, sem a szüleim nem tettek semmit? Mit tehettem volna, hogy segítsek rajta? Mondhattam vagy tehettem volna valami mást a változás érdekében?* A pszichológus, aki találkozott a családommal, azt mondta, hogy ne érezzem magam bűnösnek, de én egyszerűen nem tudtam ezen változtatni.

Az azóta eltelt évek során a gyermekkori kérdéseim erős vággyá formálódtak, hogy megtudjam, miről szól az élet. Miért érdemes élni? *Eléggé jelen vagyok-e azok számára, akiket szeretek? Az időmet olyan dolgokra fordítom-e, amelyek valóban számítanak? Érdemre méltóan élem-e az életemet?*

Az, hogy Reshmával és Rabbattal együtt voltam a kórházban, minden kérdést és érzelmet felkavart bennem. Ismét elgondolkodtam azon, hogy milyen rövid és értékes az élet.

Az elképzelhetetlen

Másnap Reshma elképesztő hírekkel hívott. Rabbat lélegeztetőgéptől való függősége 100 százalékról 50 százalékra csökkent. Egyre inkább magától lélegzett! Bár továbbra is kómában volt, és az életjelei még mindig kritikusak voltak, szerencsére az állapota stabilizálódott. Dr. Giovanni reményteljesnek tűnt, de én továbbra is kételkedtem abban, hogy ez több lenne, mint pillanatnyi fellélegzés egy anya számára, aki kétségbeesetten keresi a remény jeleit. Három nappal a kórházi látogatásunk után, Reshma újra felhívott. „Felébredt!"

„Micsoda?" kérdezte Dr. Giovanni meglepődve.

„Felébredt!" Kiáltotta Reshma. „Rabbat, az én kislányom kinyitotta a szemét!" Remegő hangon minden szót hangsúlyozva kiáltotta: „A szemembe nézett és anyunak hívott!" Reshma hangja halk, hálás sírásnak adta át a helyét. Megdöbbentem. A fejem kavargott. Igaz lehet ez?

Dr. Giovannival visszamentünk a kórházba. Dr. Giovanninak voltak még további gyógynövény tablettái, amelyeket Rabbat most már le tudott nyelni. Sajnálattal láttam be, hogy még a forgalomban is azon tűnődtem, hogy vajon Rabbat még mindig magánál lesz-e, mire megérkezünk.

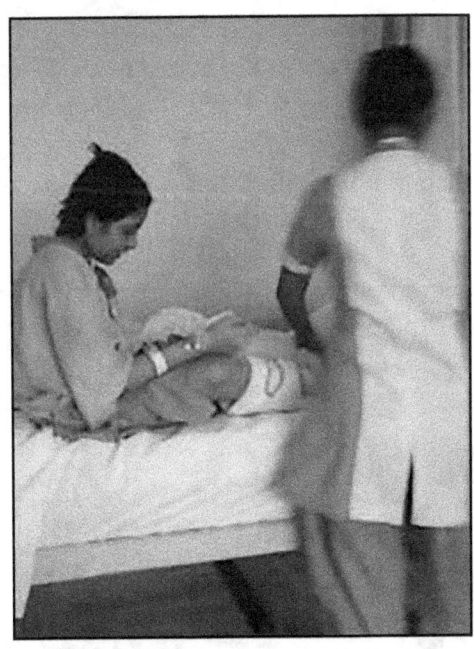

Rabbatot az ápolónő ápolja röviddel azután, hogy felébredt a kómából.

Talán az, hogy kinyitotta a szemét, csak egy pillanatnyi véletlen műve volt?

Kétségeim abban a pillanatban eloszlottak, amikor beléptünk a kórházi szoba ajtaján, és megláttuk a gyönyörű, immár ébren lévő lányt az ágyon ülni!

Miközben Dr. Giovanni megvizsgálta a pulzusát, Rabbat az ujjain lévő sok gyűrűt figyelte. Mivel azt hitte, hogy talán babonás, megkérdezte Dr. Giovanitól: „Fél a jövőtől?". Meglepetten nevettünk azon, hogy milyen éber és tudatos volt. Lenyűgözött az erővel teli hangja, és az, hogy jobban beszélt angolul, mint az anyja. A szeme csillogott az élettől és a csodálkozástól.

Ezt a találkozást rögzítettem a kamerámmal.

„Jól nézel ki" - mondtam neki.

„Nem úgy, mint korábban, otthon" - mondta. „Ha már látott engem korábban, akkor tudja, hogy ez a Rabbat és az a Rabbat nem ugyanaz."

„Hát, határozottan jobban nézel ki, mint amikor legutóbb láttalak" - mondtam finoman.

Elmosolyodott.

„Hogyan kezdődött ez?" - kérdeztem.

Rabbat elmesélte a történetet a fájdalomról, ami egy nap a testében jelentkezett, és a zavarodottságról, hogy miért kezdett romlani a helyzet. Megosztotta a kómába esése előtti utolsó emlékeit, és az első gondolatait, miután felébredt. Reshma elmondta Rabbatnak,

Dr. Giovanni és én Reshmával és Rabbattal a kórházban, miután felébredt a kómából.

hogy ki segített neki, és így amellett, hogy köszönetet mondott Dr. Giovanninak, ezt is mondta: „ Minden köszönet a világon ,'Naram bácsinak". Ő egy egészen csodálatos ember, amiért megmentette az életemet".

„Dr. Naram a nagybátyád?" Zavartan kérdeztem.

Rabbat nevetett. „Nem, de az én kultúrámban az idősebb férfiakat ,nagybácsinak', az idősebb nőket pedig ,nagynéninek' hívjuk a szeretet és tisztelet jeleként."

Mosolyogtam a válaszán, de teljesen elképedtem attól, amit láttam. Nemrég még kómában volt! Hogyan volt képes segíteni a testén való pontok nyomkodása, vagy az, hogy hagymát és tejet tettek a feje mellé? Volt egyáltalán köze ennek az eredménynek ahhoz, amit Dr. Giovanni csinált, vagy valami más, egymástól független tényező miatt ébredt fel?

Ha Rabbat gyors felépülésének feldolgozása még nem lenne elég, a legmegdöbbentőbb rész nem is az ő felépülése volt önmagában. Hanem az, amit a többi kómás beteggel láttunk megtörténni, akik ugyanabban az intenzív osztályon lévő szobában voltak elhelyezve.

Fertőző gyógyulá

Sokan, akik belépnek az intenzív osztály ajtaján, nem távoznak élve. A sors úgy hozta, hogy a Rabbat ápolásáért felelős ápolónő nővére is kómában feküdt a vele szemben lévő ágyban. Súlyos májproblémával került a kórházba, amit az orvosok nem tudtak gyógyítani. Ahogy a méreganyagok felhalmozódtak a szervezetében, hirtelen eszméletlen állapotba zuhant.

Akárcsak Rabbat esetében, az orvosok azt mondták az ápolónőnek, hogy nincs remény a nővére számára. Látva Rabbat figyelemre méltó felépülését, az ápolónő megkérdezte Reshmát, hogy mit tett annak érdekében. Reshma megosztotta azt az ápolónővel, és ő pontosan ugyanazt az eljárást követte a nővérénél.

Amikor végeztünk Reshma és Rabbat látogatásával, az ápolónő elkísérte Dr. Giovannit és engem, hogy nézzük meg a nővérét. A szemei, amelyek napokkal korábban le voltak csukva, és úgy tűnt, mintha meg lennének számlálva a napjai, most nyitva voltak, és ő maga teljesen

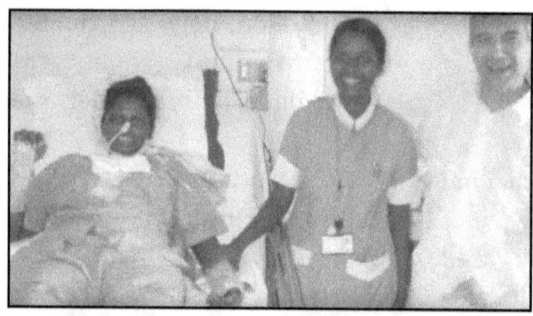

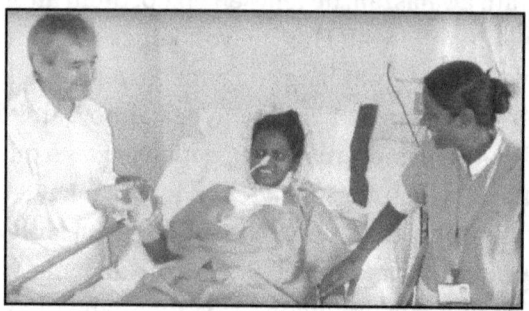

Fent: *Dr. Giovanni, az ápolónő és a nővére, egy nappal azután, hogy felébredt a kómából.*
Alul: *Dr. Giovanni megmutatja az ápolónőnek és a nővérének a marmaa pontot.*

éber volt. Azonnal elmosolyodott, amint meglátott minket.

„Az ősi módszerekkel eltartott egy ideig" - mondta az ápolónő. „A változások először lassan jöttek, míg végül a nővérem felébredt. És most a saját szemünkkel láthatjuk a csodálatos eredményt!" Elragadtatással és hálával beszélt.

Az ápolónő elmondta, hogy más betegek családtagjai is elkezdték alkalmazni az ősi gyógyító módszereket. A négy kómás beteg közül, akik ugyanabban a szobában voltak, három magához tért, és már nem volt az intenzív osztályon, egy pedig már haza is ment a kórházból. Az ápolónő arról számolt be, hogy mennyire meglepődött azon, hogy ezek az ősi módszerek ilyen mély gyógyulást segítettek elő, még olyan esetekben is, amikor az orvosok már feladták a reményt.

Ámulva sétáltam ki a kórházból, és azon töprengtem, vajon az emberek otthon, az Egyesült Államokban hinni fognak-e nekem, amikor elmondom nekik, amit láttam. Úgy éreztem, talán azt gondolnák, hogy Indiában szívtam valamit! Örültem, hogy magammal hoztam

Naplójegyzeteim

3 Ősi gyógyító titok a kómában lévő személy segítésére*

1) Gyógynövény készítmények - Aprítsuk fel a szükséges gyógynövényeket, keverjük össze ghee-vel pasztává, és tegyük a köldökre (pl. a gyógynövény formulák, amelyeket Dr. Giovanni használt Rabbat számára, olyan tabletták voltak, amelyeket Dr. Naram készített az agy és a tüdő egészséges működésének támogatására*; később, az ápolónő nővérének a máj támogatására hozzáadott még egy tablettát*).

2) Marmaa Shakti - Itt vannak azok a marmaa shakti pontok, amelyekre Dr. Giovanni megtanította Reshmát azért, hogy nyomja meg azokat Rabbat testén. Naponta 15-21 alkalommal szorgalmasan nyomogatta ezt a pont csoportot, miközben Rabbat nevét és szeretetteljes dolgokat mondogatott neki:

a) A jobb kéz, a mutatóujjának felső részét nyomjuk meg majd engedjük el 6-szor.

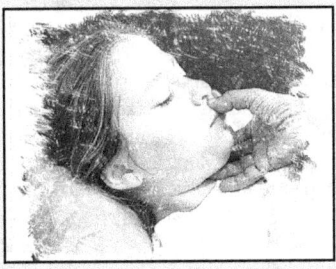

b) Az orr alatti és felső ajak feletti pontot nyomjuk meg és engedjük el 6-szor.

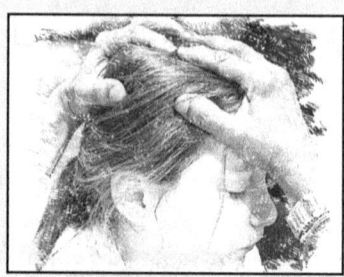

c) Finoman nyomjuk meg a fejet 6-szor úgy, hogy az egyik tenyerünket a homlokra, a másikat a tarkóra helyezzük, minden ujjunkat és hüvelykujjunkat behajlítva megérintjük, majd összenyomjuk a fejbőrt.

d) bizonyos esetekben további pontok adhatók hozzá.

3) Házi gyógymód – Vágjunk fel egy friss nyers hagymát 6 darabra, és tegyük egy tálba a fej bal oldalára; öntsünk tejet egy másik tálba, és tegyük a fej jobb oldalára. Hagyjuk ott a tálakat, amíg az illető eszméletlen.

(Később ebben a könyvben a kómában fekvő ember megsegítésének további két titkát tárjuk fel.)

*A könyvben említett gyógynövénykészítmények és tablettákra vonatkozó információk (beleértve a kulcsfontosságú összetevőket is) a függelékben található táblázatban szerepelnek. Bónusz anyag: Ha szeretne „találkozni" Reshmával, Rabbattal, az ápolónőjével és Dr. Giovannival az általam rögzített videón keresztül, és hogy mélyebben megértse ezt a módszert, kérjük, látogasson el az ingyenes tagsági oldalra (www.MyAncientSecrets.com/Belong).

*Fontos orvosi nyilatkozat: Ez a könyv kizárólag oktatási célokra szolgál. A könyvben és az interneten található információk nem szolgálnak semmilyen orvosi vagy pszichés állapot diagnosztizálására vagy kezelésére, és nem is használhatók fel arra. E könyv megjelenésének időpontjában ezek az ősi titkos gyógymódok nem nyertek bizonyítást vagy cáfolatot egyetlen, általam ismert nyugati orvosi tanulmányban sem, beleértve a klinikai vizsgálatokat is. Az általános jólétet szolgáló ősi tanításokon alapulnak. Olvasás közben ne feledje, hogy a szerző nem osztogat orvosi tanácsokat, és nem írja elő semmilyen technika alkalmazását orvosi problémák kezelése részeként egy megbízható orvos tanácsa nélkül. Kérjük, orvosi kezelés céljából forduljon egészségügyi szolgáltatóhoz. Továbbá, az ebben a könyvben leírt esetek figyelemre méltóak, és fontos megjegyezni azt, hogy az eredmények sok tényezőtől függően személyenként eltérőek lehetnek, és nem feltétlenül tipikusak. Abban az esetben, ha Ön a könyvben szereplő információkat saját magán használja fel, amihez joga van, a szerző és a kiadó nem vállal felelősséget az Ön tetteiért. Ön felelős saját tetteiért és azok eredményéért. Tájékozódjon teljeskörűen, hogy a legjobb döntéseket hozhassa meg az Ön által kívánt eredményekhez igazodva.

Pillanatképek a videóból, amelyet Rabbatról, az édesanyjáról, Reshmáról és a boldog ápolónőről készítettem.

a videókamerámat és a naplómat, hogy megörökítsem, amit láttam.

Azon tűnődtem, *hogyan tudtak ezek az ősi módszerek ilyen mély gyógyulást létrehozni?* Ha ezek a módszerek ennyire hatékonyak voltak, még szélsőséges, élet-halál kérdéseiben is, miért nem tudtak többen róluk, mint lehetőségről? Mi lett volna, ha a családom tudott volna erről, amikor a nővéremnek segítségre volt szüksége? Megmenthette volna az életét? Miért hagyma és tej? Hogyan működött ez egyáltalán? Minden esetben működik? Honnan származnak ezek az „ősi titkok", és hogyan tanulta meg őket Dr. Naram? És mindenekelőtt, miért voltam tanúja ennek?

Talán hasznos lesz most megosztanom, hogyan találkoztam Dr. Narammal. Ez akkor történt, amikor 2009 októberében Kaliforniában jártam. Akkoriban abszolút nem érdekelt az „alternatív gyógyítás", és nem vágytam arra, hogy Indiába utazzak. Valami sokkal fontosabb dologgal voltam elfoglalva: megpróbáltam lenyűgözni egy lányt, akit épp akkor ismertem meg.

Az Ön naplójegyzetei (az 1. Fejezet:ből)

Hogy elmélyítse és tovább fokozza a könyv olvasásából származó előnyöket, szánjon most néhány percet arra, hogy választ adjon a következő fontos kérdésekre:

Ki az, akiket szeretek?

_____

_____

_____

_____

Mi az, amit akarok? (Önmagamnak? Azoknak, akiket szeretek?)

_____

_____

_____

_____

Milyen egyéb meglátások, kérdések vagy felismerések merültek fel Önben e fejezetet olvasása közben?

_____

_____

_____

_____

2. FEJEZET

Az emberek 95%-a nem tudja ezt a fontos dolgot önmagáról

Ha meg akarod nevettetni Istent, mesélj neki a terveidről
– Woody Allen

Los Angeles, Kalifornia (pár hónappal korábban)

Találkozott már valakivel, aki teljesen megváltoztatta az életét, de minderre csak sokkal később ébredt rá ?
2009 őszén Finnországban dolgoztam egyetemi kutatóként. Szabadidőmben egy San Francisco-i székhelyű szervezetnek, a Wisdom of the Worldnek dolgoztam önkéntesként. A 10 Days to Touch 10 Million (10 nap 10 millió ember megérintéséhez) elnevezésű projekt azon dolgozott, hogy az ünnepek alatt inspiráló üzeneteket terjesztésével segítsenek a depresszió és az öngyilkosság csökkentését. A figyelem felkeltéséhez interjúk sorozatát készítettük híres emberekkel, amelyeket az esemény minden napján reklámozhattunk.
Az egyik feladatom az volt, hogy felvegyem a kapcsolatot a hírességekkel, és segítsek az interjúk készítésében. Az általunk összeállított sztárok, sportolók és más lehetséges interjúalanyok listájának áttekintése után Gerald bátyám azt mondta, hogy hogy találkoznom kell Gail Kingsbury-vel. Úgy tűnt, hogy éppen egy eseményt koordinált

egy előkelő hollywoodi szállodában. A bátyám azt mondta, hogy sok híres ember vesz részt rajta, és csak úgy juthatok be, ha önkéntesnek jelentkezek. Szóval így tettem.

Piros, rövid ujjú inget és sötét farmert viselve úgy éreztem, hogy nincs helyem az elegáns szállodában, de Gail társaságában azonnal kényelmesen éreztem magam. Ő hatékony rendezvényszervező volt, és egyben szív központú ember is. A tevékenységünk egyik szünetében, a folyosón állva, elmondtam neki, hogy önkéntes munkám elsődleges motivációja az volt, hogy találkozzam vele, és segítséget kérjek tőle. A tervünk megérintette őt, és megígérte, hogy segít. Amikor átadtam neki a különféle filmsztárok, sporthíresességek és zenészek listáját, akikkel interjút terveztünk készíteni, ránézett, majd hosszú szünetet tartott. „Érzem a tervük célját, és úgy érzékelem, hogy a listán lévő személyek többsége nem igazán az akit Ön akar. Sokan nem azok, akiknek látszanak, és valószínűleg nem is felelnek meg az üzenetének," mondta, ismét szünetet tartva." Tudja kit javasolnék?"

„Kit?"

„Dr. Naram-al kellene interjút készítenie."

„Az meg ki?"

„Ő egy indiai gyógyító mester, akinek olyan páciensei voltak, mint Teréz Anya, és a Dalai Láma. És ma ebben a hotelben rendel.

Egy gyógyító mester?! Nem éppen erre gondoltunk. Éppen meg akartam kérdezni, hogy bemutatna-e valaki másnak.

Ekkor Gail tekintete a mögöttem lévő személyre szegeződött. „Elképesztő. Itt is van," mondta.

Megfordultam, és láttam, hogy egy indiai férfi egyedi fehér öltönyben, és egy nő hosszú, díszes, etnikai kinézetű kabátban sétál felénk. Elmosolyodtam magamban, mert arra gondoltam, hogy nem én vagyok az egyetlen, aki nem illett ide.

„Dr. Naram, ő itt Clint - mondta Gail, ahogy felénk közeledtek. „Dr. Naram, hallania kell arról a projektről, amit Clint a Wisdom of the World-del csinál. Talán adhatna egy interjút, ha van ideje."

Dr. Naram megfordult és rám nézett. Körülbelül 155 cm magasnak tűnt, nálam 30 cm-el alacsonyabbnak. Fehér Nehru- stílusú öltönyt viselt; haja koromfekete volt elöl egy őszes fürttel, letisztult vágású bajuszt viselt. Fiatalnak tűnt, de ami felkeltette az érdeklődésemet, az a figyelmes tekintete és energikus, megnyerő beszélgetési stílusa volt.

„Nagyon örülök a találkozásnak," mondta kedvesen. „Mi a Wisdom of the World (Világ bölcsessége)?"

Dr. Pankaj Naram gyógyító mester Meséltem Dr. Naram-nak Kép forrás: Wikimedia az alapítóról, a barátomról, Gary Malkin-ról, aki díjnyertes zenész és akinek szenvedélye, hogy összekösse az embereket a világban és az önmagukban létező legjobb dolgokkal. Gary egyik adottsága, hogy a zene segítségével megteremti az áhítat és az inspiráció pillanatait - ezáltal segít az embereknek emlékezni arra, ami a legfontosabb. Elmagyaráztam, hogy egy különleges projektet tervezünk az ünnepekre.

Dr. Pankaj j Naram gyógyító mester
Kép forrás: Wikimedia

„Mit akar?" - kérdezte tőlem. A hangja lefegyverzően őszinte volt. Érdeklődő sötétbarna szemei finoman fókuszáltak kissé fáradt kékeszöld szemeimre. A válaszom meglepett.

„Volt egy nővérem" - kezdtem. „Ő öngyilkos lett. Ez volt az egyik legnehezebb dolog, amivel valaha is szembesültem." Ez nem olyasmi volt, amiről általában beszéltem, és főleg nem olyasvalakinek, akivel csak most találkoztam. Ahogy a nővéremről beszéltem, éreztem az elvesztése miatti fájdalmat. „Szeretnék tenni valamit, hogy segítsek másoknak, akik ugyanolyan helyzetben vannak, mint a nővérem. Szeretnék segíteni abban, hogy több béke legyen ezen a bolygón."

„Értem. Hogyan segíthetek?" kérdezte őszinte érdeklődéssel.

„Interjúkat készítünk figyelemre méltó emberekkel, akiknek talán van reményt adó vagy inspiráló üzenetük. Gail mondta, hogy az egyik interjúnak önnel kellene készülnie."

Dr. Naram másnap reggel a turnéja következő városába indult, ezért úgy beszéltük meg, hogy az interjút még aznap este, a klinika befejezése után a szállodában rögzítjük. Miután megbeszéltük az időpontot és a helyszínt, Dr. Naram belenyúlt a fehér zakója zsebébe, és elővett valamit.

„Ez az öné, egy nagy mester által megáldott ajándék, aki több mint 147 éves. Nagyszerű munkát végzel."

Sötét keze, amelyet számos jelentős kinézetű gyűrű díszített éles ellentétben volt a zakója élénk fehér ujjával. A kezében egy fényes gyűrűt tartott, szanszkritnak tűnő felirattal.

Megköszöntem neki az ajándékot, de fogalmam sem volt, hogy mit gondoljak arról az állításáról miszerint valaki 147 éves. Ezután Dr. Naram és a társaságában levő hölgy folytatta útját a folyosón, én pedig eltettem a gyűrűt a zsebembe.

A szokatlan találkozó után visszatértem önkéntes feladataimhoz. Míg a televízió és a filmek a beverly hills-i és hollywoodi gazdagok és híresek életmódjára, Disneyland szórakozására és Dél-Kalifornia gyönyörű strandjaira összpontosítottak, addig megdöbbenve tapasztaltam, hogy a városban több mint ötvenezer hajléktalan férfi, nő és gyermek él. Ez több ember, mint szülővárosom, a Minnesota-beli Eden Prairie lakossága. Les Brownnak, a jól ismert motivációs előadónak köszönhetően betekintést nyerhettem az életükbe, aki önként jelentkezett, hogy segítse az ügyünket, és a tíznapos rendezvényünket azzal kezdte, hogy Los Angeles egyik legkritikusabb negyedében előadást tartott egy hajléktalanszállón.

Egész nap a fehérbe öltözött Dr. Naram járt az eszemben. Kíváncsi voltam arra, hogy ki ez a fickó, akivel nemsokára interjút készítek, és hogy többet tudjak meg róla, az interneten böngésztem. Láttam róla képeket néhány hollywoodi és bollywoodi sztárral, például Liv Tylerrel, aki a *Gyűrűk Urában*, az *Armageddonban* és *A hihetetlen Hulkban* játszott szerepeiről híres. Láttam képeket, ahogy Gail is mondta, Dr. Naramról a Dalai Lámával és Teréz anyával. Találtam egy leírást az alapítványának munkájáról is, amely a hajléktalanokon, betegeken és egyéb módon elfeledett embereken segít.

A turné menetrendjén kívül, amely szerint számos különböző városba látogatott el, találtam néhány cikket véletlenszerű weboldalakon olyan emberekről, akik Indiába utaztak, hogy találkozzanak vele. Ők arról számoltak be, hogy képes volt megérteni egy embert azáltal, hogy megérintette a pulzusát. Sok olyan szó volt a bejegyzésekben, amit nem értettem, sőt az egész általa képviselt megközelítés szokatlan volt számomra. Az emberek azt állították, hogy olyan módon segített nekik legyőzni súlyos betegségeket és problémákat, ami felülmúlt minden képzeletet. Mégis úgy tűnt, hogy bárhová ment, a gazdagokat és a nincsteleneket egyaránt szolgálta.

Ez az, amit ő Los Angelesben végzett, a hollywoodi hírességekkel és hajléktalanokkal.

Azon tűnődtem, vajon helyesen cselekszem-e, ha interjút készítek

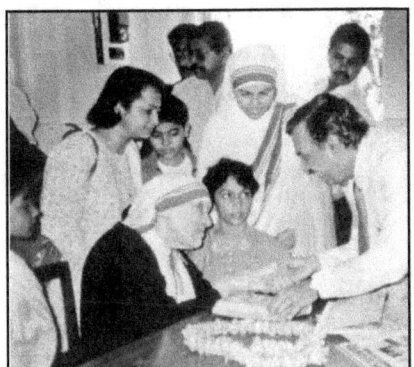

Dr. Naram pulzusdiagnózist végez Szent Teréz Anyán, Őfelsége a Dalai Lámán, és egy bengáli királytigrisen..

vele. Hogyan lehet igaz az általam olvasott történetek bármelyike is? És ha valóban hatékony volt, amit csinált, miért nem tudnak róla többen? Miért nem találok róla több információt? Az első találkozásunk alapján Dr. Naram őszintének, szeretetteljesnek, és közvetlennek tűnt. Élveztem az éberségét és nyitottságát. Mégis, azon csodálkoztam: *Talán mindez csak valamiféle színjáték volt?*

Az egyetemi kutatói képzésem azt diktálta, hogy tovább nyomozzak, amíg nem tudom a dolgokat bizonyítani így vagy úgy. Ezt szem előtt tartva, a szállodai szoba felé tartottam, ami Dr Naram rendelőjének várótermeként szolgált.

Néhányan még vártak a vizsgálatra, így leültem és várakoztam. Az asztalon megláttam ugyanazokat a képeket, mint amiket online láttam. Amikor végre sorra kerültem, Dr Naram mosolyogva fogadott.

Egy 125 éves mester?

Azon tűnődtem, hogy Dr. Naramnak lesz-e egyáltalán energiája a kezelések végére. Ehelyett csordultig volt élettel, és teljesen ott volt velem a jelenben, ami megdöbbentett. Bekapcsoltam a videókamerát, és megkértem Dr. Naramot, hogy mutatkozzon be.

„Volt egy mesterem, aki megélte a 125 éves kort, akinek a mestere pedig a 145 éves kort, a gyógyító mesterek több mint 2500 évre visszanyúló, töretlen vonalában. Ezt a vonalat *Sziddha-Védá*-nak hívják. Az ehhez a vonalhoz tartozó és ma még életben lévő mesterem bátyja az, aki megáldotta a gyűrűt, amelyet Önnek adtam. Ő most 147 éves. Mindegyik mester több mint 125 évig élt, ismerve és átadva a hosszú élet, az egészség és a boldogság titkait."

Fogalmam sem volt, mit válaszoljak erre. Ha igaz lenne, hogy emberek ilyen sokáig élnek, nem lenne ez szélesebb körben ismert? Az általa említett emberek nem szerepelnének a *Guinness Rekordok Könyvében*?

„Az első mester a mi vonalunkban Jivaka (Dzsiváka) volt. Ő volt Buddha Urunk személyi orvosa. El lehet képzelni, milyen megvilágosodottnak kell lennie egy gyógyítónak, hogy ilyen szorosan együtt dolgozhasson Buddhával. Jivaka más híres páciensei közé tartozott Ámrápáli, akit a világ egyik legszebb nőjének tartottak, és az indiai király, Bimbiszára. Jivaka és e vonal minden egyes nagy mestere ősi kéziratokban rögzítette a titkos tudást arról, hogyan érhetjük el a sugárzó egészséget, a korlátlan energiát és a lelki békét bármely életkorban."

Minden, amit Dr. Naram mondott őszinte lelkesedéssel volt átitatva.

„Amikor először találkoztam a mesteremmel, körülbelül 115 év körüli volt, még sok évvel maga előtt. És ebben a nagyszerű korban még mindig hatvan-nyolcvan embernek segített minden nap, akik egészségügyi problémáikkal fordultak hozzá."

Amikor megkérdeztem Dr. Naramot, hogyan lehetséges, hogy valaki ilyen sokáig éljen és még dolgozzon is, átnyújtotta a 125 éves mesterének „titkos receptjét" a korlátlan energia eléréséhez. Ez magában foglalta az édeskömény, a mandula, és a datolya egy éjszakán történő beáztatását, és azok másnap reggeli összekeverését. Kételkedtem benne, hogy valaha is használni fogom, de azért felírtam a jegyzetfüzetembe.

„Köszönöm" - mondtam. „De Ön hogyan képes olyan dolgokra, amikről mások azt hiszik, hogy lehetetlen - például a gyógyíthatatlannak tűnő betegségekből való felgyógyulás?"

„Ezek nem az én, hanem az átadási vonal titkai. A mesteremet illeti az elismerés. Ismeri a 'szállítószalag' kifejezést?"

Bólintottam.

„Olyan vagyok, mint egy szállítószalag, amely az ősi titkokat szállítja a modern világba. És bár ami történik varázslatnak tűnik, valójában ősi tudomány; a mélyebb gyógyulás átalakulásának technológiája."

Persze, gondoltam magamban.

Megtalálni a remény csíráját

Visszatérve az interjú készítésének eredeti céljához feltettem neki a kérdést: „Mit gondol, mi segíthet azoknak az embereknek, akik az ünnepek alatt magányossággal, depresszióval, sőt öngyilkossági gondolatokkal küzdenek?"

„Nagyon jó kérdés - válaszolta Dr. Naram. „Láttam, hogy a depresszió és az öngyilkosság hatással volt nagyon híres, szeretett sztárokra és ismeretlenekre: szegény és szupergazdag emberekre egyaránt. Ismertem ateistákat és még több millió követővel rendelkező spirituális vezetőket is, akik öngyilkosságot követtek el. Bárki ki van téve annak a veszélynek, hogy így veszít el valakit, akit szeret".

Dr. Naram megosztotta velem, hogy rendszeresen kapcsolatba léptek vele depressziós és öngyilkos hajlamokkal küzdő páciensek, és hogy örökké hálás volt minden alkalommal, amikor érezte mestere áldását, amiért tudta, hogyan segíthet nekik. „

„A legfontosabb dolog az, hogy megértsük őket, nem pedig az, hogy ítélkezzünk felettük." Vannak gyerekek, akik csak azért kísérelnek meg öngyilkosságot, hogy felhívják magukra a szüleik figyelmét, könyörögve nekik, hogy értsék meg a fájdalmukat és a frusztrációjukat. Ha a szülő megérti a gyermeket, a dolgok javulhatnak. A depresszióval küzdők nagy kihívással néznek szembe. A mesterem pedig megtanított arra, hogyan segíthetek bárkinek, hogy győztesként kerüljön ki belőle."

Figyelmesen hallgattam.

„A legtöbb ember nem tudja, milyen érzés olyan depressziósnak lenni, hogy meg akarja ölni magát," folytatta Dr. Naram. „Mi az, ami valakit arra késztet, hogy kárt okozzon magában? Néhány oka lehet annak, ha valaki nem képes szembenézni a félelemmel, frusztrációval, szerelmi csalódással, bűntudattal, haraggal, egyedülléttel, vagy anyagi problémákkal. Ezek mindegyike szinte megbéníthatja az agyat. A mesterem azt mondta, hogy az emberek nyolcféle félelemmel szembesülhetnek. A bolygó egyik leghatalmasabb kihívása az elutasítástól való félelem. Amint egy fiú vagy lány, nő vagy férfi elutasítást és szerelmi bánatot érez egy szülő vagy szerelmi partner részéről, az elméje depresszióba eshet. És el tudja képzelni, hogy mit érezhet egy homoszexuális fiú vagy lány bizonyos országokban, ha a társadalom, és még Isten is elutasítja őket? Az tulajdonképpen lehetetlen, hogy Isten elutasítsa őket, mert Isten bennük van és Isten a szeretet; de mégis, egyesek mindenki által elutasítva érzik magukat, és ez fájdalmas. Ez egy nagyon komoly kérdés.

„Aztán vannak emberek, akiknek kémiai egyensúlyhiány van az agyukban, bipoláris állapotok, mániás depresszió, vagy drog- és alkoholfogyasztás mellékhatásaival küzdenek. Az ilyen, sok forrásból táplálkozó félelem megbéníthatja az agyat oly mértékben, hogy a kiút nem látható. A mesterem megtanított azokra a titkokra, hogyan segíthetek az embereknek kilábalni ezekből a kihívásokból."

Dr. Naram elmesélte egy apa és lánya történetét akik Rómából hívták fel. A lány szerelmes volt, fülig. Mikor barátjával szakítottak, ő súlyos depresszióba zuhant. Azt mondta: „Dr. Naram, elhagytam magam, és most gyűlölöm magam. Éles fájdalom van a szívemben. Felhagytam az élettel, és haldoklom. Nem tudok semmiféle felelősséget vállalni. Képtelenségnek érzem az életet, és folyamatosan lebecsülöm magam. Ha valaki értékel engem, úgy érzem, hogy hazugságokat beszél."

A lány elvesztette a munkáját, éjszaka nem tudott aludni, izzadt, és elhatalmasodott rajta a szorongás. A fizikai fájdalmat jobban érezte, mint az érzelmi fájdalmat, ezért fizikálisan bántalmazta magát. Pszichiátriai kórházba vitték, és olyan gyógyszereket kapott, amelyek hatására ürességet érzett, képtelen volt koncentrálni, mintha az agya sorvadásnak indult volna. Azt mondta: „Nem érzek se örömet, se élvezetet, és már semmi sem érdekel".

A lány apját az a nyomasztó aggodalom gyötörte, hogy valamelyik reggel arra fog ébredni, hogy lányának sikerült az öngyilkosság Elmondta Dr. Naramnak, hogy állandó bűntudatot érzett, és segíteni akart, de úgy tűnt, minden, amit mondott vagy tett, csak még jobban fájt a lányának. Csak abba a reménybe tudott kapaszkodni, hogy egy nap a dolgok majd jobbra fordulnak.

Dr. Naram azt mondta nekem: „Megkérdeztem a lányt: ‚Mit akarsz? Erre ő azt mondta: ‚Azt akarom, hogy az emberek megértsenek, és ne ítélkezzenek felettem! Mélyen, legbelül boldogtalan vagyok. A szívem mélyén szomorú és dühös vagyok a betegségem miatt. Félek, hogy nem tudok segíteni magamon. Szeretném tudni, hogyan építhetem újjá az életemet, hogyan engedhetem el a múltat, és hogyan léphetek előre. Szeretnék újra boldogan részt venni az életben. És szeretném felfedezni és megérteni a létezés értelmét. De segítségre van szükségem!"

Dr. Naram története a nővéremre és azokra az alkalmakra emlékeztetett, amikor meglátogattam őt a kórházban. Fogalmam sem volt róla, hogy milyen lelki bánat vezethette őt a depresszióba.

„Szóval, hogyan segít valakinek, aki így érzi magát?" Kérdeztem. Dr. Naram egy másik történet megosztásával válaszolt. Volt egy férfi, akinek megromlott a házassága. A felesége háromszor megfenyegette azzal, hogy elválik tőle, és Dr. Naram minden alkalommal segített nekik felfedezni, hogy valójában mit is akarnak, és feldolgozni a nézeteltéréseiket. A probléma ezúttal súlyosabb volt, mint a korábbi alkalmak bármelyikén. A férfi néhány nap alatt több mint százmillió dollárt veszített el mások pénzéből egy tőzsdei összeomlás során. A pénz egy része a barátaitól és a felesége szüleitől származott. A felesége apja a teljes nyugdíjmegtakarításukat neki adta. A befektetések növekedtek, és mindenki boldog volt egészen az összeomlásig; és most nem tudta, hogyan nézzen szembe velük. Egy nap késő este a felesége pánikszerűen hívta fel Dr. Naramot. Miközben a gyermeke kontrollálatlanul sírt a háttérben, azt mondta: „A férjem most éppen itt ül előttem a földön. Egy pisztoly van a szájában, az ujja a ravaszon!"

Dr. Naram azt mondta: „Le tudná tenni a telefont a férje mellé, kihangosítva? És azután kimenne a szobából, hogy egyedül beszélhessek a férjével?" A felesége úgy tett, ahogy Dr Naram kérte tőle.

Dr. Naram azt mondta: „Namaste", majd a nevén hívta a férfit. „Mit akar?"

A férfi kihúzta a pisztolyt a szájából eléggé ahhoz, hogy azt mondja: „Véget akarok vetni az életemnek".

„Rendben van" - válaszolta Dr. Naram. „Hogyan segíthetek önnek meghalni?" Hosszú szünet következett. A férfi megdöbbent. „Segíteni akarok önnek elérni, amit akar. Ha meg akar halni, akkor hogyan segíthetek benne?"

„Ne viccelődjön velem, Dr. Naram."

„Mi az, amit valójában akar?" kérdezte tőle Dr. Naram.

Dr. Naram elmagyarázta nekem, hogy az általa feltett kérdések részei annak a módszernek, amelyet a mestere tanított neki, hogy segítsen az embereknek legyőzni az öngyilkossági gondolatokat, de nem ajánlja másoknak, hogy ezt megfelelő képzés nélkül alkalmazzák. Ahogy Dr. Naram beszélgetett ezzel a férfival, rájött, hogy amit ő igazán akart, az az volt, hogy megtudja, hogyan lehet kijutni abból a helyzetből, amelyben volt. Reménykedni akart abban, hogy a dolgok jobbra fordulhatnak, és hogy a fájdalom elmúlik.

Dr. Naram megkérte a férfit, hogy tegye le a fegyvert, hogy

megnyomhasson egy marmaa pontot, ami segít neki elérni azt, amit akar, és ettől a férfi azonnal megnyugodott. Ezután Dr. Naram arra utasította, hogy keverjen össze néhány hozzávalót a konyhájából egy házi gyógymód részeként (½ teáskanál ghí-t (ghee - tisztított vaj) egy szál sáfránnyal és egy csipet szerecsendióval, kissé felmelegítve, és két cseppet tegyen mindkét orrlyukba). Ettől még nyugodtabbnak érezte magát, ami pedig lehetővé tette, hogy visszanyerje a józan ítélőképességét.

„Ez nem a probléma gyors megoldása" - folytatta Dr. Naram. „Időbe telt a változás. De ez az ember elkötelezte magát amellett, hogy mindent megtesz, ami a mélyebb gyógyuláshoz szükséges. Megváltoztatta az étrendjét, hogy olyan ételeket egyen, amelyek táplálják a jó gondolatokat és érzelmeket. Rendszeresen szedte a házi gyógykészítményeket, például néhány összetevőt ghí-vel kevert össze, és naponta kétszer bevette. A gyógyító vonalam, elődeim mesterei olyan gyógynövény-készítményeket is létrehoztak, amelyek segítenek táplálni és megfiatalítani az agy és a test kimerült részeit, hogy az emberek újra kapcsolódni tudjanak a bennük lévő boldogsághoz és életcélhoz. Ismétlem, ez nem egy gyors megoldás, de működik, ha az emberek elkötelezik magukat a folyamat mellett. Más marma pontokat is mutattam neki, amelyek szintén segítettek a kreativitásának serkentésében. A kreatív ereje annyira visszatért, hogy büszkén mondhatom, néhány éven belül visszaszerezte mindazt, amit elvesztett, sőt még annál is többet. Adósságát kamatostul visszafizette az apósának és az összes barátjának."

Dr. Naram hangsúlyozta: „Mesterem azt tanította nekem: ,Minden viszontagság - minden nehéz helyzet vagy lelki bánat - magában hordozza az egyenlő vagy még nagyobb nyereség magvait.'

„De először fel kell tennünk a kérdést magunknak: Ki vagyok én?" Dr. Naram folytatta. „Az életben a legtöbb kihívás akkor jelentkezik, amikor valamiféle blokk vagy egyensúlyzavar van bennünk, vagy mindkettő. Fel kell fedeznünk a blokkokat és hogy hol áll fenn az

> „Minden viszontagság
> - minden nehéz helyzet
> vagy lelki bánat -
> magában hordozza az
> egyenlő vagy nagyobb
> nyereség magvait."
>
> – Baba Ramdas
> (Dr. Naram mestere)

egyensúlyzavar. Az egyensúlyzavar lehet vata, pitta, kapha vagy ezek kombinációja". Nem ismertem ezeket a kifejezéseket, de mielőtt magyarázatot kérhettem volna, folytatta. „Ha már tudjuk, kik vagyunk és mik a bennünk lévő blokkok és egyensúlyzavarok, akkor tudhatjuk, hogy mely étel a gyógyszerünk. Nemcsak arra kell jobban odafigyelnünk, hogy milyen ételeket juttatunk a testünkbe, hanem arra is, hogy milyen gondolatokkal látjuk el az elménket, és milyen hozzáállással tápláljuk az érzelmeinket. Az ősi titkok mindegyikkel kapcsolatban útmutatást nyújtanak."

> „Isten mindannyiunkban jelen van, és mindannyiunknak van célja, amit fel kell fedeznünk."
> – Baba Ramdas
> (Dr. Naram mestere)

Végighallgattam, de nem hittem el, hogy Dr. Naram állítása igaz lehet. A nővérem súlyos gyógyszereket szedett öngyilkossági hajlamú depresszióra, és még ez sem segített. Hogyan lehet, hogy a test bizonyos pontjainak megnyomása és az étrend megváltoztatása ilyen hatást gyakorol valakinek az életében egy ilyen kritikus pillanatban? Amit Dr. Naram javasolt, túl egyszerűnek tűnt ahhoz, hogy igaz legyen.

„Mi történt a lánnyal?" Kérdeztem.

„Á, tényleg! Ő egy tökéletes példa. Mivel Dr Giovanni Rómában volt, megkértem őt, hogy keresse fel a lányt négynaponta, hogy egy bizonyos marmaát végezzen el rajta, ami segít neki tisztán látni abban, hogy mit akar, valamint kitisztítja a régi szennyeződéseket a szervezetéből. Hamarosan jobban érezte magát, és két hónap múlva talált egy új barátot, akihez feleségül akart menni. De ez egyszerűen az első barátján való bosszúból történt, így a kapcsolatuk megromlott, és a lány fejlődése visszaesett. Ekkor azt mondtam neki: „Fel kell építenünk téged, hogy ne csak azért legyen kapcsolatod, hogy elkerüld az ürességet és a fájdalmat". Ekkor vált igazán elkötelezetté a jövője iránt. Adtam neki néhány házi gyógykészítményt és gyógynövény-kiegészítőket, amelyeket rendszeresen szedett, és jelentősen megváltoztatta az étrendjét. Megtanítottam neki, hogy mely ételeket kerülje, amelyek negatív érzelmeket hívnak elő, és mely ételeket fogyassza, amelyek elősegíthetik a pozitív érzelmeket.

Naplójegyzeteim

Három ősi gyógyító titok, amely segít megnyugtatni az elménket, újra egyensúlyba hozza ítélőképességünket és serkenteni a pozitív érzelmeket: *

1) Marmaa Sakti - Rendelkezzünk fegyelemmel, hogy ezt minden nap 6-9 alkalommal elvégezzük. Támasszuk meg a tarkónkat a bal kezünkkel, és a jobb kezünkkel nyomjuk meg és engedjük el a marmaa sakti pontot, közvetlenül az orr alatt és a felső ajak felett, 6-szor. Minden alkalommal, amikor megnyomjuk a pontot, vegyünk egy mély lélegzetet. Ezt végezhetjük máson vagy önmagunkon

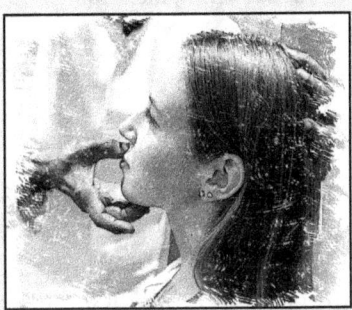

2) Házi gyógymód

Keverjük össze pasztává a következő összetevőket: 1/2 teáskanál ghí, 1 csipet szerecsendió és 1 szál sáfrány. Enyhén melegítsük fel a keveréket, döntsük hátra a fejünket, és cseppentsünk két cseppet mindkét orrlyukba. Ezt naponta kétszer végezzük el.

3) Home Remedy—Mix and eat the following ingredients:
   brámí csurna por 1/4 teáskanál.
   dzsátámánszí por 1/8 tk.
   kurkuma por 1/2 tk.
   ghí 1 tk.

Keverje össze a fenti összetevőket pasztává, és vegye be naponta kétszer (először reggel, majd este étkezés előtt).

*Bónusz anyag: A marmaa sakti pontok nyomásának technikája és további, hasznos titkok felfedezéséhez (pl. javaslatok arra vonatkozóan, hogy milyen ételeket fogyaszthatunk a pozitív érzelmek elősegítése érdekében), kérjük, tekintse meg az ingyenes tagsági oldalon, a MyAncientSecrets.com-on található videókat.

„Ismétlem, mindez időbe telt, nem volt gyors megoldás, de kezdett jobban bízni magában. És miután két évig dolgoztunk vele, annyira tele volt önbizalommal, hogy bármilyen elutasítással vagy kihívással szembe tudott nézni, és az nem befolyásolta őt. Felfedezte, hogy az álma az, hogy tanár legyen, fel is vették egy iskolába, ahol nagyszerű tanár lett. Nem sokkal később megismerkedett egy férfival, akibe mélyen beleszeretett, jobban, mint bárki másba azelőtt, hiszen már ő is szerette saját magát. Ennek már majdnem kilenc éve, és azóta két gyermeke született. Mindkét gyerekével bizonyos marmákat végez, és különleges ételeket készít nekik, hogy egészséges érzelmekkel és önbizalommal nőjenek fel".

„Milyen tanácsot adna azoknak, aki most szomorúak vagy depresz-sziósak?" Kérdeztem.

„A legfontosabb dolog, amit bárkinek tudnia kell, hogy ki is Ön valójában, hová tart, és mi segíthet Önnek eljutni oda" - folytatta Dr. Naram. „A mesterem azt tanította nekem, hogy Isten mindannyiunkban jelen van, és mindannyiunknak van egy életcélja, amit fel kell fedeznünk magunkban, amit depressziós állapotban nem látunk vagy érzünk. Az egyik módja annak, hogy elkezdjünk kilábalni belőle, az, ha elvégezzük mindazokat a dolgokat, amit annak a férfinak és lánynak adtam".

Találkozás Istennel?

„Mit ért az alatt, hogy »Isten bennünk van«?" - kérdeztem.

„Indiában van egy elképzelésünk arra az esetre, amikor váratlan vendég érkezik az otthonunkba. Ezt ‚Atíti Dévó Bhává'-nak hívják - ami azt jelenti, hogy úgy tekintünk minden vendégre, bárki legyen is az, és bármilyen kellemetlen is a jövetele, mintha maga Isten jött volna látogatóba az otthonunkba. Az én gyógyító Sziddha-Véda vonalamban ezt nagyon is szívünkön viseljük."

„Tehát úgy gondolja, hogy bármikor, amikor találkozik valakivel, Istennel találkozik?" - kérdeztem.

„Indiában úgy üdvözöljük az embereket, hogy 'Namaszté' vagy

'Namaszkár", és a szívünk előtt összetesszük a kezünket. Ez a köszöntés azt jelenti, hogy ,az isteni Isten/Istennő bennem meghajol az Önben lévő isteni Isten/Istennő előtt, és tisztelem azt a helyet, ahol Ön és én egyek vagyunk'".

„Tehát a Sziddha-Véda egy vallás?" Kérdeztem.

„A Sziddha-Véda segíthet az embereknek spirituálisan, fizikailag, mentálisan és érzelmileg, de nem tekinthető vallásnak. Ez egy olyan gondolati iskola, amelyből bárki profitálhat. Ezek az ősi gyógyító titkok túlmutatnak a valláson, a politikán, fajon, kaszton vagy hitvalláson. Mindenki számára univerzálisan működnek - ahogyan egy autó is eljuttathat oda, ahová akarunk menni, függetlenül a vallástól, a bőrszíntől vagy a szexuális irányultságtól. Az én leszármazási vonalamhoz tartozó gyógyítók szuper specialisták, akiket nagy mesterek sora képzett ki az ősi titkokra, hogy segítsenek megszabadulni bárkinek a testben, elmében vagy érzelmekben jelentkező fájdalmaktól vagy betegségektől. Amikor valaki segítségért fordul hozzánk, meglátjuk benne az Istent. Nem érezzük úgy, hogy szívességet teszünk nekik, hanem úgy érezzük, hogy ők adnak ajándékot. Megtisztelve érezzük magunkat, hogy felkerestek minket. A mesterem azt tanította nekem, hogy gyógyítóként mindössze annyi a feladatom, hogy segítsek megtisztítani a templomot, hogy boldoggá tegyem a benne lakozó Istent.

„Gondoljunk csak a súlyos depresszióban szenvedők esetére, akik akár öngyilkossági hajlamot is éreznek. Ők nem a szomorúság, a félelem vagy a harag nehéz érzései. Ők nem egyenlőek az érzelmeikkel. De az elméjük és a testük úgy van kondicionálva, hogy ezt nem veszik észre. Érzik ezeket az érzelmeket, és nem tudják, hogyan engedjék el őket. Attól félnek, hogy a problémájuk olyan nagy, hogy nincs menekvés. Ebben az állapotban, egyáltalán nem látják a boldog jövőt. Hogyan segíthetünk tehát azoknak, akik szomorúak, dühösek vagy félnek? Hogyan segítünk megtisztítani testük, elméjük és érzelmeik templomát, hogy a

Dr. Naram Nokia telefonja.

> „Az emberek 95 százaléka ezen a bolygón nem tudja, hogy mit akar."
> – Dr. Naram

bennük lévő Isten boldog legyen? Erre tanított meg engem a mesterem."

Nem tudtam, mit ért ezalatt, de mielőtt Dr. Naram elmagyarázhatta volna, ideje volt befejezni az interjút. Mostanra sokkal több kérdésem lett, mint amikor elkezdtük.

Egy ősi technológia

Miközben elpakoltam a fényképezőgépemet, Dr. Naram megkérdezte: „Mi a munkája? Pontosan miből él, Clint?"

„Önkéntes vagyok ebben a projektben a Wisdom of the Worldnél, mert hiszek benne" – mondtam. „De a finnországi Joensuu Egyetemén dolgozom posztdoktori kutatóként." Belekezdtem a munkám szokásos magyarázatba. „Számítógépekről, kultúráról, technológiáról és innovációról tanítok. Személyes érdeklődési köröm az, hogy a technológiai innovációt hogyan lehet kreatívan felhasználni a szegénység csökkentésére és a béketeremtés fokozására."

Dr. Naram kíváncsivá vált. „Ha érdekli a béke" - mondta - „be kell mutatnom önnek néhány embert".

Belenyúlt a zsebébe, és elővett egy régi Nokia telefont kis LCD-képernyővel. „Mivel ön ért a számítógépekhez, meg tudná nekem mutatni hogyan működik ez? Az emberek a »szederről« (Blackberry), az »almáról« (Apple) beszélnek, és én annyira összezavarodom, hogy azt hiszem, biztos ételre gondolnak, de nem - ez a telefonjuk! Azt mondják, hogy ez, ami nekem van, nem okostelefon. Akkor ez buta telefon?"

Elmosolyodtam. A kérdése kedves és humoros volt. Tudni akarta, hogyan lehet új telefonszámokat elmenteni, és hogyan lehet SMS-eket olvasni és küldeni. Miközben lépésről lépésre megtaní- tottam neki, mit kell tennie, ő egy gyermek várakozásával és áhitatával figyelte.

Amikor sikeresen elmentette a számomat a telefonjába, diadalmas örömmel mondta: „Aha - sikerült! Ez egy csodálatos gép, mi?

Felidézve valamit, amit korábban mondott, megkérdeztem tőle: „Említette, hogy a mestere technológiát, vagyis eszközöket adott önnek. Technológiát vagy eszközöket, hogy mit csináljon? Hogy érti ezt?"

„Jó kérdés. Akár hiszi, akár nem, a mesterem megtanított egy milliárd dolláros titokra. Azt mondta, hogy az emberek 95 százaléka ezen a bolygón nem tudja, mit akar. Egyszerűen nem tudják, hogy mit akarnak! Ezért életük nagy részét kirakatvásárlással töltik. Kipróbálják ezt vagy azt a dolgot, ezt vagy azt a munkát, ezt a házastársat, majd egy másik házastársat, és soha nem teljesednek ki.

„A mesterem azt mondta, hogy ezen a bolygón az emberek 3 százaléka tudja, hogy mit akar, de soha nem éri el azt. Nincsenek meg a megfelelő eszközeik. Egy százalék tudja, hogy mit akar, és el is éri azt, de ezek az eredményt elért emberek nem tudják azt élvezni. Az eredmény elérése során magas vérnyomást, magas koleszterinszintet, hátproblémákat, családi problémákat, párkapcsolati problémákat és miegymást kapnak. Az emberek kilencvenkilenc százaléka ebbe az első három kategóriába tartozik. Csak az emberek maradék 1 százaléka tudja, mit akar, el is éri, és aztán élvezni is tudja azt."

Ezen számok hallatán elgondolkodtam: Vajon én is a 95 százalékhoz tartozom, akik nem tudják, mit akarnak? Sok mindenért hálás lehetek, de akkor miért vagyok mégis sokszor elégedetlen? Jó irányba halad az életem?

Dr. Naram így folytatta: „Az *Ájurvéda* ősi gyógyító rendszerét, amelyet az indiai egyetemeken lehet elsajátítani, „az élet tudományaként" ismerik. A *Sziddha-Véda* (vagy *Sziddha-Raharszájám*) egy lépéssel tovább mutat ennél. A Sziddha-Véda a mélyebb gyógyítás titkait tartalmazza. Az én vonalam ősi titkait a tanítvány csakis közvetlenül egy mestertől tudja megtanulni - mint egy magasabb szintű szakterületet, a mélyebb gyógyítás technológiájaként. A Sziddha-Véda gyógyító titkainak vagy technológiájának egy része segít az embereknek felfedezni, majd elérni azt, amit akarnak, mégpedig úgy, hogy végül élvezni is tudják, amit elértek."

Szünetet tartott, és így szólt hozzám: „Az a technológia azonban, amit nem értek, az az, amit interneteknek hívnak".

Nevettem azon, hogy többes számban mondta ki.

„Mondja csak - kérdezte. „Gondolja, hogy az internettel több embert tudnék elérni? Fizikailag nem tudok naponta több emberrel találkozni, mint amennyivel jelenleg teszem." Kiderült, hogy Európában, az Egyesült Államokban és Ausztráliában naponta körülbelül száz emberrel találkozott, Indiában pedig naponta háromszázzal. Én pedig el sem tudtam képzelni, hogy ez egyáltalán hogyan lehetséges.

„Tudom, hogy az internet segítségével több embert is elérhet" - mondtam, hangsúlyozva a helyes kiejtést. „De őszintén szólva, még mindig nem értem, hogy pontosan mit is csinál." Szerettem vele lenni, jó érzés volt. Volt benne valami fiatalos ártatlanság és játékosság, amihez olyan mélységes törődés párosult, ami üdítő volt. Csak azt nem tudtam, hogyan segíthetnék neki, főleg, hogy sok mindent nem értettem abból, amiről beszél.

Dr. Naram olyasmit mondott, amire nem számítottam: „Miért nem jön el Indiába, és nézi meg a saját szemével? Van néhány ember, akikkel szeretném, ha találkozna."

Meglepődve és értetlenül álltam a meghívás előtt, ezért nem válaszoltam. „Lehet, hogy néhány dolognak elsőre nincs értelme, Clint."

Dr. Naram folytatta, „mert ön más szemüvegen keresztül nézi az életet. Nem értheti, amit én csinálok, de ha a közelében van, elkezdi majd érezni magában a remény molekuláját, és boldog lesz. Lehet, hogy eleinte nem tudja pontosan, hogy miért, de lassan, lassan tisztábbá válhatnak ön számára a dolgok".

Bár meghatott a meghívása, mégsem tudtam komolyan venni, és nem állt szándékomban a közeljövőben Indiába utazni. Így hát témát váltottam valami olyanra, ami érdekelt.

„Hogyan érthet meg valakit csupán a pulzusa megérintésével?"
„Szeretné megtapasztalni?"

Bólintottam, és megkért, hogy nyújtsam ki a kezem. Három ujját a csuklómra helyezte, és lehunyta a szemét, mielőtt megszólalt.

„Fáj néha a feje? Néha vannak gyomorproblémái? A pitta egyensúlyhiánya áll fenn és némi aam, azaz méreganyagok vannak a szervezetében. De egyébként nagyon egészséges."

Bár amit a fejfájásomról és az emésztésemről mondott, az pontos volt, inkább zavart, mint lenyűgözött.

„Nem értem. Mi az a pitta?"

„A tűz" - mondta - „vagy a tűz elem a testedben. Kicsit kibillent az egyensúlyából, de ne aggódjon, tudunk segíteni". Egy papírlapra feljegyezte néhány számomra ismeretlen gyógynövény nevét.

Nem tudtam nem elgondolkodni azon, hogy vajon nem az volt-e a trükkje, hogy az embereknek azt mondja, valami nincs rendben, olyan fogalmakat használva, amelyeket nem értenek, csak azért, hogy aztán ajánlhasson egy terméket, amit meg kell venniük, hogy megoldják az állítólagos „problémát".

Elképzeltem magam, amint beszélgetek valakivel, kitalálok egy problémát, és azt mondom: „Ó, nem, ez nem jó. Önnek komoly csimbum-bum egyensúlyhiánya van, nagyon sajnálatos. De ne aggódjon, szerencséje van, mert itt van a varázslatos bíp-bom-búm gyógymód tabletta formájában, alacsony áron, mindössze száz dollárért".

Én is így éreztem magam, amikor Dr. Naram azt mondta, hogy „pitta egyensúlyzavarom" van. Megköszöntem neki az interjút, és jó éjszakát kívántam.

Az a kínos pillanat

Miután elhagytam a szobát, odaadtam a papírlapot a gyógynövények nevével Mariandzsi-nak, aki Dr. Naram mellett volt, amikor először találkoztam vele a folyosón. Többet is elmondott az ajánlott gyógynövényekről és étrendről, és átvette az emberektől a pénzt. Elmagyarázta a *dosá*kat, vagyis az elemi típusokat, és azt, hogy bizonyos elemek hogyan válnak kiegyensúlyozatlanná a testben, és hogyan okoznak problémákat. „A Pitta a tűz dosa" - mondta. „Vata, a szél dosha; a kapha pedig a vízhez/földhöz igazodik. A doshák egyensúlyhiánya olyan problémákhoz vezet, amelyek kiszámíthatóak és megoldhatóak. Egy ember pulzusának megtapintása segít Dr. Naramnak és a hozzá hasonló mestergyógyítóknak, hogy azonosítsák az egyensúlytalanságokat és blokkokat bárki testében." Mariandzsi ezután megkérdezte tőlem: „Milyen ételeket fogyaszt?".

Leírtam a mikrózható burritókat, pizzákat és egyéb ételeket, amelyeket egy egyedülálló, posztgraduális kutató könnyen meg tudott enni. Jól letorkolt és felszólított, hogy jobban vigyázzak magamra.

Leírta azt a négy gyógynövény-kiegészítőt, amelyet Dr. Naram javasolt, hogy egyensúlyba hozza az alkatomat, és eltávolítsa az ám-ot (néha: ámá), vagyis a méreganyagokat a testemből.

Ekkor kezdtem ideges lenni, várva azt, amiről sejtettem, hogy eljön - az a kínos pillanat, amikor megkér, hogy vegyem meg a gyógynövényeket, én pedig nemet mondok. De ez a pillanat nem jött el.

„Az Ön által végzett munka tiszteletére" - mondta - „két hónapra elegendő gyógynövényt ajándékozunk Önnek".

Meglepődve megköszöntem neki. Úgy távoztam, hogy fogalmam sem volt, mit kezdjek életem egyik legfurcsább találkozásával.

Egy héttel később a gyógynövények megérkeztek hozzám. Kíváncsiságból néhány napig szedtem őket. Egy részem azon tűnődött, hogy vajon hirtelen csodás eredményt fogok-e tapasztalni, de ehelyett enyhe gyomorfájást éreztem. Mi van, ha ahelyett, hogy segítettek volna, inkább ártottak nekem? Nem tudtam, és fogalmam sem volt, kitől kérdezzem meg, ezért a tőle kapott gyűrűvel együtt egy fiókba tettem őket, amelyet ritkán nyitottam ki. Ahogy visszatértem a mindennapi életemhez, Dr. Naram eltűnt a fejemből.

Egy nő erejen

Talán soha többé nem is gondoltam volna Dr. Naramra és a „varázserejű" gyógynövényeire, de aztán valami történt.

Néhány héttel később ismét Kaliforniába utaztam. Ezúttal az egyik legjobb barátommal, Joey-val mentem San Diegóba, hogy népszerűsítsük azt a projektet, amelyen dolgoztunk. Egy nap, amikor egy tengerparthoz közeli gyümölcsleveket kínáló kávézóban ültünk, bemutatott egy Alicia nevű nőnek.

Emlékszik, az előző fejezet végén azt mondtam, hogy az egész egy lánnyal kezdődött, akit le akartam nyűgözni? Alicia volt az a lány.

Gyönyörű volt, csillogó kék szemekkel, sűrű barna hajjal és világos bőrrel. Olyan színes, bő ruhát viselt, amilyet egy san diego-i tengerparti kávézóba szokás felvenni. A hangja és a stílusa játékos, mégis őszinte volt. És a beszélgetés elején éreztem a vele született spirituális érzékenységét, amihez vonzódni kezdtem.

Mivel többet meg akartam tudni róla, elkezdtem azt tenni, amit a legjobban tudok, amikor kínosan érzem magam: kérdezősködni. Alicia mesélt nekem az Ájurvéda* nevű szenvedélyéről. Ezt egy ősi keleti gyógyítási rendszerként írta le, amely holisztikusabban szemléli az embert, mint a nyugati orvoslás.

„Az ,Ájurvéda' szót úgy lehet fordítani, hogy ,az élet tudománya'" - mondta.

Az élet tudománya, gondoltam. Az meg mi? Bár Dr. Naram megosztotta velem ezt a meghatározást, és akkor is viccesen hangzott, valahogy sokkal jobban érdekelt, amikor Aliciától hallottam.

Bár szkeptikusan álltam az egész témához, érdekelt a tudomány - és nagyon érdekelt ő is.

„Tudod - mondtam -, nemrég interjút készítettem egy fickóval, aki állítólag ,gyógyító mester' egy ősi himalájai vonalból, amit ő Sziddha-Védaá-nak* nevezett. Ő volt Teréz anya, a Dalai Láma, Nelson Mandela és több ezer 9/11-es tűzoltó orvosa".

Mindent megpróbáltam megragadni, ami az érdeklődésével kapcsolatos, hogy a beszélgetést tovább folytassam. És miért ne hozhatnék fel egy híres nevű személyt, hátha az felkelti az érdeklődését irántam, nem igaz?

Sosem voltam jó a nőkkel. Egyszer randiztam egy lánnyal, aki azt mondta, imádkoznia kell, hogy vonzódjon hozzám. Igaz történet. Azt hiszem, egyszerűen jobban éreztem magam a számítógép mögött vagy egy tudományos dolgozat megírásában, mint abban, hogy megpróbáljam megérteni egy nő elméjét. De még én is éreztem, hogy valami működik ebben az Aiciával folytatott beszélgetésben. Izgatottnak tűnt attól, amit mondtam, ezért kínos próbálkozásomban, hogy még inkább kapcsolatba kerüljek vele, felajánlottam neki, hogy bemutatom Dr. Naramnak.

„Megtennéd?" - kérdezte. „Az egy valóra vált álom lenne!"

Legnagyobb megdöbbenésemre ez a lenyűgözően gyönyörű nő rám mosolygott, felírta a telefonszámát, és megkért, hogy tartsuk a

---

*A Siddha-Veda, az Ayurveda és az modern orvoslás hasonlóságait és különbségeit összehasonlító táblázatért tekintse meg a könyv végén található függeléket

kapcsolatot!

A boldogság, amit éreztem, gyorsan átváltott aggodalomba, mivel azon tűnődtem, vajon valóban teljesíteni tudom-e, amit felajánlottam neki. Feszülten hívtam fel Dr. Naram irodáját Mumbaiban, hogy megtudjam, még mindig áll-e a meghívása, miszerint eljöhetek Indiába.

Fogalmam sem volt róla, hogy ami egy kaliforniai tengerparti kávézóban egy gyönyörű nő lenyűgözésére tett kísérletként kezdődött, az néhány hónappal később egy indiai utazáshoz fog vezetni, ahol Dr. Naram klinikája felé veszem az irányt.

Az Ön naplójegyzetei

Hogy elmélyítse és fokozza a könyv olvasásának előnyeit, szánjon most néhány percet arra, hogy megválaszolja a következő fontos kérdéseket:

Egy 1-10-ig terjedő skálán (az 1 nagyon alacsony, a 10 nagyon magas) mennyire boldog jelenleg az életében? Mik azok a dolgok, amik eszébe jutnak, amik boldoggá teszik önt?

_____

_____

_____

_____

Dr. Naram mester azt mondta: „Minden viszontagság - minden nehéz helyzet vagy lelki bánat - magában hordozza az egyenlő vagy nagyobb nyereség magvait". Mikor volt olyan alkalom az életében, amikor látta, hogy egy kihívásból, amellyel szembenéz, rejtett nyereség származik?

_____

_____

_____

_____

Milyen egyéb meglátások, kérdések vagy felismerések jutottak eszébe a fejezetet olvasása közben?

_____

_____

_____

_____

3. FEJEZET

Misztikus India, egy ősi tudomány, és egy gyógyító mester

Minden nap történnek csodák. Ha megváltoztatjuk a csodáról alkotott felfogásunkat, akkor mindenhol észrevesszük azt magunk körül.
– Jon Bon Jovi

Mumbai, India

Első indiai látogatásom felnyitotta a szemem. A látnivalók, a hangok, a szagok, és az ízek maradandó hatást gyakoroltak rám.

A hatalmas felhőkarcolókat és apartmanokat szerény, összetákolt épületek vették körül, melyek megdöbbentően sok embernek jutottak otthonul. Az utcai ételárusoktól áradó aromák a járművek kipofogógázával keveredtek. Nyugati ruhás emberek vegyültek a hagyományos indiai öltözetben lévőkkel: gyönyörű száriba öltözött nők és alkalmanként szakállas vagy kopasz férfiak, akik csak egy lazán bebugyolált narancssárga köntöst és szandált viseltek.

Mumbai nyüzsgő utcáit mindenféle formájú, méretű és színű emberek és járművek áradata töltötte meg. Én egy egészen másféle világból jöttem. A minnesotai Eden Prairie-ben felnőve hozzá voltam szokva a szélesen tágas mezőkhöz és a többnyire üres utcákhoz. Az Egyesült Államok legtöbb helyén honking is rare. When you do, ritka a dudálás. Ha valaki mégis így tesz, az annak a jele, hogy dühös, vagy fél. Finnországban, ahol akkoriban éltem, a dudálás még szokatlanabb volt. Indiában ezzel szemben a járművezetők megállás nélkül dudálnak. Ott ez nem a düh jele. Gyengéden és mégis kitartóan azt jelzik, „Hahó, itt vagyok és megpróbálok áthaladni".

Láttam óriási teheneket, akiket Indiában szentnek tartanak, mint valami királynők szabadon barangolni amerre csak kedvük tartja —a járdán, útkereszteződésben, még a legforgalmasabb út közepén is, akadályozva a forgalom áramlását. Azok a szent tehenek elég gyakran ejtették a szent sz**jukat is a járdára, de ez látszólag senkit nem zavart.

Szent tehenek szabadon kóborolnak, vagy pihennek India utcáin.
Kép forrása: Alamy.

Meglepő módon az emberek Indiában nem frusztráltak, vagy dühösek, ha egy autó (vagy tehén) keresztezi az útjukat, vagy ha az út a vártnál egy órával tovább tart. Mindenki békésen viszonyul a forgalomhoz, nem úgy, mint Amerikában, ahol véresen komolyan veszik azt. A színesen dekorált teherautók vagy riksák hátulján gyakran láttam zöld chilivel és citrommal átkötött zsinórt: a védelmet szolgálja. Vicces volt látni a legtöbb teherautó hátulján kézzel festett táblákat, amelyeken az állt, hogy: Duda OK Kérem. Gondolom, ez arra ösztönzi a kisebb járműveket, hogy jelezzék a kamionosoknak, hogy megpróbálnak áthaladni.

Mumbai utcáin sétálva elcsodálkoztam azon, hogy a minden irányba mozgó emberek és autók káoszában nem sérülnek vagy halnak meg többen. Talán ezért is érdekli őket „a harmadik szem" fejlesztése. Ha már itt tartunk, India, mint az egyik legrégebbi folyamatosan fennálló civilizáció, ahonnan az írott szó származik, és ahol Gandhi született, érdekes spirituális ökoszisztémával és a lelki (belső) fejlődés olyan kultúrájával rendelkezik, ami nagyon különbözik attól, amihez Nyugaton hozzászoktam. Az Egyesült Államokban az egyetemeken és a laboratóriumokban tudományos vagy mérnöki áttöréseket érünk el. A kézzelfogható külső világ elsajátítására koncentrálunk. Indiában azonban számtalan risi, jógi és spirituális mester próbál meg áttörést elérni a belső világ megismerésével a tudatosság, a felébredt intuíció (a harmadik szem) és a metafizikai tapasztalatok felfedezése révén. A meditáció, jóga, az ősi gyógymódok és a prána, vagy életerő eszközeit használják. Nagyon sokféle hitvallás létezik: a hinduizmus különböző irányzatai, a Hare Krishna, a dzsáinizmus, a szikhizmus, az iszlám, a buddhizmus, a kereszténység, a judaizmus és még túl sok más, ahhoz hogy itt fel lehessen sorolni, olyan gurukkal és istenekkel, akikről a magamfajta nyugati ember még csak nem is hallott. Találkoztam mindenféle módszer és tanár követőivel, köztük Osho, Szái Baba, Jógananda, Gurumájí és Szváminarayán követőivel, akik mind az elmén túli, meg nem fogható természetfeletti létezés felfedezésének szentelték életüket. Egy utcai árus mellett elhaladva, spontán vettem egy könyvet, amelyről még sosem hallottam, de később megtudtam, hogy jól ismert: Egy Jógi önéletrajza. Teljesen elmerültem egy új világba, amely a végtelenségig feszegette határaimat.

Minden egyértelmű határvonal, amivel Amerikában körülhatárolják a dolgokat, elmosódott, amint Indiába értem. Hozzászoktam, hogy egy Istenem van, aki nagyban hasonlít rám, de idősebb és sokkal bölcsebb, nagy szakállal és fehér ruhában. Indiában több ezer templom állt, amelyeket több száz Istennek szenteltek: az egyiknek emberi teste és elefántfeje, a másiknak kék bőre volt; az egyik úgy nézett ki, mint egy majom, egy istennőnek nyolc keze volt és tigriseken lovagolt - hogy csak párat említsek közülük. Hogy megértsem, egy barátom elmagyarázta nekem, hogy bár a hinduk valójában csak egy Istenben hisznek, mégis úgy érzik, hogy Istent nem lehet egyetlen képbe foglalni. Az, hogy Istenről ilyen sokféle változat létezik, átvezeti az embereket egy olyan spirituális birodalomba-dimenzióba, amely túlmutat a logikán vagy érvelésen, és amely az elme fölött áll. A különböző istenek templomai, mecsetei és imahelyei mindenütt ott voltak, akár forgalmas utcasarkokon elrejtve, akár teljes fenséges szépségükben ragyogtak a nagy telkeken, ahol hosszú sorokban álltak az emberek, akik arra vártak, hogy beléphessenek. A templomokban a tisztelethez és a csendhez voltam szokva, de a hindu templomokban az istentisztelet gyakran jár harangokkal, tűzzel és még kiabálással is. A várakozás, az izgalom és a szórakozás érzése van jelen. Mint a Holi fesztiválon, ahol addig dobálnak színes festékport, amíg mindenki tetőtől talpig szivárványszínbe nem borul. Fergeteges!

Alicia és én 2010 januárjában érkeztünk meg, amikor az időjárás meleg és enyhe volt. Mivel első indiai utunkon annyi mindent kellett megismernünk, örültünk, hogy Dr. Naram klinikájának békés, zöld területére menekülhettünk, amely menedéket jelentett a forgalom és a zsúfoltság elől. A kávézóban az ételek lenyűgözőek voltak, olyan ízeket és textúrákat kombináltak, amelyekről nem is gondoltam volna, hogy léteznek.

A személyzet nagyon kedves volt, és megkérdeztem a pincérünket, hogy mit jelent az, amikor indiaiakkal beszélgetve ide-oda billegtetik a fejüket. Ő ezt szeretettel „indiai fejbiccentésnek" nevezte, és elmondta, hogy ez vagy azt jelenti, hogy „igen, egyetértek", vagy azt, hogy „nem, nem értek egyet". Megkérdeztem: „Hogyan tudom megkülönböztetni?" Mire ő azt válaszolta: „Nem tudom." Mindannyian nevettünk. Úgy döntöttem, hogy ez egyszerűen azt jelenti: „Tudomásul veszem, hogy szavak hagyják el a szádat".

Indiába egy hirtelen ötlettől vezérelve és jelentős költségek árán jöttem. Az utazásra való felkészülés során átütemeztem az összes projektet, amelyen dolgoztam. Annak érdekében, hogy Alicia is csatlakozhasson hozzám, a légitársaságnál az évek alatt megszerzett összes bónuszpontomat arra használtam fel, hogy megvegyem a jegyét. Izgatottan vártam, hogy együtt tölthessem vele az időt.

Gondolom, számára is hatalmas kockázatot jelentett, hogy egy idegen országba utazott valakivel, akit alig ismert. Indiában azonban a szokásosnál is jobban ragyogott, és én feszült voltam mellette. Le akartam nyűgözni, de az általános szociális szorongásom miatt csak

Misztikus india, egy ősi tudomány, és egy gyógyító mester

*Bal: Alicia, én, és Szvámi Omkar, akivel a klinikán találkoztunk.
Jobb: Vinaj Soni, Dr. Naram jószívű titkára.*

annyira voltam képes, hogy rengeteget kérdeztem, és nagyon keveset válaszoltam. Azzal vigasztaltam magam, hogy ha nem is jön össze köztünk semmi, legalább segítettem valóra váltani az álomutazását.

Amikor Dr. Naram megérkezett, érezhető volt az izgalom. Mellette egy magas, krémszínű inget viselő férfi sétált, akinek a zsebében egy jelvény volt, amit nem ismertem fel. A homlokán egy piros pont volt, sárga jelekkel körülvéve. Rájöttem, hogy ő Vínaj, Dr. Naram adminisztratív asszisztense, akivel korábban telefonon beszéltem, hogy a látogatásunkat megszervezzem. Az arckifejezése megegyezett a hangja szerény és barátságos tónusával.

A Dr. Naram-ot üdvözlő emberek közül sokan messziről érkeztek, hogy ott legyenek, és sokan szörnyű körülmények között tették azt. Néhányan most látták őt először; mások már évtizedek óta ismerték. Miközben keresztül sétált az emberek tömegén, szemei találkoztak az enyémmel. Megállt és elmosolyodott kezeit a szíve előtt namaste pózban összetéve. Válaszul ugyanezt tettem mosolyogva, mert az interjúnkból emlékeztem arra, mit jelent ez az üdvözlés.

„Nagyon örülök, hogy eljött" - mondta. Bemutattam őt Aliciának, aki szélesen mosolygott. Aztán tovább ment az irodájába, hogy elkezdje betegek fogadását.

Pokoli életl

Bumm! Dzsia, a tizenegy éves autista kislány megütött valakit, aki éppen nyugtatni próbálta őt. Édesanyja Dr. Naram előtt ülve könnyekre fakadt.

Alicia és én ott álltunk Dr. Naram rendelőjében, amely tele volt emberekkel. Voltak orvosok Németországból, Olaszországból, az Egyesült Királyságból, és Japánból—mindannyian azért voltak ott, hogy tanuljanak tőle. A személyzet tagjai asszisztáltak, és más betegek vártak a sorukra.

„Doktor úr, bárcsak meg se született volna a lányom. Tudom, hogy ez szörnyen hangzik, de ez az igazság!" Dzsia édesanyja nehezen tudta elmagyarázni, milyen is az élete egy olyan gyermek nevelése közben, mint Dzsia. Miközben beszélt, Dr. Naram csendben ráhelyezte az ujjait Dzsia csuklójára, amíg ő el nem rántotta a kezét, és le nem lökött egy mentolos cukorkás dobozt az asztalról. A lány felpattant a székéről, és ide-oda járkált, a szoba egyik oldalából a másikba.

„Az életem maga a pokol!" - mondta az anya. „Nincs társasági életünk, nincs életünk. Minden ébren töltött percemet azzal töltöm, hogy gondoskodjak arról, hogy ne ejtsen kárt magában, bennünk vagy másokban. Nem vihetjük ki emberek közé, és minden erőmet és figyelmemet kimeríti a vele való törődés. Csak húst vagy gyorséttermi ételt akar enni - minden mást, amit megpróbálunk neki adni, hozzánk vágja vagy a padlóra dobja . A férjemmel feszült a kapcsolatom. Arról beszél, hogy elhagy engem. A másik két gyermekünkre, akik elhanyagoltnak érzik magukat, ráförmedek, majd agresszívvá válok, ami csak tovább ront a helyzeten. Szörnyű feleségnek érzem magam, és anyaként is úgy érzem, hogy kudarcot vallottam".

Könnyek gördültek le az arcán, miközben kimerült kétségbeesésében összegörnyedt.

Dr. Naram megérintette a nő karját. „Nem vagyok Isten - mondta nyugodt hangon -, de már több ezer ilyen gyereken segítettem. A legfontosabb ez a kérdés: „Mit akarsz?"".

Ismét itt van, gondoltam. *Az a kérdés.*

„Csak azt akarom, hogy normális gyerek legyen, és normális élete legyen."

Miközben beszélt, Dr. Naram feljegyezte, mit talált Dzsia pulzusán.

Gyorsan kipipálta egy papíron a különböző gyógynövényes formulák neveit tartalmazó négyzeteket. Visszafordította ragyogó, intenzív tekintetét az anyára, és határozottan azt mondta: „Mi lenne, ha most azonnal képesek lennénk átalakítani Dzsia és az önök életét?"

Az anya abbahagyta a sírást, és úgy tűnt, hogy a lélegzete is elállt. Mielőtt válaszolhatott volna, Dr. Naram kijött az íróasztala mögül, és egy széket állított a szoba közepére. „Dzsia - szólította meg Dr. Naram, és a kezével megveregette a széket.

Mindenki őt bámulta, kivéve Dzsiát.

Ő nem vett tudomást róla.

Odasétált hozzá, és beszélni kezdett. A lány eszeveszetten vágtatott át a szobán, és közben több embernek is nekiment. Ez többször is megtörtént. Reménytelennek tűnt a helyzet, és azon tűnődtem, miért próbálkozik tovább olyasmivel, ami nyilvánvalóan nem fog sikerülni? Ez a lány túl vad volt, és sok más ember várakozott kint, hogy láthassák dr. Naramot.

Dr. Naram újra odament hozzá, és megpróbálta a kezét egy bizonyos módon a fejére helyezni, hogy bizonyos pontokat nyomjon meg, amelyek szerinte egy bizonyos marmát aktiváltak.

„A finom energiapontokkal való munka" - magyarázta - „segíthet a blokkok eltávolításában és a test egyensúlyának helyreállításában".

Amikor elkezdte megérinteni a fejének bizonyos pontjait, Dzsia felnyúlt, és erős kis kezével megragadta a doktor arcát. Éles körmei megkarcolták, felsértve a bőrt a bal arcán. Néhány csepp élénkvörös vér jelent meg a sötét bőrén. Dr. Naram meglepetten hátraszökkent.

„Dzsia!" - kiáltotta az anyja döbbenten, és erőteljesen próbálta elkapni a lányát, aki ismét átrohant a szobán. Feszültség lüktetett a testemben, miközben néztem, ahogy Dr. Naram egy zsebkendővel letörli a vért az arcáról. Alicia rémültnek tűnt.

De a karcolás csak egy rövid pillanatra riasztotta meg Dr. Naramot. Újra kezdte a nevén szólítgatni a lányt.

„Dzsia."

Amikor nem válaszolt, az anyja ismét a nevét kiáltotta, és megpróbálta erővel a székre ültetni.

„Ne!" Dr. Naram hirtelen szólt a lány anyjának. „Hát nem érti? Próbálok valamit megtanítani Önnek."

Feszültség járta át a szobát, amikor a meglepett anya elengedte a gyermekét. Dzsia végignézte, ahogy az anyját leszidják, majd a szoba másik végébe sietett. Felvette a padlóról a mentolosdobozt, és nagy kíváncsisággal kezdte el nézegetni.

Dr. Naram csatlakozott hozzá. „Nagyon érdekes, igaz?" Dzsia megérintette a dobozt, így Dr.Naram is így tett.

Az anyja megpróbálta megragadni a kezét, hogy eldobja a dobozt. Dr. Naram ismét határozottan mondta, „Ne tegye, én csak tanítani akarok valamit önnek. Hát nem érti amit mondok?"

Dzsia Dr. Naram-ra nézett, majd ismét a dobozt kezdte el vizsgálni. Dr. Naram felnevetett és mosolyogva azt mondta: „Dzsia kíváncsi".

Ezután a kislányhoz fordulva így szólt, „Kedvellek Dzsia. Tetszik a kíváncsiságod."

Együtt vizsgálták meg a dobozt. Dr. Naram kinyitotta a dobozt, kivett egy mentolos cukorkát, és adott Dzsiának egyet. Rövid eszmecsere után gyengéden a lány fejére tette a kezét, és elvégezte az első marmaát. Jobb tenyerét a lány homlokára, bal tenyerét a tarkójára tette, ujjait behajlítva és enyhén a feje búbjára nyomva, hatszor megszorította. Megfogta a jobb kezét, és hatszor megnyomta a mutatóujja hegyét. Dzsia kíváncsian nézett fel rá. Nem ellenkezett.

Meglepődtem. *Ez volt az a nagy dolog, aminek változást kellene hoznia? Hogy a fenébe segíthetne a lány fejének megszorítása, és kezén lévő pontok nyomkodása?*

Amikor Dr. Naram meg akarta nyomni a harmadik marmaa pontot az orr és a felső ajak között, Dzsia ellökte a kezét és a szoba egyik sarkába szaladt. Türelmesen odament hozzá, és kezdte az elejéről, az első marmaával, azután a másodikkal, nyugtatva őt a hangjával. Amikor a harmadik marmát próbálta elvégezni, a lány vonakodva hagyta.

„Nagyon jó kislány vagy, Dzsia" mondta.

Miközben Dzsia figyelte, Dr.Naram odament az üres székhez, hatszor megérintette a kezével és a lányt a nevén szólította. A lány elkapta róla a tekintetét, és a kezében lévő dobozra koncentrált. Dr. Naram ismét odament hozzá, és többször egymás után megismételte a három marmaát.

„És most, Dzsia, amikor velem együtt odajössz ehhez a székhez, ebben a teremben mindenki el fog ismerni téged, és nagyon meg fog tapsolni téged".

Gyengéden megfogta a lány kezét, és határozottan azt mondta: „Most pedig gyere velem, Dzsia!"

A lány követte őt a székhez, és azonnal leült rá.

Mindannyian tapsolni kezdtünk. Dzsia először tekintett körbe a teremben lévőkön a vastag szemüvegén keresztül, és hatalmas mosollyal ajándékozott meg minket. Dr. Naram is sugárzott.

Jobb kezével megütögette a lány szíve felett lévő részt és azt mondta, „Nagyon jó, Dzsia!"

Dr. Naram ezután megütögetett egy másik széket, de a lány nem mozdult felé. Ehelyett ismét egyenesen visszament a dobozokhoz.

Türelmesen megismételte a marma pontokat, és azt mondta: „Most gyere ide Dzsia." Ezúttal a lány odament az új székhez és leült. Mindenki tapsolt, és Dzsia még szélesebben mosolygott.

Dr. Naram ismét megütögette a szíve fölött hatszor, bátorító szavakat mondva. „Nagyon jó, Dzsia! Most gyere és ismerkedj meg Dr. Giovanni-val, és azután gyere vissza és ülj le a székre."

Miközben Dr. Naram beszélt, megmutatta Dzsiá-nak, hogy mire gondol, odament Dr. Giovannihoz, kezet rázott vele, majd visszatért a székhez. A lány zavartan nézett. Dr. Naram ismét elvégezte egymás után a három marmaát. Többször megismételte a bemutatót, majd még egyszer elvégezte a marma-sorozatot.

Ezúttal megfogta a kezét és a lány követte őt Dr. Giovanni-hoz, kezet fogott vele, majd diadalmasan, tapsvihar közepette leült a székre. Dr. Naram arra kérte a lányt, hogy ismételje meg ugyanezt, és most fogjon kezet a klinika páciensével, egy Paul Suri nevű férfival, aki New Jersey-ből érkezett. Paul nagyon bátorító volt Dzsia iránt. Majd Dr. Naram meglepett engem.

„Most gyere és ismerkedj meg Dr. Clint-el." Dr. Naram bemutatta ahogy odajött hozzám és kezet fogott velem.

Elég volt egyszer megmutatni neki. Dzsia egyenesen odajött hozzám, kezet fogott velem, és valami mélyen elolvadt bennem. Olyan szélesen rám mosolygott, hogy nem tudtam nem visszamosolyogni. Ránéztem Aliciára, aki sugárzott az örömtől. Mindenki tapsolt és mosolygott, kivéve Dzsia anyját. Ő sírva fakadt. „Én ... Én nem értem."

Dr. Naram azt mondta: „Fontos megjegyezni, hogy Dzsia valójában nem törődik azzal, hogy megértse Önt, és az Ön könnyei sem érdeklik őt. Dzsia azzal törődik, hogy ő legyen megértve! A marmaa az átalakulás ősi technológiája. Ezeken a marmaákon keresztül olyan üzeneteket közölhetünk, amelyek közvetlenül a tudatalattihoz jutnak el úgy, hogy ő érezheti, hogy megértik. Ha ezt bizonyos étrenddel, gyógynövényekkel, és házi gyógykészítményekkel kombináljuk—fantasztikus dolgok történhetnek. Harminc év alatt több ezer gyermeknél láttam, hogy ez nagyszerű eredményekkel működik. Hallgatni fog önre, engedelmeskedik, boldog és egészséges lesz."

Dr. Naram megkérte Dr. Giovannit, hogy vigye be Dzsiát és az édesanyját egy másik szobába, hogy megtanítsa neki a marmaa pontokat, elmagyarázza a diétát, valamint válaszoljon az általa felírt gyógynövényes formulákkal kapcsolatos kérdésekre.

Amikor Dr. Giovanni kinyitotta az ajtót, Dr. Naram egy ismerős családot pillantott meg a folyosón várakozva. Mindent abbahagyott, hogy bekísérje őket a szobába, és megölelte a fiatal apát. „Valahányszor meglátom ezt az embert, úgy érzem, ez többet ér, mint Nobel-díjat nyerni!" - kiáltott fel.

Dzsia édesanyjára pillantva Dr. Naram azt mondta: „Amikor tizenöt évvel ezelőtt először találkoztam ezzel az emberrel, sokkal rosszabb helyzetben volt, mint az ön lánya. Az édesanyja már minden reményét elvesztette." Intett az idős édesanyának, aki szintén belépett a szobába, majd a fiatalember vállára tette a kezét.

„Nem tudott felöltözni, és néhány motyogó szónál többet nem tudott mondani. És folyton magára nyáladzott. Az anyja csak azt akarta, hogy normális fiú legyen. És évek munkája után, látja, ebből a fiúból férfi lett!"

Az idős édesanya megszólalt: „Még mindig nem száz százalékos."

Dr. Naram azt mondta: „Igen, de nézze csak meg most. Ennyi év után, amikor a mélyebb gyógyítás titkait követtük, megnőtt az agya! És akár hiszi, akár nem, ez a fiú, aki egykor még a saját nevét sem tudta kimondani, ma már házas és van munkája. Fenntartja az otthonukat a feleségével és egy ragyogó kislánnyal". Dr. Naram a mellette álló feleségére és lányára mutatott, majd hozzátette: „A lánya most olyan jól végzi az iskolai feladatokat, hogy osztályelső!"

"Nézze - mondta Dr. Naram az idős anyának -, a fia boldog házasságban él, felesége van, és van egy gyönyörű lánya. Most nézze meg Dr. Giovannit; nekünk még az is nehézséget okoz, hogy megházasítsuk." Mindenki nevetett, beleértve Dr. Giovannit is.

Dr. Naram ránézett Dzsia édesanyjára, és azt mondta: "Kérem, beszéljen ezzel a családdal. Fontos, hogy lássa: mi minden lehetséges, ha valóban úgy dönt, hogy követi a mélyebb gyógyítás ősi titkait. Időbe, türelembe, elkötelezettségbe és erőfeszítésbe kerül, de csodálatos dolgok lehetségesek".

Ezután hozzám fordult. "Dr. Clint, önnek is beszélnie kell velük, hogy hallja a teljes történetet."

Követtem a két családot és Dr. Giovannit egy másik szobába. Kötelességemnek éreztem, hogy megörökítsem ennek a fiatal apának és gyönyörű családjának hihetetlen történetét.

Később az interneten kutatva megdöbbenve olvastam, hogy az amerikai Betegségellenőrzési és Megelőzési Központ (CDC) szerint az elmúlt húsz évben 600 százalékkal nőtt az autizmus aránya! Felfedeztem, hogy csak az Egyesült Államokban hetven fiúból egyet diagnosztizálnak autizmussal. Ez a szám nem tartalmazza azt a több millió más gyermeket, akiknél egyre gyakrabban diagnosztizálnak figyelemzavart (ADD/ADHD) és más fejlődési vagy szociális rendellenességeket. Miután csak néhány percig láttam Dzsiát, elgondolkodtam azon, hogy milyen lehetett az élet minden egyes ilyen család számára. Utánanéztem, milyen megoldások állnak rendelkezésükre, de nem találtam említést a Dr. Naram által alkalmazott ősi gyógyító módszerekről. Csak annyit tudtam meg, hogy bár a nyugati orvostudomány nem tud gyógymódot találni az autizmusra, a legtöbb ilyen gyermek valamilyen vényköteles gyógyszert kap, amelyek közül soknak aggasztó mellékhatásai vannak.

A videót és az általam rögzített jegyzeteket átnézve azon tűnődtem, vajon hány embernek származhat haszna abból az ősi gyógyító módszerből, amelyet Dr. Naram használ.*

Bónusz anyag: Ha további összefüggéseket szeretne megtudni arról, hogyan segíthet Dr. Naram egy ADD/ADHD-s vagy autista személynek, kérjük, tekintse meg az ingyenes MyAncientSecrets.com tagsági oldalon található videókat. Mint mindig, kérjük, ne feledkezzen meg az orvosi jogi nyilatkozatról.

Globális vonzerő

Aliciával annyi időt töltöttünk a klinikán, amennyit csak tudtunk. Naponta több százan érkeztek, és Dr. Naram gyakran jóval éjfél után végzett. A büfében ülve, vagy a folyosón sétálva elkezdtem kérdezgetni a betegeket és a külföldi orvosokat a tapasztalataikról. Hallani akartam az orvosoktól, hogy miért jöttek ide. Kíváncsi voltam, hogy a betegek miért utaznak ilyen messzire, hogy mindössze öt-tíz percet töltsenek Dr. Narammal. Egyetlen hét alatt nyolcvanöt országból érkező pácienseket számoltam össze!

A hét közepén egyre több beszélgetésemet dokumentáltam a kamerám segítségével, felvettem a betegekkel folytatott interjúkat, és lefényképeztem az orvosi jelentéseiket, amikor megengedték. Minél többet hallottam és láttam, annál inkább meglepődtem azon, hogy eddig még senki nem rögzítette ezeket a történeteket. Úgy éreztem, hogy a felvételek kedves ajándékot jelentenének Dr. Naram számára köszönetképp, amiért engedte, hogy csatlakozzunk hozzá. Így volt valami más dolgom is, mint abban reménykedni, hogy Alicia kezd megkedvelni engem.

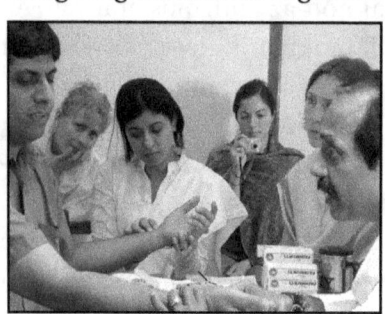

Alicia dokumentálja a Dr. Naram irodájában zajló tevékenységeket.

Az emberek állítása szerint Dr. Naram megdöbbentő módon segített nekik az ízületi fájdalomtól kezdve a meddőségen, bőrbetegségeken, hormonális egyensúlyhiányon, szívbetegségeken, vízfejűségen, mentális állapotokon és még a rákon is. Ezt hallva egy kérdés foglalkoztatott. *Az Egyesült Államokban az orvosok általában egy szakterületre összpontosítanak (mint a szívspecialisták vagy az az urológusok); hogyan volt lehetséges, hogy Dr. Naram ilyen nagyszerű eredményeket ért el ennyi területen?* Még mindig azon tűnődtem, hogy vajon mindez csak placebóhatás volt-e? Rájöttem, hogy bár a betegségek nagyon különbözőek voltak, a megoldás mindegyik esetben tartalmazta a szokások megváltoztatását, kezdve az étrenddel, és láttam, hogy időbe telt, mielőtt a betegek eredményt láttak. Sokan bevallották, hogy más módszereket is kipróbáltak a gyors megoldást keresve, mielőtt Dr. Naramhoz fordultak. Ezek a gyors megoldások túl gyakran hosszú távú mellékhatások sorával jártak. Elmondták nekem, hogy Dr. Naram ősi gyógyító módszerei több időt igényeltek, de valódi, hosszú távú és mélyebb gyógyulási eredményeket hoztak, negatív mellékhatások nélkül.

A harmadik napon egy fiatal pár hozta el tízéves kislányukat, aki még soha életében nem beszélt. Dr. Naram körülbelül tíz percig foglalkozott vele, bizonyos pontokat nyomogatva a testén, miközben arra kérte, hogy válaszoljon neki. Miközben az egész szoba feszült várakozással figyelt, a kislány azt felelte: „Anyu!". A terem tapsviharban tört ki, ahogy a kislány arcán és szemében látható volt a nyilvánvaló öröm. Ismét kimondta, hogy „Anyu", és amikor az édesanyjára néztem, láttam, hogy sírva fakadt.

Pillanatkép a videóról - a pillanat, közvetlenül azután, hogy ez a kislány először mondta ki, hogy „Anyu".

Néhányan elmondták, hogy több mint harmincöt éve ismerik Dr. Naramot, és úgy érezték, mintha a családjához tartoznának. Mások nemrég ismerték meg őt, és csak öt percet töltöttek vele, mégis mélyreható eredményeket értek el a következő hónapokban, amikor gyógynövényeit, házi gyógymódjait szedték és/vagy megváltoztatták az étrendjüket. Meglepett, hogy ilyen sok, különböző spirituális hagyományokkal rendelkező tanító küldte el tanítványait és híveit Dr. Naramhoz segítségért. Néhányan fizikai betegségek gyógyításáért jöttek, mások pedig azért, hogy méregtelenítsék a testüket, felkészítsék az elméjüket, hogy elmélyíthessék meditációs gyakorlatukat és spirituális tapasztalataikat.

Felkeltette az érdeklődésemet, de fogalmam sem volt, hogy mit kezdjek ezzel az egésszel. Az általam tapasztalt figyelemre méltó dolgok ellenére egyre ingerültebb lettem. Fájdalmasan világossá vált, hogy Alicia és köztem a dolgok nem fognak túllépni a barátság keretein.

Finom jelzéseket kaptam arra, hogy bár hálás volt, hogy átélhette ezt az élményt, nem érdeklődött irántam. Frusztráció, szomorúság és lemondás kombinációját éreztem.

Váratlan gyógymódy

A klinikán töltött utolsó napunkon Dr. Naram megkért, hogy a betegek fogadása utána beszélni szeretne velem. Bármennyire is izgatott voltam, hogy beszélhetek vele, mire a találkozónk hajnali fél kettőkor elérkezett, lüktető fejfájásom miatt nehezen tudtam koncentrálni.

„Kérdezhetek valamit?" - kezdtem, amikor végre leültünk. „Hogyan szabadulhatok meg ettől a fejfájástól?

Egészségesen étkeztem, edzettem, és még gyógymasszázst is kaptam ma. Azt sem tudom, honnan jött."

Sötét, kíváncsi szemei rám szegeződtek. „Hol fáj?" A fájdalom forráspontjára összpontosítva a tarkómra és a nyakamra mutattam.

„Ó. Az *vata* fejfájás." Nem is tudtam, hogy különböző típusú fejfájások léteztek, amiket a fejfájás helyének alapján lehetséges azonosítani.

„Az ilyen típusú fejfájásra, az Ön gyógyszere a ... hagymakarika."

„Mi? Hagymakarika?" *Jól hallottam*?

Dr. Naram elmosolyodott. „Sziddha-véda vonalam első mestere, Jivaka azt tanította, hogy minden lehet méreg vagy gyógyszer, attól függően, hogyan használjuk. A víz például kilencvenkét betegség esetében gyógyszer, huszonhatnál pedig méreg. Még az is, amit csinálunk, például a munkánk, lehet gyógyszer vagy méreg, attól függően, hogy összhangban van-e az életcélunkkal vagy sem".

Türelmesen, mégis olyan intenzitással és lelkesedéssel magyarázott, amit nem vártam volna valakitől, aki aznap több mint háromszáz beteget látott el.

„A fejfájásnak három fő fajtája van, és rengeteg különböző altípusa.

A hagymakarikák nem hatásosak *minden* típusú fejfájásnál. Ráadásul állandó fogyasztásuk méreganyagokat termel a szervezetben. Tehát a hosszú távú, mélyebb gyógyuláshoz meg tudom mondani, hogy mi mást kellene tennie.

„Minden lehet méreg, vagy orvosság, attól függően, hogy hogyan használjuk"

(Buddha orvosa)
– Jivaka

De az Ön fejfájására most a hagymakarikák fogyasztása átmeneti gyógyszerként szolgál. Csak próbálja ki."

Dr. Naram megkérte a szakácsot, aki még ott volt, hogy készítsen friss hagyma *pakodát*; indiai étel, hasonló a sült hagymakarikához. A fejem csak úgy lüktetett.

Ahogy a finomra főtt hagymát a számba tettem, kíváncsi voltam, mi fog történni. Legnagyobb megdöbbenésemre és csodálkozásomra az egész nap egyre erősödő fájdalom gyorsan kezdett kiürülni a testemből, és öt percen belül teljesen eltűnt.

„Ez elképesztő!" - mondtam Dr. Naramnak. Miután a fejfájásom elmúlt és a szívem megnyílt, megkérdeztem tőle: „Hogyan lehetséges ez?".

„Tudja Clint, sokban emlékeztet a fiatalkori önmagamra."

„Tényleg? Hogy-hogy?" Kíváncsi voltam, vajon miben hasonlítunk egymásra.

„Én is zűrös és zavarodott voltam" - mondta nevetve.

Az arcom rezzenéstelen volt. Dr.Naram elmosolyodott és a karomra tette a kezét. Elmesélte, hogy a mestere hogyan segített neki óriási tisztánlátást nyerni az életében, megtanítva őt az átalakulás és a mély gyógyulás elveszett ősi titkaira.

„A hagyma a természetből származó rengeteg hatékony gyógyszer egyike. Rengeteg hasonló titok létezik, amit megtaníhatok önnek. Elsőre sokkolhatják, de örökre megváltoztathatják az életét. Ráadásul, ha egyszer megismeri őket, erőteljes befolyása lesz ezen a bolygón, és segíteni tud másokon!"

Indiai látogatásomat egyszeri alkalomnak tekintettem, és úgy terveztem, hamarosan visszatérek az egyetemen végzett technológiai kutatómunkámhoz. Kíváncsi voltam. miért mondja ezt nekem. Arra gondoltam, hogy nem *Aliciának kellene itt lennie ezen a beszélgetésen helyettem?* Amikor kiléptem az ajtón, láttam, hogy több dolgot tanul Dr. Giovannitól arról, hogyan kell leolvasni a pulzust, így elégedett voltam, hogy ő is megkapja, amire szüksége van. Későre járt, de Dr. Naram még egyszer akart beszélni velem mielőtt elhagyom Indiát, így meghívta Aliciát és engem az otthonába egy vacsorára.

Naplójegyzeteim
Ősi gyógyító titkok a Vata fejfájásra*

1) Határozzuk meg a fejfájás típusát: Dr. Naram szerint, ha a fájdalom a fej elülső részén, az orrmelléküregek területén jelentkezik, akkor valószínűleg Kapha fejfájásról van szó. Ha a fájdalom a fejtetőn, vagy az egyik oldalon éles, akkor valószínűleg Pitta fejfájásról van szó. Ha a fájdalom hátul, vagy a tarkón jelentkezik, akkor valószínűleg Vata fejfájásról van szó.

2) Ha Vata fejfájásról van szó, akkor ezeket az ősi gyógymódokat végezhetjük el:

   a) Házi gyógymód - Együnk néhány hagymakarikát* vagy hagymapakodát (indiai étel sült hagymából).

   b) Marmaa Shakti - Négy ujjal a fülcimpáktól lefelé a nyak mindkét oldalán, nyomjuk meg hatszor.

Fontos: Dr. Naram a fenti gyógymódot csak egy bizonyos típusú fejfájásra ajánlotta, és nem ajánlotta, hogy az emberek minden nap hagymakarikákat egyenek a „fejfájás megelőzésére" azért sem, mert ez mérgező lenne a szervezet számára.

Bónusz anyag: Ha látni szeretné, hogyan segítene Dr. Naram több gyakori fejfájás típusnál, látogasson el az ingyenes MyAncientSecrets.com tagsági oldalra.

Mire a szobámba értem, rájöttem, hogy a fejfájással együtt a nap folyamán felhalmozódott frusztrációm is szertefoszlott. Aznap este a káprázat érzése maradt bennem. Miközben mindent átgondoltam, gondolataim Aliciára, majd újra dr. Naramra terelődtek. Ő valahogy segített nekem elfelejteni a hiányosságaimat és az önmagam által vélt korlátokat. Megnyitotta számomra az új lehetőségek világát. Sőt, megtanított nekem egy szuper gyógymódot arra a fajta fejfájásra, amivel küzdöttem!

Másnap elhatároztam, hogy felkutatom Dr. Naram gyógyító vonalát. Nem volt sok információ angolul Jivaka mesterről, de találtam egy jól dokumentált történetet. Ami elmesélte, hogy Buddha (Sziddártha Gautama) összehívta az összes orvost és gyógyítót, és próbára tette őket. Megkérte őket, hogy menjenek az erdőbe, és jöjjenek vissza egy zsákkal, amely tele van mindazzal amit találnak, és ami nem hasznos a gyógyításra. Néhányan büszkén tértek vissza hatalmas zsákjaikkal, mondván, hogy egyik növénynek sincs haszna. Mások kisebb zsákokkal tértek vissza. Csak egy jött vissza üres zsákkal. Amikor Buddha kérdőre vonta, Jivaka azt válaszolta, hogy nem talált egyetlen olyan dolgot sem, amely ne lett volna hasznos az egészségre. Buddha ekkor megkérte Jivakát, hogy legyen az orvosa.

Amikor Buddha utazott, Jivaka is vele utazott, segített gondoskodni a kíséretéről és mindazokról, akik a megvilágosodást keresve érkeztek. Számos utazása során Jivaka új növényeket és új felhasználási módokat fedezett fel. Felfedezéseit évszázadokon át megőrzött kéziratokban rögzítette.

E történet olvasása megmosolyogtatott. Úgy tűnt, hogy Dr. Naram azt a leckét a szívén viselte, hogy minden hatásos a gyógyításban—még a hagymakarikák is.

Az ágyban fekve azon tűnődtem, hogy Dr. Naram ismert-e olyan ősi gyógyító titkokat, amelyek segítenek leküzdeni az elutasítást és a szívfájdalmat.

Jivaka mester illusztrációja. A Google Images oldalról letöltve.

Az Ön naplójegyzetei

Hogy elmélyítse és fokozza a könyv olvasásából származó előnyöket, szánjon most néhány percet arra, hogy megválaszolja magának a következő kérdéseket:

Milyen gondolatokat, beszélgetéseket, ételeket és/vagy tevékenységeket érez méregnek az életében? (Csökkentik az életenergiáját)

_____

_____

_____

_____

Milyen gondolatokat, beszélgetéseket, ételeket és/vagy tevékenységeket érez gyógyszernek az életében? (Növelik az életenergiáját)

_____

_____

_____

_____

Milyen egyéb meglátások, kérdések vagy felismerések merültek fel Önben e fejezet olvasása közben?

_____

_____

_____

_____

4. FEJEZET

Mi a legfontosabb?

Szinte bárkihez odamehetnénk és ahelyett, hogy megkérdeznénk „Hogy van?" azt kérdezhetjük: „Hol fáj?"
– Henry B. Eyring

Emlékszik apám telefon hívására, amit a könyv bevezetőjében említettem? Másnap reggel történt.

Nem tudtam nem észrevenni a hangjában a visszafogott, de érzékelhető szorongást. „Fiam, haza tudsz jönni? Beszélnem kell veled."

Amikor megkérdeztem apámtól, hogy mi történt, nem mondta meg. Csak azt hangsúlyozta, hogy személyesen kell beszélnie velem.

„Milyen hamar tudsz eljutni Utah-ba?" kérdezte.

Úgy alakult, hogy Alicia és én másnap este szálltunk repülőre. Ő visszatért Kaliforniába, én pedig New Yorkba, majd Utahba, ahol a szüleim éltek. A nap hátralévő részében apámon jártak a gondolataim.

Hogy jobban megértsen minket, szeretnék egy kicsit mesélni az apámról és a családomról. A szüleim nyolc gyereket neveltek— egy teltházat. Én a hatodik gyerekük voltam, de szerettem azt mondani az embereknek, hogy én vagyok a kedvencük. Egyszer az iskolában egy barátom megkerdérdezte tőlem , „Miért van ilyen sok gyerek a családotokban—a szüleidnek nem volt tévéje?"

Többnyire szerettem, hogy ennyi testvérem van. Persze veszekedtünk buta dolgokon, de sokat nevettünk is, és tudtunk játszani és

A családom 6 éves koromban; én középen, apám és anyám elöl a jobb oldalon, és a testvérem Denise a bal felső sarokban.

alkotni. Emlékszem, hogy az egyik idősebb tesóm egy nap hazahozott egy videokamerát, és rászoktunk a vicces videók készítésére. A legidősebb nővérem, Denise öngyilkosság által történt elvesztése közelebb hozott minket egymáshoz. Egy dologban nem voltunk jók: az érzéseinkről beszélni, de tudtuk, hogy mennyire szeretjük egymást anélkül, hogy valaha is kimondtuk volna. A szüleim több mint negyven évig voltak hűséges házasok, az élet sűrűjében és viszontagságaiban. Amikor apám megkérte anyám kezét, azt mondta: „Tudva, amit rólam tudsz, leszel-e még a gyermekeim anyja?" Mindig is úgy gondoltam, hogy ez a lánykérésnek egy meglehetősen vicces módja volt.

Bár sosem volt sok pénzük, de azért megéltek. Imádtam, amikor egy doboznyi ruhát kaptam a szomszédtól vagy egy a templomból ismerős családtól. Még mindig emlékszem, amikor rájöttem, hogy a legtöbb ember boltba megy, és sok pénzt fizet a ruhákért, és arra, milyen furcsának tűnt ez nekem. A szüleim a takarékosság, a kemény munka, az ima, az őszinteség és az elkötelezettség értékeit adták át nekünk. Anya és apa nagyon különbözőek voltak. Anyukám szerette a dolgokat elintézni, tehetsége volt ahhoz, hogy az embereket cselekvésre késztesse. Meglepett, hogy milyen hatékony volt, és hogy mennyi mindent elért minden nap. Gondolom ahhoz, hogy nyolc gyereket neveljen, ezt a képességet ki kellett fejlesztenie magában. Apámat viszont jobban érdekelte, hogy ki hogy érzi magát, mint az, hogy mit csinál.

Apám szenvedélye az volt, hogy segítsen a szülőknek és a tanároknak megérteni azt, amit ő „az oktatás hiányzó láncszemé"-nek nevezett. Úgy érezte, hogy a hiányzó láncszem az, hogy az iskolában megtanítjuk a gyerekeknek, hogy mit gondoljanak, de azt nem, hogy hogyan gondolkodjanak. Az volt a mottója, hogy „egyetlen ötlet megváltoztathatja egy gyermek életét". Benjamin Franklin példája inspirálta, és szerette az etikát integrálni az oktatásba, megtanítva a gyerekeket a jellemük fejlesztésére, ugyanakkor segítve őket abban, hogy bármelyik tantárgyat könnyebben elsajátíthassák. Az volt az álma, hogy életének több mint harmincéves munkáját egy könyvben foglalja össze, amelynek *A hiányzó láncszem az oktatásban* címet adja majd, és amely unokái öröksége lesz. Ezért Apa íróasztalán mindig egy halom papír állt, amelyekben olyan magával ragadó kérdéseket, tevékenységeket és történeteket állított össze, amelyek segítettek a gyerekeknek abban, hogy hogyan gondolkodjanak, és hogyan hozzanak jó döntéseket. A legőszintébb pillanataimban azt kívántam, bárcsak ügyesebb lennék ebben.

Apa igazi önfeledt humorral volt megáldva. Amikor kicsi voltam, és tanultam, hogyan kössem be a cipőfűzőmet, megkérdeztem tőle: „Apa, fel tudod húzni a cipőmet?". Ő mosolyogva válaszolt: „Igen, megpróbálhatom, de nem biztos, hogy jó lesz rám". Aztán szépen megtanított, hogyan kössem be a cipőmet. Amikor valamelyikünk Apa mögé lépett, és masszírozni kezdte a vállát, azt mondta: „Pontosan két órát adok neked, hogy ezt abbahagyd".

Annyit nevettünk! Egyszer például apám este a családi ima mondása közben elaludt. Ott ültünk és vártunk, zavartan. A legjobb az egészben az volt, hogy amikor elmesélte a történetet, nem tudott nem kitörni a nevetéstől. Úgy nevetett, hogy majd elsírta magát, hogy milyen vicces volt az egész, mi pedig vele együtt törtünk ki nevetésben. Megtanított arra, hogy a nevetés az egyik legerősebb gyógyszer bármely ember vagy család számára. Bármennyire is szeretett nevetni, soha nem nevetett mások kárára, és megállított minket, ha mi azt tettük.

Példájával arra tanított, hogy ha képesek vagyunk nevetni megváltoztathatja magunkon és a saját hibáinkon, egy gyermek életét" könnyebben lépünk túl rajtuk.

Az emberek szerettek körülötte lenni. Tinédzserként a barátaim elmondták, mennyire érezték, hogy törődik velük. Amikor tizenhat éves lehettem, egy barátom azzal lepett meg, hogy azt mondta, „Apáddal olyan könnyű

> „Egyetlen ötlet megváltoztathatja egy gyermek életét"
>
> – George L. Rogers

> „A nevetés az egyik legerősebb gyógyszer minden ember vagy család számára."
> – George L. Rogers

együtt lenni. Belenézek a szemébe, és egyszerűen szeretve érzem magam."

Kedves volt, de erős. Nem kötött kompromisszumokat, ha olyan elvekről volt szó, amelyekben hitt. Egyszer, amikor úgy tizenkét éves lehettem, rájött, hogy illegálisan másolok zenéket és videókat, hogy karácsonyi ajándékként odaadjam anyukámnak és nagymamámnak; számomra ez tökéletes módja volt a pénzmegtakarításnak! Láttam rajta, hogy mennyire ellenezte, amikor rájött. Azt mondta, hogy azoknak, akik a zenét és a videókat készítették, fizetést kellene kapniuk. Azt mondta: „Soha ne tegyél olyat, amit szégyellnél, ha nyilvánosságra kerülne". Aztán, mivel megértette, hogy nincs sok pénzem, elvitt a boltba, és hozzátett a pénzemhez, hogy megengedhessem magamnak a videót és a zenét, amit másolni akartam. Helyretette a dolgokat, mégis olyan módon, hogy jól éreztem magam a bőrömben.

Anyám megértése és megbecsülése sokkal nehezebb és bonyolultabb volt, egészen életem későbbi szakaszáig. Mivel érzékeny gyerek voltam, észrevettem, hogy a felszín alatt gyakran voltak dolgok, amelyek nyugtalanították őt. Nem tudtam, mik voltak ezek, vagy hogy némelyik az én hibám volt-e, mert soha nem beszélt róluk, legalábbis nekem nem. Ehelyett belevetette magát a megállás nélküli munkába és a „tennivalók" listáiba, hogy fenntartsa az irányítás és a megfelelés érzését, és valahogy működőképesen tartsa a nyolcgyermekes családot.

Amellett, hogy érzékeny, félénk is voltam, és könnyen magamra vettem a dolgokat. Kilenc éves koromban nagyon dühös voltam anyámra, amikor meghallottam, hogy telefonon beszélget az egyik barátnőjével, és nevetgélve mesél egy kínos történetet rólam. Olyasmiért, amiről más gyerekek talán tudomást sem vettek volna, vagy csak nevettek volna rajta, én megbántva és megsértve éreztem magam. Szeretnie kellett volna engem, nem pedig másokkal nevetni rajtam. Őt hibáztattam a fájdalomért, amit éreztem, és azt akartam, hogy neki is fájjon. Szégyellem bevallani, de ez az igazság. Kezdetben el akartam szökni, de úgy döntöttem, hogy otthon maradok,

> „Soha ne tegyél olyat, amit szégyellnél, ha nyilvánosságra kerülne."
> – George L. Rogers

és hallgatásba burkolózom. Ez körülbelül másfél napig tartott, amíg másnap este be nem jött a szobámba.

„Clint, mi történik?" - kérdezte. „Nem tudok segíteni neked, ha nem tudom, mi a baj."

> „Senki sem bosszanthat fel. A reakcióid mindig belülről jönnek."
> – George L. Rogers

Igyekeztem mindent megtenni, hogy ne beszéljek, és végül könnyekben törtem ki. Kinyújtotta a kezét, és gyengéden megsimogatta a hátamat, annyi együttérzést mutatva, hogy már nem tudtam őt szörnyetegnek tartani a fejemben. Bevallottam, hogy mi bánt engem. Azonnal bocsánatot kért, és szorosan átölelt.

Ne értsen félre. Voltak csalódásaim az apámmal is. Mérges lettem, amikor szembesített azzal, hogy valami rosszat tettem, például amikor megütöttem a húgomat. Ő sírva fakadt. Apám határozottan elhúzott, leültetett a lépcsőn, és megkérdezte: „Miért ütötted meg a húgodat?".

Teljesen jogosnak éreztem, hogy elmondjam az okomat: „Mert felbosszantott".

Szünetet tartott, és olyasmit mondott, ami megváltoztatta az életemet. „Fiam, senki sem tud téged felbosszantani, vagy bármit is éreztetni veled. A reakciód mindig belülről jön. Az emberek csak akkor tudják irányítani az érzelmeidet, ha te megengeded nekik."

Még akkor is, ha megbüntetett, amiért megütöttem a húgomat, bölcsességének igazsága mélyebben érintett engem. Ez egy olyan heuréka-pillanat volt, amely elolvasztotta a dühöt, amit éreztem. Igaza volt: senki sem képes felbosszantani engem. Én vagyok felelős a saját érzelmeimért. Ez egy csodálatos felfedezés volt.

Felbecsülhetetlen kedvesség

Míg Indiában voltam, apám hívása sok ilyen emléket ébresztett bennem. Később aznap találkoztam Vinaj-jal, Dr. Naram titkárával.

Látva elmerülő tekintetem, megkérdezte, „Jól van?"

„Nem igazán," mondtam. „Aggódom az apám miatt."

Elmeséltem neki a hívást, majd elmeséltem néhány történetet az apámról. Vinaj azt mondta: „Meg vagyok lepődve. Az ön apja egy olyan

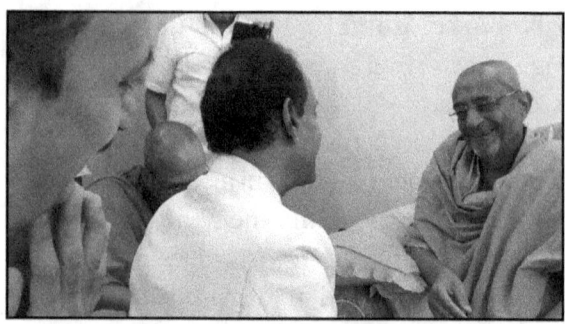

Dr. Naram közvetlenül azután, hogy megvizsgálta Háripraszád Szvámidzsí pulzusát, aki milliók lelki tanítómestere, és aki az Átmijáta koncepcióját hirdeti. Vinaj mindkettőjükre szeretettel és odaadással nézett.

elvet követ, amit a lelki tanítómesteremtől, Háripraszád Szvámidzsítől tanultam, az úgynevezett Átmijátát-t".

„Mi az?"

„Az Átmijáta lényege, hogy szeretettel és tisztelettel bánunk az emberekkel, függetlenül attól, hogy ők hogyan bánnak velünk. Örömmel hallom, hogy az olyan emberek, mint az ön apja, ezt az elvet követik. Ez más, mint amit a tévében és a filmekben látunk az amerikai kultúráról." Egyetértettem azzal, hogy apámnak erős és tiszta a lelkiismerete, és csodáltam őt ezért. Mindig is úgy éreztem, hogy nekem is van kire felnéznem. Ugyanakkor csendben úgy éreztem, hogy nem tudok megfelelni a példájának. Amit nem mondtam el Vinajnek, az az volt, hogy gyakran éreztem a rossz döntéseim súlyát, amelyeket szégyelltem. Többről sosem beszéltem a szüleimnek, és reméltem, hogy soha nem jönnek rá. Nem akartam csalódást okozni nekik.

Abban a reményben, hogy a szüleim és a családom ehelyett büszke lesz rám amiért sok mindent elértem. A gimnáziumban osztályelsőként végeztem, beszédet mondtam az érettségi ünnepségünkön, és ösztöndíjjal vettek fel egy nagyszerű egyetemre. Sok szolgálatot végeztem Afrikában és a világ más részein, az egyetem egy részét elhalasztottam, hogy két évig missziós munkát végezhessek, és a családomban elsőként kaptam PhD fokozatot díjnyertes disszertációs

PhD fokozatot díjnyertes disszertációs kutatással. Fiatal kutatóként számos díjat és elismerést kaptam. És még ki is választottak a világ tizenkét fiatal tudósának egyikeként, akiket Brüsszelbe repítettek a „fiatal lángelmék találkozójára" ahol a világ problémáinak lehetséges megoldásait vitatták meg. Abban az időben Finnországban dolgoztam, ahol egy Európai Unió által finanszírozott projektet koordináltam. Úttörő kurzusokat tartottam arról, hogyan lehet a technológiát és az új médiát a vallásközi/kultúrák közötti

„Átmijáta az, amikor, bárhogyan is bánik velünk valaki, szeretettel és tisztelettel tudunk válaszolni."
– Háripraszád Szvámidzsí

kommunikáció, a nemzetközi fejlődés és a béketeremtés érdekében használni. Mindezek ellenére a hibák, amelyeket elkövettem, szerintem felülmúlták mindazt a jót, amit elértem.

Amikor apám aznap reggel felhívott, és azt mondta, hogy látni akar, egy pillanatra azon tűnődtem, vajon felfedezett-e valamit, amit rosszul csináltam.

Amellett, hogy támogattak, tudtam, hogy a szüleim aggódnak értem, ahogy a szülők általában azt teszik. És tudtam, hogy sokat imádkoznak értem. Különböző országokba utaztam és éltem azokban, de sehol sem álltam közel ahhoz, hogy megnősüljek. Közben a saját, a spiritualitással és a tudománnyal kapcsolatos viszonyulásomat fedeztem fel - sok időt töltve távol az otthonomtól és mindentől, amit ők ismertek.

Egyszer bevallottam apámnak, hogy szomorúnak és magányosnak érzem magam, ezért mindig ügyelt arra, hogy megkérdezze, hogy vagyok, és hogy javulnak-e a dolgok. Azt hiszem, különös törődést mutatott irántam a nővéremmel történtek miatt. Igyekeztem szoros kapcsolatban maradni velük, de az a hívás apámtól és a kérése, hogy találkozzunk, váratlanul ért.

Szokatlan volt tőle, hogy találkozót beszélt meg velem. A fia voltam, és bármikor felhívhatott. Egész nap zavarban voltam, aztán még jobban aggódtam, amikor anyám később, aznap este felhívott.

„Kérlek, ne felejtsd el a találkozót az apáddal" - mondta anyám olyan hangon, amihez nem voltam hozzászokva. „Nem tudom, miről van szó, de úgy érzem, hogy fontos".

A rejtélynek várnia kellett. Volt még egy napom Mumbaiban, aztán egy megálló New Yorkban, mielőtt megtudnám, mire van szüksége apámnak.

Mielőtt elutaztam volna Indiából, Dr. Naram még egyszer találkozni akart velem, hogy elmondjon valamit, ami szerinte megváltoztatná az életemet.

Az Ön naplójegyzetei

Hogy elmélyítse és fokozza a könyv olvasásából származó előnyöket, szánjon most néhány percet arra, hogy megválaszolja magának a következő kérdéseket:

Milyen rejtett küzdelmekkel néznek most szembe azok, akiket Ön szeret? Mit tehetne Ön, hogy segítsen nekik?

_____

_____

_____

Milyen bölcsességet tanult meg Ön a szüleitől, vagy másoktól, ami segített Önnek?

_____

_____

_____

Az élete melyik területén tudja Ön gyakorolni az Átmijáta gyógyító művészetét?

_____

_____

_____

Milyen további észrevételek, kérdések, vagy felismerések merültek fel Önben e fejezet olvasása közben?

_____

_____

_____

5. FEJEZET

Egy nagyszerű titok a sikerhez bármiben

Amikor már nem tudjuk, hogy mit kell tennünk, akkor érkeztünk el a valódi munkához, és amikor nem tudjuk, hogy merre menjünk, akkor kezdtük el az igazi utazást.
– Wendell Berry

Másnap este, mielőtt Alicia és én az éjszakai repülőre szálltunk volna az Egyesült Államok felé, Dr. Naram vendégül látott minket egy búcsúvacsorára.

Bár az étel finom volt, gyorsan ettem, remélve, hogy több időm lesz vele beszélgetni. Végül azt mondta: „Találkozhatnánk kettesben a dolgozószobámban? Valami egészen különlegeset szeretnék mutatni."

Miután becsuktam a dolgozószoba ajtaját magam mögött, Dr. Naram több, narancssárga szövetbe csomagolt köteget vett elő. Ahogy leoldotta a körülöttük lévő zsinórt, láttam, hogy régi, kopott lapokat tartalmaznak, amelyeket kézzel írt, számomra ismeretlen betűkkel borítottak. Dr. Naram suttogva azt mondta: „ Ez néhány oldal azokból az ősi szövegekből, amelyeket a mesteremtől kaptam". Óvatosan kezelt minden egyes oldalt, és elmondta, milyen értékesnek tartotta a kéziratokat, és hogyan vezették el őt azokhoz az ősi elvekhez, formulákhoz és módszerekhez, amelyeket az emberek megsegítésére használt.

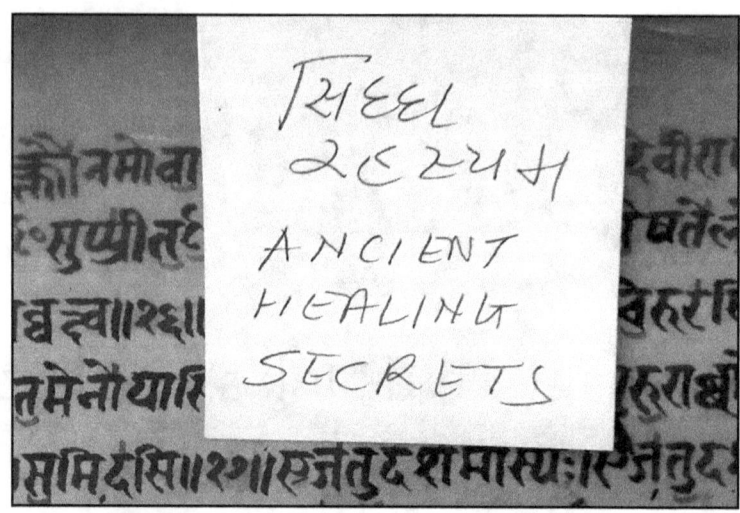

Ősi gyógyító titkokat tartalmazó ősi kéziratok.

Minden szöveg elején egy sárga papírdarabon a tartalom rövid leírása. Több nyelven íródtak: Szanszkrit, tibeti, neráli, nepáli és ardhamagadhi vagy magadhi prakrit nyelven. Tartalmaztak házi gyógymódokat és gyógynövénykészítményeket cukorbetegségre, különféle rákos megbetegedésekre, haj- és bőrproblémákra, valamint ősi mantrákat és marmákat a boldogság, béke és bőség manifesztálásához. Sőt, olyan titkos fiatalító formulákat is talált bennük amit egy Amrapali nevű hölgy használt, aki - mint azt Dr. Naram elmagyarázta - több mint hatvan éves volt, ám harminc évvel fiatalabbnak tűnt. Annyira vonzó volt, hogy egy harmincöt éves király beleszeretett, annak ellenére, hogy már volt egy gyönyörű fiatal felesége. Nagy vágyat éreztem arra, hogy megérintsem ezeket az ősi írásokat, de nem akartam megkockáztatni a törékeny papír megrongálódását.

„Az egész életem arról szólt, hogy kövessem mesterem utasításait" - mondta Dr. Naram - „hogy megfejthessem az elveket ezekről az ősi oldalakról, és a modern világban fizikai valósággá váljanak, oly módon, hogy megváltoztassák, sőt megmentsék az emberek életét." Hosszú szünet következett, amíg hagytam, hogy ezek a szavak elmerüljenek bennem.

A csendet megtörve feltettem neki egy kérdést, ami már egy ideje bennem égett: „Hol kezdődött ez az egész az Ön számára?"

Balra: Dr. Naram kezében tartja az egyik ősi szöveget, amely leszármazási vonalának titkait tartalmazza a mélyebb és mélyebb gyógyulás érdekében.
Jobbra: további kéziratok az asztalon.

Miközben gyengéden visszacsomagolta az ősi papírlapokat a narancssárga szövetbe, Dr Naram elmesélte nekem a történetét.

Harminc évvel ezelőtt orvosként végeztem az egyetemen." „Micsoda? Mielőtt gyógyító lett, orvosként tanult?"

Igen, 1978-ban szereztem alapdiplomát a Bombay Egyetemen, és a felsőfokú ayurvédikus orvosi diplomákat 1982-ben és 1984-ben szereztem meg. Csak az a helyzet, hogy még mindig a sehonnan jött orvos voltam. Az volt a nagy álmom, hogy megváltoztatom a világot. Segíteni akartam az embereknek a kicsattanó egészség, a lelki béke és a korlátlan energia elérésében, de saját magamnak nem volt energiám, egészségem, és békém sem. Ráadásul minden végzettségem ellenére csak egy „talán elmélettel" dolgoztam. Tudja, mi az a „talán elmélet"?

Megvontam a vállamat és megráztam a fejem.

„Tegyük fel, hogy egy jön egy beteg, és azt mondja, hogy fáj a gyomra. Erre azt mondanám: Talán gáz, esetleg savasság, esetleg valami daganat vagy Talán valami problémája van a feleségével. A „talán"-találgatásokon alapuló gyógymódok széles skáláját adnám, és a beteg távozna. Egy hónappal később ugyanazzal a problémával térne vissza, és ekkor azt mondanám: Lehet, hogy pszichoszomatikus. Órákig konzultáltam a pácienseimmel, anélkül, hogy eredményt értem volna el. Csalódott, depressziós, ideges és szorongó voltam. Vesztesnek éreztem magam. Rossz ételeket ettem, hogy megnyugtassam a szorongásomat, és rengeteget híztam. Több mint 100 kiló voltam, és kezdtem kérdőre vonni azt, hogy az általam alkalmazott gyógymódok hatékonyak-e. Vagy talán az volt a probléma, hogy nem értettem meg az embereket. Talán nem értettem meg a valódi kihívásaikat, aggályaikat, félelmeiket és szorongásaikat. Talán ez a munka nem nekem való volt."

Miközben Dr. Naram a boldogtalanságáról beszélt, elgondolkodtam saját szomorúságomon. Nem volt mindig jelen, de elég gyakran jelentkezett ahhoz, hogy sok mindent megkérdőjelezzek az életemben. Néha depresszió formájában jelent meg; néha türelmetlenségként vagy önmagammal és másokkal szembeni ingerültségként.

„Nem kerestem pénzt, nem találtam megelégedést a munkámban és nem volt bennem öröm." – folytatta Dr. Naram. – „Aztán egy nap egy csoda örökre megváltoztatta az életemet. Egy Shanker nevű beteget (ejtsd: *Sanker*) kezeltem. Minden héten eljött, és leültünk, hogy megbeszéljük a problémáját, és új megoldásokat és gyógymódokat próbáltunk ki, ám semmi sem használt. Hirtelen, két évnyi találkozás után Shanker nem jött többet, és én azt gondoltam, talán végre meggyógyítottam valakit. Néhány hónappal később láttam, hogy boldogan sétál az úton. Azon tűnődtem, vajon *segítettem-e neki*? A válasza mélyen megrázott.

„Shanker azt mondta nekem:»Nem, Dr. Naram nem segített nekem, nem számít, mennyi időt szánt rám, soha nem értett meg engem. Csak egyre jobban összezavart«. Azt válaszoltam:»Tudom, hogy az a bajom, hogy nem értem meg az embereket. Szóval, hogyan gyógyult meg«?"

Shanker elmagyarázta, hogy felkeresett egy 115 éves nagy mestert. A férfi megérintette a pulzusát, és mindössze két perc alatt elmondta neki, hogy mi történik a testében, elméjében és az érzelmeiben, és tanácsot adott neki, hogy mit tegyen a gyógyulás érdekében. Dr. Naram nem hitte el, hogy ez lehetséges, ám Shanker tagadhatatlanul sokkal jobban nézett ki. Orvosi jelentései drámai javulást mutattak a cukorbetegség, az ízületi gyulladás, a vérnyomás, a csontritkulás és a veseműködés terén. Dr. Naram megkérdezte: „Hogyan találkozhatnék ezzel a mesterrel, hogy magam is meggyőződjek róla?"

„Shanker megadta a helyszínt," - folytatta Dr. Naram - „ de mielőtt elmentem volna, összeírtam egy listát az összes problémámról: depresszió, szorongás, idegesség, cukorbetegség, hajhullás és elhízás. Ezután elutaztam ehhez a nagy mesterhez, és hosszasan várakoztam a sorban, mire én következtem. Egész idő alatt azon töprengtem, hogyan fogadott ez a 115 éves férfi még mindig kilencven pácienst

Dr. Naram mestere, Baba Ramdas, 115 évesen.

naponta. Amikor végre sorra kerültem, a gyógyító csuklóm pulzusára tette ujjait, és azt mondta: „Magas a vércukorszintje. Emellett a haját szeretné növeszteni, le akar fogyni, és munkát akar váltani. Ezen felül depressziós, ideges, és össze van zavarodva a jövőt illetően."

Dr. Naram egy pillanatnyi szünetet tartott. „Megértett engem, és el sem tudom mondani, milyen jó érzés volt, hogy ilyen mélyen megértettek. Később a mesterem azt mondta nekem: »Az emberi történelem elmúlt hatezer évében az emberek legnagyobb szükséglete nem a szeretet, hanem a megértés«."

Ahogy Dr. Naram a történetét mesélte, azon tűnődtem, hogy: *amellett, hogy az embereknek olyan dolgokban segített, mint magas vérnyomás, cukorbetegség, ízületi gyulladás és így tovább, voltak-e olyan ősi titkai is annak a mesternek, amelyek képesek voltak a szomorúságot boldogsággá változtatni?*

Dr. Naram így folytatta: „Baba Ramdas megértett engem, és az az egyetlen találkozás megváltoztatta az életemet. Felírt néhány gyógynövényt, és bizonyos étrendbeli változtatást, és arra kért, hogy jöjjek vissza hat hónap múlva. A mester elmondta, hogy nincs gyors megoldása számomra. Ha arra vágyom, akkor máshova kell mennem. Amit ő ajánlott, az egy mélyebb gyógyulás volt, ami kitartást és türelmet igényelt. Pontosan úgy tettem, ahogy mondta. Időbe telt,

> „Az emberiség elmúlt hatezer évében, az embereknek nem szeretetre, hanem megértésre van a legnagyobb szükségük."
>
> – Baba Ramdas
> (Dr. Naram mestere)

de a türelmem és az elkötelezettségem meghozta a gyümölcsét. A recept csodát tett. Lefogytam, 100 kilogrammról 58 kilogrammra. A vércukorszintem jelentősen csökkent, 475-ről 96-105-re böjt idején. És a hajam visszanőtt. Amikor elkezdtem sok időm volt, de hajam nem volt. Most sok hajam van, de nincs időm."

Mind a ketten elmosolyodtunk. Miközben hallgattam a történetét azt mondtam, „Hűha... micsoda ajándék."

„Igen, de tudja mi volt a legnagyobb ajándék amit tőle kaptam?"
„Mi az?"

„Olyan módon tanította meg nekem a legnagyobb titkot magunk és mások megértésére, hogy azt sohasem fogom elfelejteni. És azt a titkot is megtanította nekem, hogy hogyan legyek sikeres bármiben."

Önmagunk megértése mások megértéséhez

Dr. Naram elmondta, hogy a mesterrel való találkozás hogyan ébresztett benne vágyat arra, hogy mindent megtudjon az ősi gyógyítási titkokról. Úgy gondolta, hogy ezek elsajátításával bebizonyíthatja apjának és barátainak, hogy nem egy szerencsétlen vesztes. Megmutathatja nekik, hogy valami értékeset csinál, és nem pazarolja el az életét.

„Így elmentem ehhez a nagy mesterhez, és azt mondtam: „Szeretném megtanulni a pulzusgyógyítás titkos művészetét és tudományát."

„Baba Ramdas azt mondta: „Nagyon jó. Jöjjön holnap."

„Így hát másnap elmentem, és ismételten azt mondtam neki: „Szeretném megtanulni a pulzusgyógyítás titkos művészetét és tudományát." Ekkor azt mondta: „Gyere holnap." Folyton mondogatta, hogy »holnap« megtanít... száz napon keresztül!"

Dr. Naram elmesélte, hogy ez teljesen összezavarta, és a századik napon úgy döntött, hogy elég volt.

Igy megfogadta: *Ha ma nem fog engem tanítani, úgy fogok előtte állni, mint a kőszikla. Inkább meghalok, minthogysem megmozduljak.*

Baba Ramdas elé állt, és azt mondta neki: „Azért jöttem, hogy tanuljak, és nem távolítok addig, amíg bele nem egyezik abba, hogy megtanít."

Baba Ramdas azt kérdezte:" Ki dönt?"

„Én döntök" - mondta Dr. Naram.

„Ez az Ön problémája"– válaszolta Baba Ramdas.

Dr. Naram órákig állt, mint egy szikla a 115 éves mester előtt. „Elképesztő volt, hogy miközben a betegeket látta el, engem is figyelt. Amint ott álltam, láttam, ahogy megérinti a pulzusukat, majd egymás után olvasta őket, mint egy könyvet. Végül négy óra elteltével nyilvánvalóan nagy szükségem volt a mellékhelyiség használatára. Látta, hogy a testem ingatom, és összeszorítom a lábaimat, hogy megpróbáljam visszatartani magam, és azt mondta: »Dr. Naram, azt hiszem, szeretné használni a mosdót«. Igennel válaszoltam. 'Akkor menjen a mosdóba«. - felelte. Azt mondtam: »de szeretnék Öntől tanulni«. »Akkor jöjjön holnap."

Megnevettetett ahogy Dr. Naram élénk gesztusaival és arckifejezéseivel mesélte a történetet.

Rám nézett és így szólt: - Nevethet, de én akkor elkezdtem sírni. És ebben a pillanatban valami történhetett ezzel a mesterrel. Azt mondta: »Rendben, ne sírjon«. Azt kérdeztem: »Mit tegyek«? »Jöjjön, ma kezdődik a képzése«! - válaszolta. Némi reménnyel és meglepődéssel fordultam felé: „Mivel kezdjem?" Ő így válaszolt: »Menjen ki a mosdóba«. Így azonnal a mosdóba mentem. Visszajöttem és megkérdeztem: »Rendben, mit tegyek, hogy elkezdhessem a tanulást«? Ez a nagy mester megkérdezte tőlem: »Hány ember használta eddig a mosdót«? Tippeltem, hogy talán harminc-negyven? Azt mondta: »Nagyon jó. Menjen, és takarítsa ki a mosdót«!

Ez összezavarta Dr. Naramot. Végül is orvos volt, és ez rangján aluli volt. Dr. Naram azt mondta Baba Ramdas-nak: »Uram, biztosan félreértett engem. Azért jöttem, hogy megtanuljam a pulzusgyógyítást, nem a mosdó tisztítást«.

Baba Ramdas gyorsan válaszolt: »Ó, meg akarja tanulni a pulzusgyógyítást. Semmi baj, jöjjön holnap«."

„Csak később értettem meg, hogy Baba Ramdas-nak először az egómat kellett megtörnie, és segítenie kellett szembenézni a félelmeimmel. Ez volt a legnagyobb ajándék, amit valaha is adhatott nekem. Ez az egyik titok. Életünk két legnagyobb akadálya (abban, hogy tisztán lássuk magunkat és másokat) az egó és a félelem. Ha nagy az egónk, vagy félelmeink vannak, akkor nem láthatjuk mi történik a beteg testében, elméjében és érzelmeiben. Az egó és a félelmek megakadályozzák, hogy tisztán lássuk magunkat, így hogy is láthatnánk, hogy mi történik azokban, akik hozzánk érkeznek? Nem érezhetjük, amit éreznek, és nem érthetjük meg amit tapasztalnak. Nem tudjuk igazán megérteni magunkat és senkit sem, amíg nem vagyunk képesek szembenézni egónkkal és félelmeinkkel. Addig látásunk ködös és homályos. Baba Ramdas azt mondta nekem: „A gyógyító először önmagát gyógyítja meg!", „és az én gyógyulásom a vécétakarítással kezdődött."

>Történetét hallva, felmerült bennem a kérdés:
>
>*Hogyan befolyásol engem a saját egóm?*
>
>*Hogyan hatnak a félelmeim az életemre?*
>
>*Hogyan vakít el mindkettő, hogy ne lássam tisztán magamat vagy másokat?*
>
>*Hogyan befolyásolják azt, ahogy létezek—a kapcsolataimban, a családommal, a munkámban, vagy a spirituális életemben?*

Felidéztem egy élményemet, amelyet néhány hónappal az indiai út előtt éltem át. A finn egyetemen egy európai uniós projektet vezettem, amire eléggé büszke voltam. Én voltam az egyetlen amerikai és a legfiatalabb kutató is egyben, aki jelentést adott a brüsszeli találkozókon. Azonban nem mindenkinek tetszett a szerepem. Egy holland végzős hallgató írt nekem egy keserű e-mailt, amiben kifejtette, hogy mennyire nem kedveli, ahogy a feladatomat végeztem.

Félreértettnek, és dühösnek éreztem magam. *Ha mindenki más megdicsért, akkor mi baja volt ennek a srácnak?* Ahelyett, hogy meghallgattam volna és további kérdéseket tettem volna fel álláspontja megértésének érdekében, letámadtam őt, rámutatva az érvelése rövidlátó voltára, és megpróbáltam érvényteleníteni a véleményét. Megmondtam neki, hogy a projektben néhány ember elégedetlen volt épp az ő munkájával, amiért fizetést kapott. Nemcsak egy alkalmat szalasztottam el, hogy valamit megtudjak magamról és a projekt hiányosságairól, hanem kudarcot vallottam abban is, hogy

„Életünk két legnagyobb akadálya (hogy tisztán lássuk magunkat vagy másokat) az egó és a félelem."

– Dr. Naram

őt tisztán lássam. Csak később fedeztem fel, hogy depressziós volt, és magánélete mélypontján volt. Ahelyett, hogy a megoldás része lettem volna az életében, csak súlyosbítottam a problémán.

Dr. Naramot hallgatva elgondolkodtam azon, hogy életemben hányszor fordult elő, hogy a félelmeim és az egóm miatt nem láttam tisztán a dolgokat. Visszatekintve rájöttem, hogy gyakran mennyire zavarodottnak és bizonytalannak éreztem magam, mert azt akartam, hogy az emberek kedveljenek, és sikeresebbnek akartam tűnni, mint amilyen voltam. Még ostoba dolgokról is hazudtam, hogy megpróbáljam befolyásolni valakinek a rólam alkotott képét, vagy elrejtsek egy hibát, amit elkövettem. Mindezek a dolgok a mélyebb problémák melléktermékei voltak: a félelem és az egó.

Megkérdeztem magamtól:
Miben lenne más az életem, ha nem hatna rám a félelem és az egó?
Hogyan változhatnék jobb irányba?

„Rengeteg ember csodálja Önt a világ minden tájáról," - mondtam Dr. Naramnak. „hogyan tudja megakadályozni azt, hogy az egója elhomályosítsa ítélőképességét a sok dicséret közepette? És olyan helyzetekben ahol a hírneve forog kockán, hogyan tudja megakadályozni, hogy féljen?"

„Hazudnék, ha azt mondanám, hogy a félelem és egó nem jön és megy még mindig."- válaszolta Dr.Naram. „Amikor Gia, a súlyos autista lány megkarmolt, és elkezdtem vérezni, miközben mindenki figyelt, egy pillanatra ideges lettem. Nem voltam biztos abban, hogy ősi titkaim hatni fognak nála, és úgy éreztem, hogy bizonyítanom kell az emberek előtt."

„Ideges lett?" Meghatott a sebezhető őszintesége.

> „Mi a titka a középpontba való visszatérésnek? Csend, nyugalom, magány."
> – Dr. Naram

„Igen," mondta Dr. Naram, „de csak egy pillanatig tartott. Aztán két olyan dolgot tettem, amit a mesterem tanított, ami visszahozott a középpontba."

„Hogy érti ezt? Mit csinált?"

„Először is, a mesterem megtanított arra, hogyan hozzam az elmémet a csend, a nyugalom, és a magány helyére. Ez visszavezet az igazi énem középpontjába, és amikor onnan cselekszem, az eredményeim sokkal jobbak. Ezen a helyen nincs mitől tartanom, vagy mit bizonyítanom, és látom azt, hogy egyáltalán nem rólam van szó. Hanem arról, hogy az előttem álló személyben lévő Istent szolgáljam.

Valahányszor úgy érzem, hogy nem vagyok a középpontban, vagy nem tudom, hogy mit tegyek, visszatérek a középpontomhoz: a csendhez, a nyugalomhoz, és a magányhoz."

Nem értettem. Olyan volt, mintha idegen nyelven beszélt volna. Évekbe telt, mire a saját tapasztalataimon keresztül megértettem mire gondol. Abban a pillanatban azonban egyszerűen csak azt reméltem, hogy a következő dolognak amit megoszt velem több értelme lesz.

„Mi volt a második dolog amit a mestere megtanított Önnek?"

Titok a sikerhez bármiben

Dr. Naram így folytatta: „Sietve kitakarítottam a mellékhelyiséget, és alig vártam, hogy elkezdhessem tanulni a pulzusgyógyítást. Amikor visszajöttem, hogy bejelentsem, hogy készen vagyok, Baba Ramdas meglepődve nézett rám.

»Hadd ellenőrizzem«.

»Mit akar ellenőrizni«?

»Szeretném ellenőrizni a munkáját«.

Dr. Naram öntudatosnak érzete magát, amikor mestere ellenőrizte a mellékhelyiséget. »Nagyon rossz munka, Dr. Naram«. mondta Baba Ramdas. »Ha nem tudja, hogyan kell megtisztítani a mellékhelyiséget, akkor hogyan fogja megtisztítani az embereket a testükben, elméjükben, érzelmeikben és a lelkükben lévő méreganyagoktól, és blokkoktól«?" Dr. Naram elhallgatott, rám nézett és így szólt: „Ebből a tapasztalatból mesterem megtanította ezt a nagy titkot: bármit is csináljon az életében - legyen az a wc-tisztítása, az ételkészítés, vagy a betegvizsgálat - végezze azt száz százalékosan!"

„De nincsenek olyan emberek, akik beleadnak 100 százalékot, és mégsem járnak sikerrel?" - kérdeztem.

„Ez igaz lehet, de az emberek többsége nem ad bele 100%-ot, mert lusták, vagy azért mert félnek a kudarctól. Amikor ténylegesen elkezdünk beleadni 100%-ot mindenbe, amit csinálunk, az életedbe másfajta öröm költözik, a félelem csökken, és egészen más eredményeket kezdesz látni."

> Az első titok a sikerhez:
> „Bármit is teszünk az életben, mindig adjunk bele 100%-ot" (akkor is, ha az a WC-takarítás).
> – Dr. Naram

Ahogy Dr. Naram beszélt, a gondolataim ismét elkalandoztak.

Ha őszinte voltam magamhoz, akkor vajon beleadtam-e 100%-ot mindenbe amit csináltam?

Beleadtam-e egyáltalán 100%-ot bármibe is amit tettem?

Teljesen beleadtam-e magam függetlenül attól, hogy ki figyelt, vagy hogy milyen fontosnak tűnt az?

Sajnos sok olyan példára tudtam gondolni, ahol a válasz »nem« volt, vagy azért, mert nem értékeltem valamit eléggé, vagy mert túl sok dologgal foglalkoztam egyszerre. Gyakran bújtam a számítógép vagy a telefon mögé, elvonva figyelmemet a velem egy helyiségben lévő emberek jelenlétéről.

Dr. Naram folytatta: „Mesterem szerint nem irányíthatjuk más emberek döntéseit, de még a saját döntéseink eredményeit sem; azokat csak engedhetjük kibontakozni."

„De mi irányíthatjuk a döntéseinket" - mondtam, és próbálva befejezni a gondolatát - „és 100 százalékot nyújthatunk mindenben, amit teszünk".

„Pontosan!" - mondta örömmel, amikor megértettem az ősi tanítások első titkát.

Figyelmes lettem arra, hogy amikor Dr. Naram beszélt, ugyanolyan lelkesedéssel és intenzitással fordul felém, mint amikor egy ezer fős teremben beszél. Beleadott 100%-ot abba, ahogy megosztotta velem ezt a történetet, és a példája mélyebb benyomást tett rám, mint a szavai.

- De hogy valósítsam ezt meg – amikor a figyelmem annyi minden között oszlik meg?"

„Szeretné, hogy megmutassak egy marmaa pontot, ami segít abban, hogy nyugodtabb legyen, hogy képes legyen a jelen pillanatban maradni, és jobban tudjon összpontosítani?"

„Igen, kérem."

Bemutatta azt a pontot amit annak érdekében nyom meg, hogy nyugodtabb legyen, még inkább a jelenben érezze magát, és ezáltal minden pillanatban 100%-ot adhasson minden személynek.

„Korábban az kérdezte, hogy hogyan tanultam meg ezeket a titkokat a mélyebb gyógyulás érdekében? Nos, az egyszerű válasz az, hogy több mint harminc évvel ezelőtt követtem mesterem szavait. A mesterem azt mondta, hogy adjak bele 100%-ot mindenbe amit végzek, ezért rögtön visszamentem, és 100%-osan kitakarítottam azt a WC-t. Amikor kijöttem, azt mondtam: „Rendben, most már el akarom kezdeni a tanulást", mire a mesterem azt válaszolta: „A képzése már elkezdődött."

Naplójegyzeteim

Marmaa Shakti a nagyobb béke, jelenlét, és koncentráció titka*

A nap folyamán a jobb kezünk mutatóujjával 6-szor nyomjuk meg a szemöldök közötti és közvetlenül felette lévő pontot.

A fiatalság megőrzése bármely életkorban

Dr. Naram ezer napig tanulta mesterével a Sziddha-Véda művészetét és tudományát. Olyan titkokat tanult meg, amelyeket a világ elveszített, de a mesterek töretlen vonala életben tartott. Dr. Naram úgy döntött, hogy élete hátralévő részét három témának szenteli:

1. pulzus gyógyászati diagnózis, és a mélyebb gyógyulás hat titka;
2. a száz éves kor feletti életerős egészség megélésének titkai; és
3. a „ősi teljesítményrendszer" amely segíti az embereket abban, hogy felfedezzék, elérjék, és élvezzék azt, amire a legjobban vágynak.

Dr. Naram mindenekelőtt azt akarta megérteni, hogyan volt lehetséges az, hogy Baba Ramdas ennyire fiatalos legyen.

„Akár hiszi akár nem, az én országomban ötvenöt-hatvan évesen az emberek már a nyugdíjra gondolnak" - magyarázta. „Hatvan évesen nyugdíjba vonulnak, és már nem sok lelkesedést éreznek az élet iránt. Hatvanöt éves korukban azon kapják magukat, hogy sorban állnak a halálra várva."

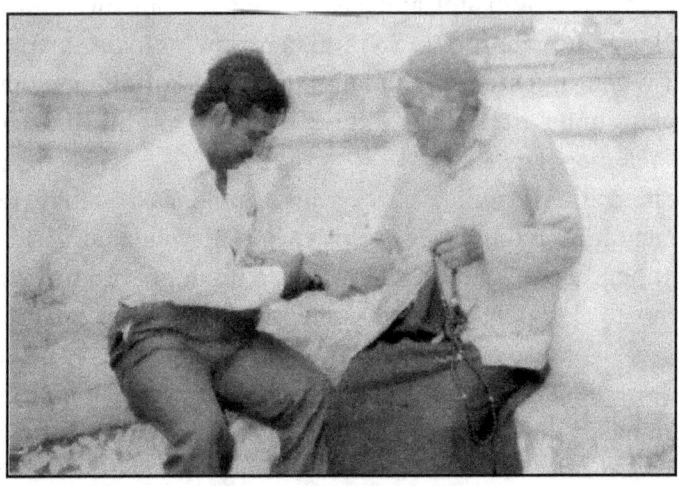

A fiatal Dr. Naramot szeretett mestere, Baba Ramdas vizsgáztatja pulzusgiagnosztikábó.

A siker második titka:
„Úgy végezzük a munkánkat, mint egy imát. Ha olyan munkát végzünk, amit szeretünk, az fiatalon tart minket életkortól függetlenül."
– Dr. Naram

Baba Ramdas to be so youthful. Ez az ember teljesen más volt. 115 évesen olyan lelkesedéssel élt amit még sohasem láttam azelőtt!

Vicces volt, ahogy Dr. Naram leírta – az emberek sorban állnak várva a halált. Kijelentését mégis igaznak éreztem. Sok ismerősömnél az ötvenes, hatvanas és hetvenes éveikben komoly egészségügyi problémák jelentkeztek. Feltételeztem, hogy az élet már csak ilyen: Megöregszünk, testünk elkezd fájni, leépülünk, majd meghalunk.

Dr. Naram azt mondta: „Amikor az emberek megkérdezték mesteremtől,»Ön hány éves«?, ő azt szokta mondani,»115 éves fiatal vagyok, és még sok év van előttem«, Ugyanakkor egészséges, éber volt, és még mindig keményen dolgozott."

Ahogy ez leülepedett bennem, azon gondolkodtam, hogy Dr. Naram milyen más elvárásokat támaszt az élettel szemben, ha azt látja, hogy mestere 115 évesen»fiatalnak« érzi magát.

„Megoszthatok Önnel még egy egymillió dolláros titkot?"

„Igen."

„Míg sok országban az emberek megpróbálnak nyugdíjba menni és megszabadulni a munkától, addig az én vonalamban, mi a munka szerelmesei vagyunk. Számunkra a munka olyan, mint az ima. Ha olyan munkát végez amit szeret, az fiatalon tartja életkortól függetlenül."

„Hogy csinálta ezt az Ön mestere?" kérdeztem. „Mi volt az ő titka a fiatalsága megőrzésében?"

„Most ezzel egy egymilliárdos kérdést tesz fel. De készüljön fel arra, ha ezt megtanítom önnek, ez örökre meg fogja változtatni az életét."

„Rendben." Még éberebb lettem, új oldalra lapozva a füzetemben.

„Ezen titok csupán egy részét megosztva a világ minden tájáról, 108 országból érkező emberek ezreivel, olyan eredmények születnek, amelyet»csodának« neveznek. Miután annyi más dolgot kipróbáltak, ami nem használt, és azután amikor ennek a titoknak akár csak egy részét is kipróbálják, gyakran mélyebb gyógyulást tapasztalnak. Cukorbetegségük csökken, vagy megszűnik. Ízületi gyulladás által okozott fájdalmaik csökkennek, és újra tudnak járni.

Vagy a befagyott válluk újra mozogni kezd, a figyelemzavartól szenvedő gyermekük állapota javul, a hajuk visszanő kopaszság esetén, javul az alvásuk minősége, fogynak, csökken a depressziójuk, allergiájuk és asztmájuk megszűnik, bőrük állapota javul, energiájuk növekszik, és nő az állóképességük, és még sok minden más."

„Nemcsak az a titok, hogy mesterem hogyan élt meg ilyen magas kort, hanem az is, hogy hogyan őrizte meg rugalmasságát, szellemi erejét, lelkesedését és életerejét."

„Mit csinált?" Kérdeztem. „Megosztja velem?"

Dr. Naram egy pillanatig habozott, majd felém hajolt, és halk, de energikus hangon azt mondta: „A Sziddha Véda hat titkos kulccsal rendelkezik a mélyebb gyógyulásért, amelyek át tudják alakítani bárki testét, elméjét, és érzelmeit- a hat kulcs, amelyek segítségével mostanra már láthatta, hogy a »lehetetlen« helyzetek lehetségessé válnak."

Dudaszó hangja hallatszott. Megállt, és kinézett az ablakon. Ott állt a taxink, hogy elvigye Aliciát és engem a repülőtérre. Gyorsan megkérdeztem: „Mik ezek? Mi a mélyebb gyógyulás hat kulcsa? Hogyan tanulhatom meg őket?"

„Jöjjön holnap" - mondta csillogó szemmel. „De nem tudok. New Yorkba utazom, aztán tovább Utahba."

Elmosolyodott, ismét szünetet tartott, majd lassan azt mondta: „Valamilyen oknál fogva Isten önt hozzám küldte, engem pedig önhöz, nem gondolja?"

Bólintottam, és ő így folytatta: „Ha legközelebb találkozunk, ha újra látjuk egymást, akkor talán megosztom önnel ezt a hat erőteljes kulcsot, amelyet a mesterem osztott meg velem, az elveszett ősi titkokat a fiatalság megőrzéséhez bármely korban."

„A Sziddha Véda hat titkos kulccsal rendelkezik, amelyek át tudják alakítani bárki testét, elméjét, és érzelmeit."
– Dr. Naram

Kisétáltunk, ahol Alicia már a taxinál várt. Amikor kinyitottam az autó ajtaját, hogy beszálljak, Dr. Naram megszólított és azt mondta, „Nagyon jó lenne, ha találkozna Mariandzsi-val New York- ban."

Az Ön naplójegyzetei

Hogy elmélyítse és fokozza a könyv olvasásából származó előnyöket, szánjon most néhány percet arra, hogy válaszoljon a következő kérdésekre:

Hogy érzi, milyen hatással van az egó és a félelem az életére?

_____

_____

_____

_____

Mit gondol, hogyan változhatna jobbá az Ön élete, ha kevésbé befolyásolná Önt a félelem és az egó?

_____

_____

_____

_____

Milyen további észrevételek, kérdések, vagy felismerések merültek fel Önben e fejezet olvasása közben?

_____

_____

_____

_____

5. FEJEZET

A tehén ghí és testünk titkos pontjai percek alatt normalizálni tudják a vérnyomást?

*Az értelem tehetetlen a szeretet kifejezésével szemben.
Ne a szeretetet keresd, hanem kutasd fel és találd meg
az összes akadályt, amelyet önmagadban állítottál ellene.*
– Rumi

New York City

Keserédes volt az elválás Aliciától a mumbai repülőtéren. Bár csalódott voltam, amiért nem haladtunk a párkapcsolat felé, de elégedett voltam azzal, hogy az Indiában tapasztaltak boldoggá tették, és világosabb elképzelése lett arról, hogy milyen irányba szeretné terelni életét.

Alig vártam, hogy találkozzak apámmal, mégis nagyon örültem a tizennyolc órás átszállási időmnek New York-ban. Így elég időm volt arra, hogy megnézzek néhány látnivalót, és találkozzam Mariandzsii-vel, aki Dr. Naram mellett volt azon a napon, amikor először találkoztam vele Los Angelesben. Talán ő tudna segíteni megválaszolni néhány kérdésemet.

A JFK repülőtéren való landolás előtt New Yorkot csak tévéműsorokból és filmekből ismertem. Az idő tiszta és hűvös volt,
Mumbai ellentéte, ezért örültem, hogy hoztam magammal kabátot és kesztyűt. A Time Square-re metróztam, ahol felismertem azt a helyet a tévéből, ahol szilveszterkor leesik a gömb, minden oldalról körülvéve a termékeket és Broadway-előadásokat reklámozó óriásképernyők villogó fényeivel. Több ezer ember mellett haladtam el az utcákon, akik több tucat különböző nyelven beszéltek, és valamennyien a képernyőket és kirakatokat bámulták.

Az utcákon sétálva hangyának éreztem magam, akit apróvá tett a felhőkarcolók végtelen fala. Emberek, képek, hangok, és szagok töltötték be az utcákat. Csak akkor engedték át a teret az épületek a zöld növényzetnek, amikor elérkeztem a Central Parkhoz. Vettem forró gesztenyét egy utcai árustól, akinek nagyon tetszett a New York-i akcentusa.

Elsétáltam a Macy's áruházhoz, amit felismertem, mert gyerekként a tévében láttam a hálaadásnapi felvonulást, és onnan hogy a családunk nézte és újranézte a *Csoda a 34-ik utcában* című filmet. Belépve a Madison Square Gardenhez csatlakozó Borders könyvesboltba, egy forró itallal melegedtem fel, és a több száz könyvet tartalmazó polcok és asztalok között bolyongtam. A szemem egy olyan könyv felé terelődött, amelyről még nem hallottam, és amelynek a címét nem értettem - *Az Alkimista*. Megvettem anélkül, hogy tudtam volna miért.

Kora délutánra már láttam az Empire State Building-et, a Fifth Avenue-t, a Chrysler Building-et, a Rockefeller Centert, a Brooklyn Bridge-et, az ENSZ-székházat, a Metropolitan Museum of Art-ot és a nyüzsgő Wall Streetet. Meglepett, hogy mennyi mindent láttam New Yorkból egyetlen nap alatt, és hogy még mennyi látnivaló van hátra.

Aztán egy pillanatra megálltam. Hátborzongató érzés kerített hatalmába, amikor a 2001. szeptember 11-i terrortámadások során leomlott egykori World Trade Center ikertornyainak helyszínéhez közeledtem. A kerítésen átnézve tátongó lyukakat láttam a földben, ahol valaha az épületek álltak. Bár a törmelékeket eltávolították, és a helyszínt emlékművé alakították, mégis éreztem a pusztítás visszhangját. Minden ismerősöm, aki akkoriban élt, emlékszik arra, hogy hol volt, amikor arról értesült, hogy a repülők az épületekbe csapódtak. Mindannyian figyeltük a hírekben, ahogy a tornyok lángba borulnak és a földre zuhannak, miközben az emberek porral beborítva küszködnek, hogy elmeneküljenek. A legfiatalabb húgom lakásán voltam, amikor azt mondta: „Hallottad? New Yorkot megtámadták!!" Néztük, ahogy az első toronyból füst szállt fel, amikor egy repülőgép a másodikba csapódott. Elborzadva azon gondolkodtam, hogy ki támadhat meg minket, miért, és hogyan tudom megvédeni magam és a családomat.

Azon a napon 2977 ember halt meg 115 különböző nemzetből, köztük 441 sürgősségi dolgozó, akik a segélykérésre válaszoltak; voltak köztük tűzoltók, mentősök, rendőrök, és mentőorvosok. Megdöbbentem, amikor megtudtam, hogy még több ember halt meg a támadás után, a méreganyagok hatása miatt.

Elhagyva ezt a komor emlékhelyet, elsétáltam a Battery Park-hoz. Valami teljesen ismerős dolgot vettem észre, habár eddig még nem láttam élőben—a Szabadság szobrot. A könyvét és fáklyáját tartó ikonikus hölgyre tekintve arra a sok különböző dologra gondoltam, amit Amerika képviselt az emberek számára a világ minden táján. Mit jelentett az európai barátaimnak, az indiai embereknek, akikkel nemrég találkoztam, az amerikai őslakosoknak, akik már jóval a

A Szabadság szobor a new yorki Szabadság-szigeten.

bevándorlók előtt itt voltak, és a terroristáknak, akik lerombolták az ikertornyokat a repülőgépekkel?

Gondolataimba mélyedve, túlterhelt érzékekkel érkeztem meg a Grand Central állomáshoz, és felszálltam a Westchester megye felé tartó vonatra. Ahogy a vonat alapjáraton haladt állomásról-állomásra, New York olyan részét láttam, amit a filmekben ritkán ábrázolnak. Amint magunk mögött hagytuk a felhőkarcolókat, végtelen zöldellő, gyönyörű tavakat és folyókat övező, kisvárosokkal és településekkel tarkított vidék tárult elénk. Végül, a béke és magány pillanatában gondolataim a Mariandzsi-val való közelgő találkozásomra terelődtek.

Megmentette az életem

Mariandzsi Iránban született orosz apa és perzsa anya gyermekeként. Jelenleg New York-ban élt és már évek óta segített Dr. Naram-nak. Izgultam, amiért otthonában találkoztam vele. Erőteljes, és közvetlen személyiséggel rendelkezett, és bár egyszer már találkoztunk, aggódtam, hogy nem fog kedvelni engem.

Mintha olvasni tudna a ki nem mondott érzéseimben, mert amikor megérkeztem, Mariandzsi váratlanul közölte velem, hogy nem érdekli, hogy az emberek kedvelik-e őt vagy sem. „Nagyon kicsinyes lenne tőlem, ha csak azoknak segítenék, akiket kedvelek, vagy akik kedvelnek engem" - mondta.

Hogy enyhítsem kellemetlen érzésemet, elkezdtem kérdezősködni.

A mungóbableves mellett az életéről beszélt. Mariandzsi Dr. Naram-nak köszönhette, hogy megmentette életét nemcsak egy alkalommal, többek között egy tengerentúli út során.

„Az utazás alatt, Dr. Naram megkérdezte: »Magas a vérnyomása«? Azt válaszoltam: »Nem, a vérnyomásom mindig alacsony«."

„Gyermekkoromban" - mesélte - „édesanyám súlyos agyvérzést kapott. Teljesen lebénult, és még a szemét sem tudta lehunyni, hogy aludjon; egy sötét ruhadarabbal kellett letakarni, hogy pihenni tudjon. Azt gondoltam, hogy legyőzhetetlen volt, és mindenre tudta a választ, de látva őt ennyire sebezhetően ott feküdni, nagyon szomorúnak, kicsinek, és tehetetlennek éreztem magam."

Ahogy Mariandzsi beszélt, a saját anyámra gondoltam. A kihívásaink ellenére mindig nagyon erősnek szinte megállíthatatlannak tűnt számomra. *Milyen lenne, ha az anyámat egy nap mozgásképtelenül és elerőtlenedve találnám? Mit tennék? Örültem, amikor Mariandzsii folytatta a beszélgetést –ki akartam rázni a fejemből ezt a gondolatot.*

„Nagyon szegényes lenne tőlem, ha csak azoknak segítenék, akiket kedvelek, vagy akik engem szeretnek."
– Marianjii

„Nem akartam, hogy az emberek sírni lássanak -mondta Mariandzsi- ezért elbújtam a függöny mögé. Annyira zavart voltam, hogy tovább forgolódtam és forgolódtam miközben a függöny összecsavarodott, és becsípte a hajam. A hajamat tépő fájdalom volt az egyetlen érzés, amit képes voltam érezni- szinte kijózanító volt, jelenlétet adva az egyébként zsibbasztó élménynek. Az anyám mindössze harminckilenc éves volt. Ezután egész hátralévő életére fogyatékos lett és lebénult a jobb oldalára. Attól a pillanattól kezdve mindig emlékeztem arra, hogy ami anyámnak fájt, az a magas vérnyomás volt."

Mivel a magas vérnyomás vezetett édesanyja agyvérzéséhez, Mariandzsi félt a magas vérnyomástól, ezért gyakran mérette a vérnyomását.

Négy órával a hazarepülés előtt Dr. Naram ismét megkérdezte, hogy magas-e a vérnyomása. Mariandzsi annyira biztos volt abban, hogy a vérnyomása rendben volt, hogy megkérte mérje meg, hogy megnyugodjon. Megdöbbenve tapasztalta, hogy az rendkívül magas volt—220/118! Könnyen okozhat agyvérzést, vagy rosszabbat. Egy tizenhét órás repülőútra való felszállásról szó sem lehetett.

„Dr. Naram komolyan rám nézett, és megkérdezte, hogy megengedem-e, hogy segítsen nekem. Félelem, és anyám nehézségeinek és szenvedéseinek emléke árasztották el a gondolataimat. Annyira túlterhelt voltam és szorongtam. Nem tudtam megnyugodni."

Dr. Naram megkérte, hogy feküdjön le fejét egy párnára téve. Felkent egy ujjhegynyi ghít a feje tetejére, gyengéden megütögetve, hogy a ghí behatoljon a koponyájába. Ezután egy-egy ujjhegynyi ghít kent fel egyidejűleg mindkét halántékára, az ujjait az óramutató járásával megegyező körkörös mozdulatokkal mozgatva. Ezután egy kanál ghít helyezett a köldökébe, majd mindkét talp hajlatába. Kétszer végezte el az egész folyamatot.

„Ezen a ponton, Dr. Naram leellenőrizte a vérnyomásomat" mondta Mariandzsii. „Csaknem negyven pontot csökkent, most 182/104-et mért. Dr. Naram mégegyszer megismételte a folyamatot, és a vérnyomásom ismét csökkent, ezúttal 168/94-re. De még nem volt elégedett az eredménnyel tudván, hogy hosszú utat kell elviselnem New York-ig. Mégegyszer megismételte a folyamatot, és azt követően már közel voltam a normális vérnyomásomhoz, ami 120/75."

„Hű, ez hihetetlen," mondtam.

Naplójegyzeteim

Ősi gyógyító titkok a normális vérnyomás fenntartásához*

1) Marma Sakti—Tegyünk egy kanál ghít a fejtetőre, a köldökbe, és a talpra. Ugyancsak dörzsöljük a ghít a halántékra körkörös mozdulatokkal, az utolsó mozdulatot lefelé nyomva.

Néhány mély lélegzetvételt követően pihenjünk öt-tíz percet, majd ismételjük meg a folyamatot.

2) Gyógynövény készítmények - Mariandzsi az egészséges vérnyomás támogatására létrehozott készítményt szedett, amely olyan összetevőket tartalmazott, mint az árdzsuná kéreg és az indiai köldökfű; valamint egy gyógynövénytkészítményt az elme megnyugtatására, amely olyan összetevőket tartalmazott, mint a vízi izsóp, a gotu kola, az édesgyökér és az áshváganda.*

* A könyvben említett gyógynövénykészítményekre vonatkozó információk (beleértve a legfontosabb összetevőket is) a függelékben találhatók. Bónusz anyag: a marmaa bemutatásának megtekintéséhez kérjük látogasson el az ingyenes tagsági oldalra.

„Tudom, hogy ez egyesek számára egyszerűnek, sőt primitívnek tűnhet, - mondta -, de az ősi gyógyítás rendkívül hatékony lehet. És ez nemcsak vészhelyzetekben alkalmazható. A marmaa, a Siddha-Veda többi kulcsát kiegészítve, rendszeresen végezhető a hosszú távú eredmények érdekében. Ezeknek a titkoknak köszönhetően már közel hét éve tartom a normális vérnyomást gyógyszerek nélkül."

„Tud többet mondani arról, hogy honnan származik a Siddha-Veda?" „A Sidha-Veda ősi gyógyító művészete és tudománya az orvoslás egyik legrégebbi és legbonyolultabb rögzített formái közé tartozik. A gyógyító technikákat és útmutatásokat tartalmazó ősi szövegeket a gyógyító mesterek generációkon át adták át a kiválasztott tanítványoknak. A mesterek nomád életmódja fontos szerepet játszott az információgyűjtésben. Az utazó orvosok különféle környezeteknek, betegségeknek és kultúráknak voltak kitéve. És megismerték a helyiek gyógyítási módszereit és gyógynövényeit.

„Az ősi kéziratokat mestere, Baba Rámdász adta át Dr. Naramnak, aki akkoriban a nemzetség vezetője volt. Ő 125 évet élt, és mielőtt áthaladt a másik életbe Dr. Naram-nak adományozta a nemzetség vezetői pozícióját. A kéziratokkal együtt Dr. Naram a *Sziddha Nadi Vaidja* címet kapta meg, ami azt jelenti, hogy „a pulzusgyógyítás mestere."

„Azt, ahogy Dr.Naram kevesebb, mint egy óra alatt csökkentette a vérnyomásomat gyógyszer nélkül, a modern orvosok többsége nem érti, de bárki, aki meg akarja tanulni ezt a módszert, könnyen megteheti, és hasznát veheti."

Szolgálni azokat, akik szolgálnak

Két látogató érkezett Mariandzsi otthonába ugyanazon a napom amikor megérkeztem: Marshall Stackman és José Mestre. Ők voltak (Rosemary Nulty-val és Nechemiah Bar-Yehudával együtt) a Serving Those Who Serve (STWS - Szolgálni a Szolgálókat) nevű nonprofit szervezet társalapítói. Együtt vezették a 9/11 által érintett tűzoltók, rendőrök és más elsősegélynyújtók megsegítésére irányuló erőfeszítést. Ez egyike volt azoknak a találkozóknak, amelyekről azt kívántam, bárcsak tovább tartott volna.

"Miután a por leülepedett, a legtöbb ember visszatért a megszokott életéhez" - magyarázta Marshall. "De több mint harmincezer elsősegélynyújtó lélegezte be a mérgező gázokat, vagy a bőrükön keresztül szívta fel azokat, ami hatással volt a tüdejükre, az emésztésükre, az alvásukra és az elméjükre, ami tovább rontott a helyzetükön."

José elmondta: "Dr. Naramhoz fűződő kapcsolatom adta azt az ötletet, hogy talán az ősi gyógyítás segíthet ott, ahol más módszerek elégtelennek bizonyulnak. Korábban részt vettem egy workshopon Dr. Narammal, amely világossá tette számomra, hogy mit akarok kezdeni az életemmel. Tudtam, hogy segíteni akarok ezeknek a tűzoltóknak és elsősegélynyújtóknak." Megosztotta, hogy ezek a bátor emberek számos olyan betegségben szenvedtek, mint a depresszió, tüdőproblémák, PTSD, fekete foltok a tüdejükön, memóriazavar, csak néhányat megemlítve. Marshall és José büszkén mutattak nekem egy halom írásos beszámolót a tűzoltóktól és másoktól, akiknek hasznára váltak Dr. Naram gyógynövény-kiegészítői, amelyeket ingyenesen biztosítottak számukra.

Meséltek Virginia Brown-ról, a NYPD egykori rendőrtisztjéről, aki nyolc hónapig dolgozott a Ground Zero-nál, miközben a törmelékek eltávolítása még mindig folyamatban volt. Egy traumatológiai osztályon és a biztonsági szolgálatnál segített, és annak ellenére, hogy többnyire maszkot viselt, tartósan köhögött. Tüdőkapacitása csökkent, a méreganyagok hatással voltak a csontjaira, az ízületeire, és nem aludt jól. Az egyik egészségügyi dolgozó mesélt neki az STWS programról, és ő nem habozott. A gyógynövények két évig tartó szedése után a doktora megdöbbent.

Megmutatták az általa írt levelet: "Hasonló problémákkal küzdő sok rendőr és a Grand Zero más dolgozóinak állapota súlyosbodott. Sokan meghaltak. Ismerek olyanokat, akik rákot, tüdőtágulást és különböző tüdőbetegségekből származó problémákat kaptak, amelyek nem akartak elmúlni. De az én tüdőkapacitásom javult. Az orvos csodálkozott. A csontjaim állapota is javult, ahelyett, hogy rosszabbodott volna! Én valóban elhiszem, hogy ennek sok köze van Dr. Naram gyógynövény készítményeihez, mert azok az ismerőseim, akik nem szedték őket, rosszabbul lettek. Még nyugdíjbavonulásomat követően is szedem a gyógynövényeket, és összességében úgy érzem, hogy pozitívan járulnak hozzá az egészségemhez. Sokkal jobban alszom, és az egész testem jobban működik. Nagyon köszönöm mindezt."

Miközben hallgattam, arra gondoltam, hogy a történet gyönyörű, és a már látott dolgok miatt egy részem el akarta hinni, hogy mindez igaz. Ugyanakkor rájöttem arra, hogy ezek a történetek még nem elegendők, és több bizonyítékot szerettem volna. Talán más okok miatt javult az állapota. Megkérdeztem: „Van szilárd bizonyíték arra, hogy a gyógynövények segítettek neki? Az biztos, hogy a kormánynak a lehető legjobb orvosi ellátást kellett nyújtania a szeptember 11-i hősök számára. Nem lehetséges, hogy valami mást szedett, ami segített neki?"

FDNY tűzoltó, akinek használtak a gyógynövény készítmények

„Ezek a személyek nem szenvedtek hiányt ellátásban, vagy segítségben", mondta José.

„Mindenhonnan megjelentek orvosok, hogy segítséget nyújtsanak. Minden tőlük telhetőt megtettek, de az emberek még mindig szenvedtek. Amikor más módszerek elégtelennek bizonyultak megsegítésükre, Dr. Naram gyógynövény készítményei csodákra voltak képesek."

„De ne higyjen csupán a mi a szavunknak, mondta Marshall. Átnyújtott nekem egy orvosi folyóiratban (*Alternative Therapies in Health and Medicine/Alternatív terápiák az egészségügyben és orvostudományban*) megjelent, lektorált cikket, amely egy tanulmányt dokumentált a szeptember 11-ei elsősegélynyújtókról, akik részt vettek az STWS által szponzorált kísérleti programban. „A vizsgálatot két nagytekintélyű orvos végezte, akik dokumentálták a tűzoltók, és más elsősegélynyújtók tapasztalatait, akik Dr. Naram gyógynövény készítményeit használták a hagyományos orvosi kezelésekkel szemben."

A kutatók szerint, a gyógynövényeket fogyasztók „jelentős javulást tapasztaltak." Azt mondták, hogy ebben „a magas kockázatú, toxinokak kitett populációban" elért eredmények különösen megfigyelhetőek voltak „olyan specifikus tünetek esetén, melyek a beszámolók szerint a hagyományos orvosi kezelés által nem javultak, beleértve a köhögést, a légzési nehézségeket,a fáradtságot, a kimerültséget, a rossz közérzetet, az alvási problémákat, és egyéb tüneteket." A jelentés leírta, hogy a gyógynövényeknek nem voltak negatív mellékhatásaik, kivéve azt a kis százalékot, akiknek a kezdéskor néhány napig enyhe kellemetlenséggel járó gyomorpanaszaik voltak. A vizsgálatban résztvevők jelentős javulást tapasztaltak a korábban nem megoldott orvosi tünetekkel kapcsolatban; nem volt többé szükségük inhalátorra, az alvásuk nagymértékben javult, az immunrendszerük javult, a köhögés megszűnt, a ciszták eltűntek, a fekete foltok a tüdejükön eltűntek, a memóriájuk javult, a depresszió és a fáradtság csökkent, az energiájuk felerősödött, és újra reménykedtek.

„Sok hasonló történetünk van, amit meg tudok osztani Önnel",- mondta Marshall. „A vizsgálatban résztvevők 98 százaléka azt mondta, hogy ajánlaná a gyógynövényes programot hasonló problémákkal küzdő barátjának.

És ezt meg is tették, ezért is bővül a program, és ezért jöttünk beszélgetni Marianjii-val. "Ki kell találnunk, hogyan tudunk rendszeresen beszerezni több gyógynövényt."

"Általában válság van egy fejlődő országban - tette hozzá José -például Indiában vagy Afrikában éheznek és Európa vagy az Egyesült Államok segítenek. Ez az egyik első példa, amiről tudok, hogy valaki egy úgynevezett fejlődő országból eljön egy olyan világhatalomhoz, mint az Egyesült Államok, és ilyen nagyszerű humanitárius munkát végez. Dr. Naram segített, és jelenleg is segít az Egyesült Államokban élő embereknek válság idején, oly módon, melyre nagy szükségünk van, és mindezt a saját költségén teszi!

Szerettem volna még többet hallani, de kintről dudaszó hallatszott.

Ismét egy taxi várt rám, hogy elvigyen a repülőtérre.

Marianjii az ajtóhoz kísért. Egyenesen a szemembe nézve, azt mondta: „Az az érzésem, oka van annak, hogy az útja ide vezetett. Talán egy olyan kapcsolatról van szó, amely már születése előtt is létezett.

Ki tudja, talán azért vezetett az utunk Önhöz, mert valamire hivatott a saját életében és a miénkben is."

Nem tudván, hogy reagáljak, megköszöntem az idejét és beszálltam a taxiba. Ahogy kinéztem a hátsó

"Az az érzésem, oka van annak hogy útja ide vezetett."

– Marianjii

ablakon a háza felé, észrevettem a különbséget abban, ahogyan most éreztem magam ahhoz képest, ahogyan akkor éreztem magam, amikor idejöttem. Sok mindent át kellett gondolnom. Az, ahogy Marianjii, Marshall és José Dr. Naramról, és munkájáról beszélt, őszinte meggyőződéssel, megkérdőjelezte bennem a saját szkepticizmusomat. A velük való találkozás arra késztetett, hogy elgondolkodjak az olyan dolgokról alkotott hiedelmeimen, mint például milyen ételek táplálóak számomra, meddig képes az ember élni, és miért vagyok életben most? Talán a hitem korlátozott volt, mert téves információkon alapult. És talán ezek tartottak vissza valami jobb dologtól.

Figyelemreméltó volt látni, hogy ezek a módszerek használtak más embereknek, de voltak fenntartásaim. Még mindig azt gondoltam, hogy Dr. Naram kezelésének sikere a placebo hatásnak volt köszönhető. Vagy talán egy olyan trükknek köszönhető, ami csak Dr. Naram számára volt elérhető. Szerettem volna többet megtudni erről.

Az Ön naplójegyzetei

Hogy elmélyítse és fokozza a könyv olvasásából származó előnyöket, szánjon most néhány percet arra, hogy megválaszolja a következő kérdéseket saját magának:

Mi az, aminek ki volt téve, ami fizikailag, mentálisan és/vagy érzelmileg mérgező volt?

_____

_____

_____

_____

_____

Miért érzi úgy, hogy ehhez az ősi gyógyításokról szóló könyvhöz el lett vezetve?

_____

_____

_____

_____

_____

Milyen egyéb meglátások, kérdések vagy felismerések merültek fel Önben, miközben ezt a fejezetet olvasta?

_____

_____

_____

_____

_____

7. FEJEZET

Egy pillanat, amely megváltoztatta az életem

*Azt a helyet ahol jelenleg vagyunk,
Isten karikázta be számunkra a térképen.*
– Hafiz

Utah

Amikor megérkeztem a szüleim házához, a Utah-beli Midvale-be, apám az ajtónál köszöntött. Belélegeztem a házi kenyér illatát, amelyet édesanyám éppen a sütőből vett ki. Melegen üdvözölt a konyhából, mielőtt visszatért volna a tennivalói listáján szereplő számos feladathoz. Érzékelhető volt, hogy ő, és apám is egyaránt megkönnyebbült, amiért ott voltam. Amint apám szemébe néztem, észrevettem, hogy gyengéd mosolya mögött mély aggodalom uralkodik, és az irodája felé haladva fizikai kényelmetlenséget láttam járásában.

Amint becsukta az ajtót mögöttünk, leültem az asztala előtt lévő székre, ő pedig az asztal mellettibe ült le. Hosszú csend honolt, miközben a földet nézte. Úgy tűnt, hogy fontolgatja hogyan kezdjen bele.

Szemei lassan felemelkedett, hogy találkozzon zavaros tekintetemmel.

„Még nem mondtam el anyádnak - kezdte -, és még nem mondtam el a testvéreidnek sem". Hosszú szünet következett, miközben a tekintete ismét a földre esett. A szemöldöke összeráncolódott, és arcán mélységes kétségbeesés tükröződött. A szemem tágra nyílt az aggodalomtól és a bizonytalanságtól, amely engem is magával ragadott. Felemelte a tekintetét a padlóról, és csak a másodperc töredékére vette fel velem a szemkontaktust, mielőtt gyorsan a mellettem lévő üres térre irányította a tekintetét. Jobb kezét a homlokához emelte, és lassan megdörzsölte az ujjaival. Bár a keze részben eltakarta előlem az arcát, láttam, hogy szemei megteltek könnyekkel. Nehezen préselte ki magából a szavakat, végül így szólt: „Azt sem tudom, hogy túlélem-e ezt a hetet".

Tátva maradt a szám, de a döbbenettől elhallgattam, miközben néztem ahogy könnyes szemeit törölgeti. *Jól hallottam, amit mondott? Ez teljesen váratlanul ért.* Úgy éreztem, mintha valaki gyomorszájon vágott volna. Kavarogtak a gondolataim. Akármi is járt a fejemben a találkozás előtt, hirtelen a teljes jelentéktelenség homályába merült. A szívem hevesen kalapált. *Nem veszíthetem el apámat. Nem álltam készen rá. Nem ilyen hamar. Nem így.* Többet kellett tudnom.

„Mi történik, apa?"

„Nem tudom hogy mondjam el ezt neked." Ugyanúgy nehezére esett elmondani, ahogy nekem is nehezemre esett meghallgatni. „Az egész testemben akkora fájdalom van, mintha valaki a falhoz csapott volna. Éjszakánként olyan kínok között fekszem ébren, hogy ..." Ismét összeráncolta homlokát és az arca megfeszült miközben tekintete a földre esett.

„Mi az, apa?"

Még mindig a földet pásztázó szemmel, és fejét ide-oda ingatva lassan így szólt: „Tudom, hogy egyetlen fiúnak sem kellene ezt hallania az apjától, de amikor ekkora fájdalmaim vannak, őszintén nem tudom, hogy meg akarom-e élni a reggelt."

Szavai sziklaként süllyedtek a szívembe. Apám mindig pozitív ember volt. Ritkán beszélt a kihívásairól, de ha még is, mindig egy kis optimizmussal fűszerezte – hogy a dolgok valójában javulnak, vagy hogy jó emberek segítenek neki. Soha nem hallottam tőle ilyen komor mondatot azelőtt. És nem tudtam uralkodni az érzéseimen.

Apám felnézett, amikor letöröltem az arcomról lecsorduló friss könnyeket.

A nővérem elvesztése gyerekkoromban óriási hatással volt rám, nem tudnám elviselni apám elvesztését is. Természetesnek vettem, hogy részt vesz a jövőbeli esküvőmön, és mesél majd a jövőbeli gyermekeimnek. Rengeteg kérdésem volt, amit nem tettem fel neki, és dolgok, amiket nem csináltam vele, mert azt gondoltam, hogy még van rengeteg időnk rá. Lehetséges, hogy csak pár értékes napom maradt vele?

Miközben elmém őrülten zakatolt, megpróbáltam visszaterelni a figyelmemet arra, ami a jelen pillanatban a legfontosabb volt. Eléggé összeszedtem magam ahhoz, hogy megkérdezzem: „Miben segíthetek, apa?"

„Igen, szükségem van a segítségedre, fiam" - mondta. „Mindig is felelősségteljes voltál, és valakinek tudnia kell, hol vannak a feljegyzéseim, a számláim és a jelszavaim. Arra az esetre, ha egy reggel már nem élnék, nem akarom, hogy anyádnak bármilyen zűrzavarral vagy elvarratlan szálakkal kelljen foglalkoznia."

Megfontoltan beszélt, megőrizve higgadtságát, de tisztán látható volt, hogy kimerült, és le van törve. Ahogy kinyitotta az íróasztala fiókját, hogy kihúzza a mappát a jelszavaival, észrevettem mögötte valami mást is. Általában az íróasztala tetején egy köteg papír volt, amelyet azért gyűjtött össze, hogy megírja álmai könyvét, ami élete munkáját öleli fel. Most félre voltak téve, eldugva az íróasztalában. A helyén most egy cipősdoboz állt különféle gyógyszeres üvegekkel.

„Fiam, most te vagy az egyetlen, akivel ezt megosztom, mert nem akarom, hogy a többiek aggódjanak, de mindent el kell rendeznem."

Nem akartam elfogadni, amit élete végét illetően mondott, de tudtam hogy a jelszavak feljegyzése megnyugvást adna neki. Hallgattam, amennyire csak tudtam.

Azután ismét faggatni kezdtem. „Milyen kezeléseken veszel részt? Biztosan tehetünk valamit, ami segíthet!"

„Négy, magasan képzett orvoshoz járok, akik mindennel megpróbálkoznak, ami csak eszükbe jut. A négy szakember közül kettő éppen ebben a hónapban mondta, hogy nem tudják, mi mást tehetnének még értem. A másik kettőnek sincs sok reménye."

Apám már évek óta szenvedett, de mivel sosem panaszkodott, fogalmunk sem volt róla, hogy ilyen rossz a helyzet. Hetvenegy éves volt, de huszonöt éves korában reumás ízületi gyulladást diagnosztizáltak nála, amire erős gyógyszereket kapott. A mellékhatások más súlyos problémákat is okoztak, ezért más orvosokhoz küldték, és még több gyógyszert írtak fel neki. Most már tizenkét gyógyszert szedett egy csomó mindenre, többek között magas koleszterinszintre, magas vérnyomásra, mellkasi fájdalomra, lábfájásra, cukorbetegségre, alvászavarokra, gyomor-bélrendszeri problémákra, elviselhetetlen ízületi fájdalomra, alacsony energiára, növekvő depresszióra és a kezdődő időskori demencia miatt romló memóriára. A saját édesanyja súlyos Alzheimer-kórban szenvedett, és attól tartott, hogy ez a betegség nála is erőteljesen jelentkezni fog. Ráadásul két stent volt a szívében, és szóba került a bypass műtét is.

Más megoldás híján és a kétségbeesés közepette azt mondtam: „Apa, nem sokat meséltem neked az indiai utazásomról. Megoszthatok többet arról, amit ott láttam?"

Korábban azért nem mondtam sokat, mert magam sem tudtam, hogyan értelmezzem az egészet. De most elmeséltem apámnak minden történetet, amire emlékeztem, olyan dolgokat, amelyek talán reményt adhatnak neki, hogy lehetséges a gyógyulás.

„És apa, Apák Napjára szeretnék adni neked valamit" – mondtam, mély levegőt véve. „Szeretnék venni neked egy repülőjegyet Dr. Naramhoz, bárhová is utazik legközelebb."

Azt hittem, hogy a Dr. Narammal való találkozás lehetősége majd reményt ad apámnak, de ehelyett inkább kimerültnek tűnt. Annyi fájdalom gyötörte a testét, hogy már a repülés gondolata is kimerítette. És azon felül azt sem tudta elképzelni, hogy pusztán pulzusának megérintésével bárki segíthet rajta. Különösen akkor, amikor a legjobb orvosok kiterjedt orvosi vizsgálatai és ellátása nem tudott segíteni.

„Már kipróbáltam az alternatív terápiákat" - mondta. „Kipróbáltam a homeopátiát, a reflexológiát, az akupunktúrát, a kínai orvoslást és még sok mást. Mind nagyszerű eredményt ígért, de az én esetemben nem sok enyhülést hoztak.Tényleg, fiam, csak azt szeretném, ha emlékeznél, hol vannak a jelszavaim."

„Apa, bízz bennem! Legalább megpróbálhatjuk?"

A feszültség amit éreztem nyilvánvaló volt: kérdésem intenzitása utalt rá.

"Ebben a helyzetben" - mondta, mosolyt erőltetve - "a jó hír az, hogy legalább nincs vesztenivalóm".

Kalifornia
Visszatérés az Angyalok Városába

Az igazság az volt, hogy nem tudtam, tud-e Dr. Naram segíteni az apámon, de nem volt hová fordulnom. Az interneten megtaláltam Dr. Naram időbeosztását, és telefonon lefoglaltam egy időpontot apám számára a Los Angeles-i rendelőben. Nem vesztegettem az időt.

Amikor megérkeztünk, már rengeteg ember várakozott. Több tucat ember töltötte ki a papírokat, vagy arra várt, hogy szólítsák a nevét. Apám sápadtnak és fáradtnak tűnt az utazástól, és a testi fájdalmaitól. Azt mondták, hogy a várakozási idő három és hat óra között várható.

A szokásosnál is többen voltak, mert Dr. Naram egy előző esti rendezvényen beszédet tartott. Meglepődve hallottam másoktól, hogy amíg a színpadon volt, hat perces álló ovációban részesült. Amíg apámmal várakoztunk, valaki időnként kijött a Dr. Narammal folytatott konzultációjáról, és odajött hozzám.

Megkérdezték:" Ön Dr.Clint?"

"Igen, de én nem vagyok orvos. Egyetemi kutató vagyok" - tisztáztam.

"Dr. Naram megkért, hogy osszam meg önnel a történetemet."

Megkérdeztem a nevüket, és elbeszélgettünk arról, hogy mi hozta őket Dr. Naramhoz. Ismét elcsodálkoztam azon, hogy milyen messziről utaztak hozzá az emberek a világ minden tájáról. Észrevettem, hogy rendkívül sokfélék, szinte minden fajhoz, etnikumhoz, valláshoz, és társadalmi-gazdasági státuszhoz tartozó emberek.

Apám túl fáradtnak tűnt ahhoz, hogy részt vegyen a beszélgetésben, ezért a szoba vagy a folyosó széléhez vittem őket beszélgetni. A beszélgetések között visszamentem apámhoz, hogy megosszam vele a hallottakat.

Egy első alkalommal érkező páciens elárulta, hogy Dr Naram minden vele kapcsolatos problémát pontosan leírt anélkül, hogy ő egy szót is szólt volna. Ez tartalmazta a két csigolyájával kapcsolatos problémák azonosítását. Megmutatta nekem az orvosi jelentéseket és a szkennelésekkel, amelyek megerősítették a pulzusából kitapintott eredményeket. Egy másik férfi elképedt, hogy Dr. Naram hogyan tudta meg a cukorbetegségét és a szívének elzáródását pusztán pulzusa megtapintásából. Sőt, Dr. Naram helyesen egy tized pontosságon belül megjósolta vércukor szintjét, és pontosan leírta azt, hogy mennyire van elzáródva az artériája. Egy környékbeli szállodatulajdonos elmondta, hogy súlyos cöliákiában szenved. Mielőtt felkereste Dr. Naramot, hihetetlen fájdalmat okozott neki, ha bármiféle glutént fogyasztott. Most már gond nélkül meg tudok enni egy egész pizzát és megihatott pár sört.

Kíváncsi voltam, mi okozta, hogy ezek az emberek - különösen az amerikaiak - nyitottak voltak erre az alternatív gyógymódra. Megkérdeztem Dr. Giovannit is, akiről tudtam, hogy Dr. Naramnál tanult egy ideig Indiában. Megkérdőjelezte a szóhasználatot és azt mondta, nem tudja, miért nevezik Dr. Naram megközelítését „alternatívnak", hiszen több ezer évvel megelőzi a nyugati orvoslás születését. Azt mondta, hogy azt, amit Dr. Naram és más hagyományos gyógyítók csinálnak, ha bárminek nevezzük, akkor az eredetinek kellene tekinteni, és a nyugati orvoslást az alternatívnak. Előnyben részesítette a „kiegészítő gyógyítás" kifejezést, mivel ezeknek a módozatoknak nem kell ütközniük egymással.

Miközben Dr. Giovannival beszéltem, láttam, hogy apám láthatóan kényelmetlenül mozog a székében.

Amikor meghallottam ennek az orvosnak Dr. Naram módszerébe vetett hitét, megosztottam vele valamit bizalmasan, ami nyugtalanított. „Tudom, hogy a legtöbb ember esetében Dr. Naram pontosan leírja, hogy mit érez a pulzusdiagnosztika során. De beszéltem másokkal is, akik azt mondták, hogy valami fontosat kihagyott, amikor megmérte a pulzusukat, és csalódottak voltak". „Összesen hány emberrel beszélt?" - kérdezte tőlem. „Eddig, India és itt között, talán úgy százzal." „És ezek közül hányan mondták, hogy kihagyott valamit?"

Miután elgondolkodtam, azt válaszoltam: „talán kettő vagy három".

„Először is nem figyelemre méltó, hogy ilyen alacsony ez az arány? Az ön mintája szerint ezt kilencvenhét százalékos pontosságot jelent. Valamint ilyen rövid időn belül és ilyen sokféle probléma esetén a nyugati orvoslásban mi, orvosok gyakran még kimerítő vizsgálatok után sem tudjuk azonosítani a probléma forrását? Például a méréssel látjuk, hogy magas a vérnyomás, de csak az esetek körülbelül 20 százalékában tudjuk azonosítani az okot. Ez azt jelenti, hogy az esetek 80 százalékában csak találgatunk, és gyógyszereket írunk fel a vérnyomás ellenőrzésére. Ha a gyógyszerek túl sok mellékhatást okoznak, akkor kipróbálunk egy másik gyógyszert, hátha az hatásosabb. Nem azt mondom, hogy Dr. Naram tökéletes, vagy hogy ő nem követ el hibákat. Bármennyire is figyelemre méltó képességekkel rendelkezik, mégiscsak ember. Csak azt ismerem el, hogy rendkívül magas azon esetek aránya, amikor sikerül helyesen azonosítania az alapvető problémát, és segíteni az embereknek, hogy meggyógyuljanak belőle, ha követik a tanácsait.

„És még egy dolgot tudnia kell, miszerint Dr. Naram más paradigmát és szókincset használ a probléma leírására, mint a nyugati orvoslás. Ősi módszerekkel rendelkezik a betegségek megértésére és osztályozására, illetve arra amit ő betegség helyett „kényelmetlenségnek" nevezne. Az évek során néhányan megkérdezték tőlem azt is, hogy miért hagyott ki valamit a pulzus elemzése során. Amikor visszamentem, hogy megtekintsem Dr. Naram feljegyzéseit, láttam, hogy ősi gyógyító tudományának lencséje szerint valóban helyesen azonosította az alapproblémát, még akkor is, ha azt nem a nyugati lexikon szerint nevezte meg. Az ő vonalában például nem létezik olyan probléma, amit ráknak hívnak. Ők nem a rákot tekintik problémának. Amit mi ráknak nevezünk, azt ők egy mélyebb egyensúlyhiány tünetének tekintik, amit *tridósar-nak* neveznek. És ezek a mester gyógyítók kifinomult, jól bevált módszereket alkalmaznak ennek

„Hogyan lehet az ősi gyógyítást »alternatívnak« nevezni, hiszen több ezer évvel régebbi, mint a nyugati orvoslás? Ha egyáltalán, akkor ezt »kiegészítő gyógyításnak« hívhatnánk, mivel ezeknek a módozatoknak nem kell ütközniük egymással."

– Dr. Giovanni

az egyensúlyhiánynak a feloldására, és széleskörű tapasztalattal azt mutatják, hogy az, és annak tünetei lassan eltűnhetnek."

Nem teljesen értettem amit mondott, ezért további kérdéseket tettem fel. Magabiztos volt a válaszaiban, és ez segített enyhíteni aggodalmamat. A lehető legtöbb biztosítékot kerestem arra, hogy nem vagyok őrült, amiért apámat idehoztam. Valahányszor visszasétáltam, hogy leüljek apám mellé, ő mosolyt erőltetett magára, mielőtt visszatért volna a székében való forgolódáshoz. Ezúttal hoztam neki vizet. Két kézzel, gyengén fogta a poharat, és hálásan ivott belőle.

Több olyan beteg is odajött hozzám, akik Indiában, Pakisztánban és Bangladesben születtek, de jelenleg az Egyesült Államokban éltek. Amellett, hogy meghallgattam a Dr. Narammal kapcsolatos tapasztalataikat, sokkal többet megtudtam az életükről. Egy anya azt mondta nekem: „A férjemmel abban a reményben jöttünk Amerikába, hogy az a gyermekeink javára válik. De a szívem szakadt meg, amikor gyermekeink elveszítették érdeklődésüket az indiai kultúránk, hitünk és hagyományaink iránt. Ehelyett telefonjuk és a számítógép rabjaivá váltak, és jobban érdekelték őket a barátaik, mint az iskola." Aggódott, hogy gyermekei megtörik a hagyományt, és idős korukban nem gondoskodnak majd róla és férjéről.

Ott volt egy indiai és pakisztáni fiatalokból álló csoport, akik most Kaliforniában élnek és dolgoznak. Egyik vagy másik dolog végül Dr. Naramhoz vezette őket segítségért.

„A hozzánk hasonló gyerekek gyakran küzdenek az identitásukkal" - mondta nekem az egyik fiatalember - „nem érezzük, hogy bármelyik kultúrához is tartoznánk." Még akkor is, amikor bejutottak Amerika legjobb egyetemére, néhányan vonzódtak a drogokhoz, az alkoholhoz, a szexhez és olyan emberekkel való kapcsolatokhoz, akiket a szüleik nem hagytak jóvá. Emiatt eltávolodva érezték magukat a családjuktól. „Gyakran küzdünk azért, hogy tisztességes munkát találjunk, alacsonyabb pozícióban tartanak bennünket, és kevesebb fizetésért és kevesebb tiszteletért keményebben kell dolgoznunk a lakossági státuszunk miatt." Szomorúan hallottam, hogy munkaadóik időnként szexuális szívességet kértek fiatal nőktől egyszerűen azért, hogy megtarthassák azt a munkát, amely lehetővé tette számukra, hogy az országban maradjanak.

Egy diáklány azt mondta: „Stresszelek az iskola és a kapcsolatok miatt, és olyan ételeket eszem, amelyek nem tesznek jót nekem. Hormonális egyensúlyhiányt diagnosztizáltak nálam, és rengeteget híztam. Aztán pattanásos lettem, és egyéb bőrproblémáim is kialakultak. Néhány évvel ezelőtt modell voltam magazinok számára, most pedig már ki sem akarok mozdulni a szobámból. Nem érzem jól magam a bőrömben, és aggódom, hogy így soha nem fogok férjhez menni.

Szamir, a fiatal ügyvéd Bostonból aki felülkerekedett a vitiligón.

Csalódottságomban elkezdtem neheztelni a szüleimre és az örökségre, amely nyomást gyakorolt rám, hogy tökéletes legyek, amikor nem vagyok az." Szavai megérintettek. Én is éreztem azt a nyomást, hogy tökéletes legyek, amikor tudtam, hogy nem vagyok az.

Aztán egy fiatal ügyvéd, Szamir története kerített hatalmába. Szülei Indiából származtak. Gyermekkorában költöztek az Egyesült Államokba, így nem érzett erős kötődést Indiához. Bizonyos szempontból le is nézte szülei kultúráját. "Aztán, amikor a jogi egyetemre jártam" - mondta - "kialakult nálam egy vitiligo nevű probléma, amely fehér foltok kialakulását okozza a bőrön. Először a karomon, majd a kezemen és az arcomon terjedt el. Sok ilyen betegségben szenvedő fiatal küzd az önbecsüléssel, és attól tart, hogy ez hatással lesz a házasságkötési esélyeikre. Nem léteztek olyan nyugati kezelések, amelyek gyógyulást kínáltak volna. Ezért valószínűtlennek tűnt számomra, hogy Dr. Naram segíthet."

De Szamir mégis megpróbálta „Először lassan kezdett visszatérni a szín, és két évvel

„Ha nem szántam volna rá időt, hogy magam is megtapasztaljam, nem hittem volna az ősi gyógyításban. De ez több tiszteletet adott a kultúrám, az örökségem és a származásom iránt, mint amennyit egyébként szereztem volna".

– Samir

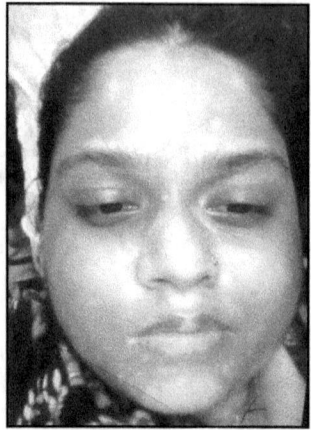 

Balra: 10 éve vitiligóval küzdő nő. Jobbra: hónapok múlva Dr. Naram diétájának és gyógynövényeinek fegyelmezett használatával.

Naplójegyzeteim

Három ősi gyógyító titok a nagyszerű bőrért*

1) Marmaa Sakti - A jobb kéz gyűrűsujja felső ujjpercének mindkét oldalán nyomjuk meg és engedjük el hatszor, naponta többször.

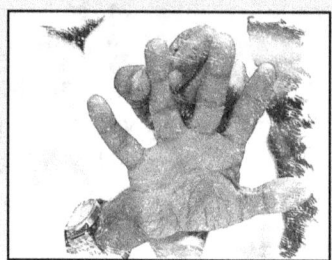

2) Gyógynövénykészítmények – Szamir krémet használt és gyógynövénytablettákat szedett a bőre rendbe tételére, amelyek olyan összetevőket tartalmaztak, mint a ním (neem), a kurkuma, kókuszolaj, a tulszi, és a fekete bors.*

3) A diéta titka – Kizárólag gluténmentes, tejmentes és cukormentes ételek fogyasztása.

*A könyvben említett gyógynövénykészítményekre vonatkozó információk (beleértve a legfontosabb összetevőket is) a függelékben találhatók. Bónusz anyag: Ha még több titkot szeretne felfedezni a ragyogó bőrért, kérjük, látogasson el az ingyenes MyAncientSecrets.com tagsági oldalra.

később az összes fehér folt eltűnt! Sok hozzám hasonló indiai létezik, akik többnyire Amerikában nőttek fel, és nem tisztelik az indiai kultúránkat. Dr. Naram módszerei -mondta-, több szempontból is megváltoztattak. Ha nem szántam volna időt arra, hogy magam is megtapasztaljam, nem hittem volna benne." Azt látva, hogy erre a problémára a megoldás sehol sem volt megtalálható a nyugati orvoslásban, hanem az ősi gyógyító tudomány indiai szakemberétől származik, így folytatta:

„Több tiszteletet szereztem a kultúrám, az örökségem és a származásom iránt, mint amennyit egyébként szereztem volna".

Egy gyönyörű, fiatal muszlim házaspár lépett oda hozzám. „Elhagytuk hazánkat, hogy Amerikában éljünk, a nagyobb béke és a lehetőségek reményében" - mesélte a férj. „Aztán ideérkeztünk, és azt tapasztaltuk, hogy sokan rosszul bánnak velünk, mert attól tartanak, hogy terroristák vagyunk. Keményen dolgoztunk, hogy új barátokat szerezzünk, és megmutassuk, hogy az igazi iszlám a békéről szól. Abban a reményben jöttünk Amerikába, hogy családot alapíthatunk és gyerekeket nevelhetünk, de ez az álom szertefoszlott." Az orvosok a fiatal férfinál azoospermiát diagnosztizáltak, ami azt jelentette, hogy a spermiumszáma nulla volt.

„Hat évig próbálkoztunk"- mesélte. „Rengeteg szakorvosnál jártunk, és közel nyolcvanezer dollárt költöttünk mindenféle más módszerre, hogy gyerekünk legyen, de a nyugati orvoslás nem talált megoldást számunkra. Anyagilag és érzelmileg is kimerített minket. Teljesen le voltunk sújtva. Aztán találkoztunk Dr. Narammal. Mindent pontosan úgy követtünk, ahogyan ő mondta a mélyebb gyógyulás érdekében, és amikor egy éven belül visszamentem a vizsgálatra, a spermaszámom ötmillió volt. Az orvosok azt mondták, hogy ez egy csoda, és megkérdőjelezték az első teszt valódiságát." Megmutatta az első és az utolsó orvosi jelentéseket. „Két éven belül a feleségem terhes lett, - hangja felcsattant a meghatottságtól miközben beszélt -, és ma csak azért jöttünk, hogy megmutassuk Dr. Naramnak babánkat és köszönetet mondjunk." Észrevéve a felesége arcán végigfutó könnyeket, kinyújtotta a kezét, hogy megölelje és gyengéden megsimogassa a hátát, miközben mindketten együtt nézték a »csodababájukat«.

Egy Gurcsaran Szingh nevű, turbánt és hosszú szakállt viselő szikh férfi csatlakozott hozzám. Elmondta, hogy a kaliforniai Bakersfieldben

Dr. Naram Yogi Bhajan Singh és Őszentsége Haripraszdá Szvámidzsí társaságában.

politizál. Megtudtam, hogy a szikhek a leginkább meg nem értett emberek közé tartoznak Amerikában. Ez az ember erősen érezte, hogy Dr. Naram megérti őket. „Dr. Naram segített nekem, a családomnak és a barátaimnak legyőzni sok olyan kihívást, mint a magas koleszterinszint, ízületi gyulladás, cukorbetegség, magas vérnyomás és hormonális egyensúlyhiány." Hálából elintézte, hogy a kaliforniai Bakersfield polgármestere kitüntetést adományozzon Dr. Naramnak a szikh közösségnek nyújtott támogatásáért és hozzájárulásáért. „Tudják, hogy Dr. Naram egyik páciense Jógi Bhadzsan Szingh volt, a világ talán legismertebb szikhje?" - mondta.

Nagyon érdekelt amit Guracsan és mások mondtak, mert tudni akartam, hogy Dr. Naram valóban tud-e segíteni apámnak. Amikor először mentem Indiába, szkepticizmusom körülbelül 80 százalék, kíváncsiságom pedig 20 százalék volt. Most már elég bizonyítékom volt arra, hogy a legtöbb ember javulást érzett, de nem tudtam, hogy ez milyen arányban eredményez tartós változást. Azt sem tudtam, hogy a gyógyulás annak a lehetőségnek tulajdonítható-e, hogy Dr.Naram meggyőzte őket arról, hogy meg fognak gyógyulni, és ezért így is lett. Ezen a ponton, miután számtalan figyelemre méltó esetet láttam és hallottam, azt mondanám, hogy szkepticizmusom körülbelül 50 százalékra csökkent. Noha továbbra is óvatos maradtam, a másik 50 százalék a növekvő kíváncsiság és a vad remény keveréke volt, hogy amit Dr.Naram csinál, az egy kiszámítható módja az emberek gyógyításának, vagy legalábbis segíthet az apámon. Csakhogy miközben minden egyes tapasztalattal, amit hallottam, egyre reményteljesebb lettem, a fájdalom apám testében egyre rosszabb lett. Lefoglaltam egy szobát a szállodában, és elvittem apámat, hogy ott pihenjen, amíg sorra nem kerül.

A gyógyításra szoruló gyógyító

Amikor visszatértem a váróterembe, egy idősebb, de fittnek tűnő, szakállas úriember jött oda hozzám. Meleg, határozott kézfogás mellett Stephen Robbins rabbiként mutatkozott be. Amellett, hogy rabbi és kabbalista - egy ősi zsidó spirituális hagyomány gyakorlója -, klinikai pszichológus is volt. Társalapítója volt a kaliforniai Zsidó Vallási Akadémiának, a nyugati part első transzkonfesszionális szemináriumának.

Néhány évvel korábban Stephen több betegsége miatt többször is halálközeli élményben részesült. A betegségek előtt egészséges és sportos volt, 300 fontot (136 kg) is képes volt megemelni. Aztán az izomsorvadás elkezdte felemészteni izomtömegét. Az orvosok hatalmas adag kortizont adtak neki, ami szörnyű csontritkulást okozott nála. Ráadásul kétszer influenzás lett, összeesett a tüdeje, és kétszer is meghalt, mielőtt újraélesztették volna. Különböző egészségügyi válságai annyira megzavarták hipotalamuszának, agyalapi mirigyének és teljes endokrin rendszerének működését, hogy önmagában nem termelt tesztoszteront vagy növekedési hormont (HGH). Enélkül a sejtjei nem tudtak regenerálódni.

„Mindent megtettem amit tudtam, de semmi sem használt," - panaszolta Stephen. „A gyógyszerek és kezelések alig tartottak lábon. 2005-ben újabb tüdőfertőzést kaptam, és a tüdőm ismét összeesett."

Stephen heteket töltött a kórházban, mire képes volt önállóan lélegezni. Éppen haza készülődött, amikor súlyos övsömör kezdte gyötörni, ami a hátában lévő porckorongokat érintette. Az övsömör olyan erősen megtámadta a törzse jobb oldalán lévő idegeket, hogy folyamatosan fennálló elviselhetetlen fájdalomban élt. „Olyan idegfájdalmat éreztem, mintha villámcsapás ért volna elölről hátra és hátulról előre, olyan bőrfájdalmat, mintha savat éreznék a bőrömön, valamint olyan izomfájdalmat, amely görcsöket okozott, és megnehezítette a létezést és a légzést."

„Miután hét hónapig szedtem a metadont és a fájdalomcsillapítókat, úgy hangzottam, mint egy idióta, és úgy éreztem, hogy életem hátralevő részében elvegetálok. Az orvosok nem tudták mit tegyenek."

A dolgok tovább romlottak, amíg Stephen egyik barátja arra nem bíztatta, hogy keresse fel Dr.Naramot.

„Az egész koncepció, miszerint néhány pillanat alatt diagnosztizálhatunk egy személyt, irracionálisnak tűnik a nyugati elme számára, ahol elkötelezzük magunkat a vérvizsgálatok, az MRI-k, és több orvos nyugati paradigmája mellett. Dr. Naram gyógyítási modellje azonban nem a betegségen, hanem a jóléten alapul. Ez egy teljesen más megközelítés, amelyben a test, az elme és a lélek is képes részt venni Önnel együtt a mélyebb gyógyulásban."

A szemembe nézett, és azt mondta: „Tizenhat éves korom óta rabbi és gyógyító vagyok, és most, hatvanegy évesen, a Dr. Narammal való találkozás volt az első alkalom az életemben, amikor egyszerűen elengedhettem magam, és átadhattam magam más kezekbe, hogy meggyógyítsanak. Ez egy mélyreható pillanat volt."

Kíváncsi voltam, hogyan kapcsolódhat az ő tapasztalata az apáméhoz, ezért figyelmesen hallgattam. Stephen tolószékben, gyengén és kétségbeesve érkezett Indiába Dr.Naram klinikájára. Szintetikus HGH-t kellett magával vinnie, csak hogy életben maradjon, és utasította a fogadó személyt, hogy azt hűteni kell. Tovább rontotta a helyzetet, amikor a fogadó személy véletlenül tönkretette az egész készletet, amikor azt a fagyasztóba tette. Stephen teljesen összetört. Felhívta amerikai orvosait, hogy megoldást keressenek, de nem tudtak semmit sem tenni. Dr. Naramhoz fordult.

Dr. Naram egy speciális gyógynövénykeveréket készített, amely ősi származásának elvein alapult, hogy regenerálja a HGH-t és helyreállítsa a tesztoszteronszintet.

„Nem volt más választásom, ezért pontosan követtem az utasításait.

Az első hét végére kikerültem a tolókocsiból, és napról napra egyre erősebbnek éreztem magam. A harmadik héten vérvizsgálatot végeztem, hogy lássam mi történik. És ekkor láttam meg azt, amit a csodák csodájának tartok. Ennyi trauma után az új vérvizsgálatok valami figyelemreméltót mutattak. Évek óta először a szervezetem saját emberi növekedési hormont termelt - méghozzá olyan szinten, ami a nálam jóval fiatalabb emberekével volt egyenértékű! Korábban szintetikus tesztoszteront is szedtem, de most a szervezetem ismét saját maga termel tesztoszteront. A pajzsmirigyem nagyjából visszaállt a normális szintre. A hasnyálmirigyem, hála Istennek, normális. A tímuszomat és az immunrendszeremet a gyógynövények támogatják és jól működnek.

„A gyógyulás folytatódott, és amikor leszálltam a repülőgépről a feleségem nem ismert rám. Harminc fontot (13,6kg) fogytam és erősebb voltam. Azt mondta, hogy úgy nézek ki, mint harminc évvel ezelőtt, amikor először találkoztunk. A hajam is sötétebb és erősebb lett. Elképesztő volt."

Azóta a rabbi visszatért az edzőterembe. Hogy bebizonyítsa,

Stephen Robbins rabbi és Dr. Naram.

felhúzta az inge ujját a vállaig, és meghajlította az immár erős bicepszét. Nem tudtam megállni, hogy ne mosolyodjak el én is. Az örömteli rabbi képe, aki gyermeki örömmel mutatja megfeszített bicepszét, soha nem fog elhagyni.

Azon tűnődve, hogyan tudnám leírni a gyógyulási élményét az apámnak, megkérdeztem Stephent: „És hogyan magyarázza el ezt azoknak, akik nem értik, akik talán azt gondolják, hogy az Ön tapasztalata lehetetlennek hangzik?"

„Az igazság megtalálásának többféle módja van" - válaszolta. „Nem létezik olyan, hogy »rossz gyógyszer«, de létezik olyan, hogy a helytelen gyógyszert alkalmazzák helytelen időben. Dr. Naram olyan módon nyújt gyógyító támogatást, amely segíti a test, az elme és a lélek mélyebb gyógyulását. Dr. Naram formulái között sok az »öregedést gátló« formula, bár utálom ezt a kifejezést használni. Sokkal inkább a fiatalság fenntartásáról van szó. Tapasztalatom szerint a gyógyító gyógynövények segítenek a szervezetnek abban, hogy egészséges, nem pedig önpusztító módon termeljen és égessen energiát. Az életerő és az energia, amit a szedésük eredményeként érzek, elképesztő."

> „A Sziddha-Véda bölcsessége mély, és megérti az emberi lény teljes felépítését; nem abból, amit tudományos nyugati fogalmakkal írhatnánk le, hanem az ősi tudás alapján."
> – Rabbi Robbins

Ezekkel a megrendítő szavakkal zárta mondandóját: „A Sziddha-Véda bölcsessége mélyreható, és nem csak azért, mert ősi. Egyszerűen azért, mert valami régi, még nem jelenti azt, hogy igaz vagy bölcs. Ismerek néhány idős embert, akik nagyon ostobák, és léteznek bizonyos régi vallási hiedelmek, amelyek nagyon pusztítóak. De a Sziddha-Védá-ban van bölcsesség, egyfajta mély bölcsesség, amely megérti az emberi lény teljes felépítését; nem abból, amit mi jelenleg nyugati, tudományos fogalmakkal írunk le, hanem az ősi tudás alapján. Az alapelvek valóban hatékonyan elősegítik a mélyebb gyógyulást, és ezek évezredes tapasztalatok és gyakorlatok eredményei."

Naplójegyzeteim

Három ősi gyógyító titok a férfiak egészséges hormonszintjének támogatására (pl. HGH vagy tesztoszteron)*

1) Gyógynövénykészítmények—Stephen szedett néhány gyógynövénytablettát, amelyeket a hormonok egészséges működésének támogatására alkottak meg, és amelyek olyan összetevőket tartalmaztak, mint a szezámmag, tribulus, indiai tinospora, ásvaganda gyökerek, indiai kudzu rizóma és bársonybab magok*.

2) Marmaa Sakti—A bal alkaron, a csuklótól négy ujjnyira lefelé a kisujjhegyen, nyomjuk meg ezt a pontot naponta többször, hatszor.

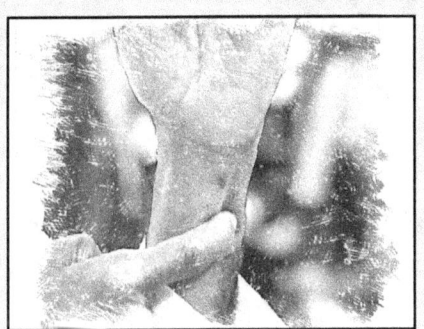

3) Házi gyógymód—Dr. Naram „maharadzsa titkos házi gyógymódja": Keverjünk össze, és vegyünk be reggel elsőként 3 mandulát (egy éjszakán át áztatva a héját húzzuk le és dobjuk el), 3 datolyát, 3 kardamonhüvelyt (egy éjszakán át áztatva, ezután fejtsük ki a belső magokat), 3 tk. édesköményt, 1/4 tk. brahmi port, 1/4 tk. áshvagandha port, 1/2 tk. kaucha port, 1/2 tk. shatavari port, & 1 tk. ghí-t.

4) Diéta—Dr. Naram azt javasolja hogy kerüljük el a savanyú és fermentált ételeket.

*A könyvben említett gyógynövényes formulákról szóló információk (beleértve a legfontosabb összetevőket is) a függelékben találhatók. Bónusz anyag: Ha további titkokat szeretne felfedezni a férfiak egészségéről és férfiasságáról, kérjük, látogasson el az ingyenes MyAncientSecrets.com tagsági oldalra.

Nem mindenki volt boldog

Miután köszönetet mondtam Robbins rabbinak, visszamentem a váróterembe, hogy megnézzem, mikor kerülünk mi sorra, ahol ekkor nagy felfordulást találtam. Egy férfi kiabált: „Nem akarok várni!" A hangjával együtt nőtt a feszültség a teremben. „Tudja, ki vagyok én?" - kérdezte. „Én vagyok az egyik első indiai, akit a Forbes elismert; dollámilliókat adományoztam az UCLA orvosi karának. Nem akarok várni."

A többi várakozó nem akarta a férfit előre engedni, csak azért, mert gazdag és hangos, de a további kellemetlenségek elkerülése végett a kísérők becsempészték őt, hogy minél hamarabb találkozhasson Dr. Narammal. Dr. Naram később elmesélte, mi történt.

Dr. Naram a pulzusát megérintve felsorolta a férfinak az egészségügyi problémáit, amelyek közül a legfrusztrálóbb az erős fájdalmat okozó, befagyott váll volt. A férfi már kipróbált mindenféle más kezelést és gyógymódot: eredménytelenül. Bármennyit is adakozott a tekintélyes orvosi egyetemnek, az orvosok nem tudtak segíteni rajta. Kezdte elveszíteni a reményt, hogy valaha is visszanyeri karjának teljes mozgását.

Dr. Naram biztosította őt, hogy létezik orvosság, és egyenesen megkérdezte tőle: "A kérdés az, hogy milyen árat hajlandó fizetni érte?"

A férfi nem lepődött meg. A jó karjával elővette a csekkfüzetét, és aláírt egy üres csekket. „Már annyi pénzt költöttem a legjobb orvosi ellátásra, eredménytelenül. Ha ezt rendbe hozza, megnevezheti az árát. Mennyit kér? Tízezer, húszezer, ötvenezer?"

Dr. Naram elmosolyodott, majd nyugodtan azt mondta, „mindennek megvan az ára, néha pénzzel fizetünk, néha idővel, vagy erőfeszítéssel. Ezt nem tudja pénzzel megfizetni. A kérdésem Önhöz az, hogy milyen árat hajlandó fizetni?"

A férfi zavartnak tűnt. „Már megmondtam, hogy bármilyen árat hajlandó vagyok fizetni, ha ezt megoldja. Bármibe is kerül. Megfizetem bármi is legyen az ára!"

Dr. Naram egyenesen ránézett és azt mondta, „Jó. Ha bármit megtesz, akkor...vár?"

„Hogy érti ezt?"

„Ez az az ár, amit ma meg kell fizetnie", - mondta Dr. Naram. „Azt mondta, hogy bármit megtesz, bármilyen árat megfizet; most azt kérdezem Öntől, hajlandó-e várakozni? Habozva beleegyezett, de még mindig több magyarázatot akart. Dr. Naram így szólt: „Ma azt akarom, hogy várjon..." Gondolkodási szünetet tartott, majd azt mondta: „hat órát".

„Milyen árat hajlandó fizetni?
– Dr. Naram

„Bemehetek a szobámba aludni, és utána visszajöhetek?" - kérdezte. „Persze, menjen, várjon hat órát, aztán jöjjön vissza, és aztán meglátjuk, hogy tudok-e segíteni Önnek."

A férfi sokkal nyugodtabban, de zavarodottan lépett ki Dr. Naram rendelőjéből.

Néhány pillanattal később apám nevét szólították; azt mondták, hogy hamarosan rákerül a sor, ezért gyorsan érte indultam.

Hat hosszú perc

Apám csendben sétált le velem a szállodai szobából a folyosón át a konferenciaterembe, majd Dr. Naram ajtajához. Miközben kint várakoztunk, bevallotta, hogy nem tudja, hogyan kezdje elmagyarázni Dr. Naramnak mindazt, amit tapasztalt. Egész nap azt nézte ahogy az emberek ki-be járnak Dr. Naram rendelőjébe, és mindössze öt-hat percet töltöttek bent. Apám megmutatta a papírlapot a gyógyszerek listájával és azt mondta: „Ennyi idő alatt még ezt a teljes listát sem tudom elolvasni".

Megüzentem Dr. Naramnak, hogy elhozom apámat, de semmit sem mondtam az állapotáról. Gondolom, csak teszteltem őt. Bár már sok elképesztő esetet hallottam és láttam, valahol belül még mindig azon tűnődhettem: *vajon ez átverés?*

Figyeltem, ahogy apám lassan besétál a szobába, kissé meggörnyedve és szemmel láthatóan fájdalmak között. Dr. Naram széles mosollyal üdvözölte, miközben én aggódva várakoztam odakint.

Noha örökkévalóságnak tűnt, körülbelül hat perccel később kinyílt az ajtó. Meglepett, amit láttam. Apám másképp nézett ki, és másképp járt. Magasabban tartotta a fejét és egyenesebben állt, a szemében csodálkozó tekintettel.

„Honnan tudta?" - kérdezte apám. „Ez tényleg figyelemre méltó volt."

„Mi történt? Mit tudott?" Kérdeztem.

„Nem kellett semmit sem mondanom neki. Dr. Naram a csuklómra tette az ujjait, és percek alatt tömörebben és pontosabban leírta a helyzetemet, mint ahogy én valaha is tudtam volna. Még ha a négy orvosom egy szobában beszélgetne is az esetemről - ami soha nem történik meg -, akkor sem tudták volna olyan pontosan leírni, amit tapasztalok, mint ahogyan Dr. Naram most tette."

Hallgattam, nem tudva mit mondjak, vagy hogyan dolgozzam fel amit érzek.

Apám azt mondta: „A szakmámról is kérdezett. Úgy tűnt, őszintén érdeklődik, és azt mondta, hogy fontos munka áll előttem, amit végeznem kell, és amiért életben kell maradnom. Az egész dolog nagyon bátorító volt! Még nem tudom, hogy mit kezdjek vele, de most már majd meglátjuk, nem?" Körülnézett, és megkérdezte: „Mit kell most tennem?"

Megdöbbentett, milyen pozitív hatással volt apámra, hogy ennyire, teljesen megértették. Jobb kedve lett, és még abban is elkezdett hinni, hogy meggyógyulhat. Látva őt ebben a várakozással teli állapotban, elállt a lélegzetem. Próbáltam elrejteni, de pillanatok alatt az idegességből lelkessé váltam, majd újra ideges lettem.

Ironikus módon, ahogy apám kezdett reménykedni, én tétovává váltam. *Félrevezettem volna apámat, és hamis reményt keltettem benne? Dr. Naramnak tényleg volt megoldása a számára? A legjobbat tettem-e apámnak, vagy életének utolsó napjait pazaroltam el egy nem létező gyógymód hajszolására?*

Az Ön naplójegyzetei

Hogy elmélyítse és fokozza a könyv olvasásából származó előnyöket, szánjon most néhány percet arra, hogy válaszoljon a következő kérdésekre:

Mekkora árat hajlandó fizetni azért, amit akar (idő, energia, erőfeszítés, pénz, fegyelem stb. tekintetében)?

_____
_____
_____
_____
_____

Miért éri meg Önnek ezt az árat megfizetni?

_____
_____
_____
_____

Milyen további meglátások, kérdések, felismerések merültek fel Önben e fejezet olvasása közben?

_____
_____
_____
_____

8. FEJEZET

A Fiatalság Forrása

A fiatalság forrása létezik:az elménk, a tehetségünk, a kreativitásunk, amit magunkkal hozunk a saját életünkbe és a szeretteink életébe. Amikor megtanuljuk megcsapolni ezt a forrást, akkor valóban legyőzhetjük a kort.

– Sophia Loren

Los Angeles, Kalifornia

Miután apám felment a szállodai szobába pihenni, Dr. Naram egyik munkatársa odajött hozzám és azt mondta: „Dr. Naram beszélni szeretne Önnel. Van pár perce?"

Dr. Naram nagy mosollyal üdvözölt. „Nos, hogy van?" kérdezte egy nagy tál mungóbab levest tartva maga előtt.

Megköszöntem neki, hogy ilyen jól megértette apámat, és hogy reményt adott neki. Ki akartam fejezni az aggodalmaimat is, de mielőtt sikerült volna megszólalnom, Dr. Naram közbeszólt: „Az apád csodálatos ember, igaz? Nagyon jó ember, ami segít megérteni, hogy honnan örökölted jóságodat. Fontos küldetése van a gyerekekkel, és azt hiszem, segíthetünk neki. Van még dolga ebben az életben, amit be kell fejeznie."

Egyenesen megkérdeztem tőle: „Gondolja, hogy van remény számára? Mondja meg az igazat."

"Az igazság az - ahogy én látom -, hogy az apjának két lehetősége van. Folytathatja azt, amit most csinál, és még élhet pár hónapig fájdalmak között, mielőtt meghal. Vagy megváltoztathatja az útját a Sziddha-Véda hat kulcsát használva a mélyebb gyógyulás érdekében. Ha így tesz, még sok-sok évig élhet rugalmasan, energikusan és tiszta elmével. Ön melyiket választaná?"

"Természetesen a második lehetőséget. De hogyan?" -kérdeztem, meglepődve Dr. Naram magabiztosságán apám prognózisát illetően.

"Emlékszik, hogyan ismertem meg a mesterem?" kérdezte. "Igen, hogyan is felejthetném el?"

"Hány napon keresztül ismételte a mesterem, hogy jöjjek vissza holnap?"

"Száz napig."

"Igen, száz napig, vagyis három hónapig. Három hónapon keresztül, amíg a szobáján kívül voltam, nem csak ott ücsörögtem. Kutatást végeztem, ahogy Ön is most. Beszéltem a betegekkel a problémáikról. Láttam krónikus ízületi gyulladással, szívproblémákkal, veseproblémákkal, csontritkulással, különféle rákos megbetegedésekkel, májproblémákkal és még sok más dologgal küszködő embereket. Beszéltem olyan páciensekkel, akik hónapok vagy évek után visszatértek, követve Baba Ramdas tanácsait, aminek következtében komoly átalakulás volt látható rajtuk a mélyebb gyógyulás közvetlen eredményeként. Emlékszik hány éves volt a mesterem?" Mielőtt válaszolhattam volna azt mondta: "Száztizenöt éves! Rendkívül kíváncsi voltam arra, hogy ő mit csinált másképp, mint mások, ezért az elmúlt harminchat évet azzal töltöttem, hogy megtanuljam a mesterem titkait, és felhasználjam őket az emberek megsegítésére. Szeretné tudni, hogy a mesterem szerint mi a fiatalság forrásának titka?" Bólintottam. Ki ne akarná tudni?

Nem tudtam, mit válaszoljak erre. Miközben annak határán voltam, hogy minden szavát elhiggyem, az aggodalom egy szikrája villant át az agyamon, hogy talán a végén rá kell majd jönnöm arra, hogy Dr. Naram csaló és a kétségbeesettek reményeit használja ki. Minél közelebb kerültem hozzá, és minél jobban kezdett érdekelni, bizonyos szempontból óvatosabb is lettem. Ha csaló volt, vajon a végén egyszer s mindenkorra le fogom leplezni a "klinikáját"? Ahelyett, hogy segítenék neki népszerűsíteni az ősi gyógyítási módszerét, vajon közreműködöm-e majd abban, hogy másokat megvédjek tőle?

A fiatalság megőrzésének ősi titkai

Dr. Naram arca mély belső békét és bizalmat tükrözött, ahogy egyenesen a szemembe nézett. Elmondta, hogy ezekkel a titkokkal bárki megtapasztalhatja a kicsattanó egészséget, a korlátlan energiát és a lelki békét, bármely életkorban. Azt mondta: „Először is, tisztában kell lennünk azzal, hogy mit jelent a „fiatalság". Csak ezután ismerhetjük meg a fiatság megőrzésének titkát".

Ahogy Dr. Naram folytatta, képeket vett elő, hogy megmutassa nekem őket. „Itt van egy kép a kedves Babadzsiról, a mesterem egyik testvéréről.

Ő a Himalájában él - és 139 éves »fiatal«."

Elővett egy másik fényképet. „Íme Szádanánd Gogoi, aki 65 évesen lett Mr.India! Ez az ő teste most, hetven évesen."

Az izmos testet bámultam, amely úgy nézett ki, mintha egy negyvenes éveiben járó emberé lenne.

Dr. Naram egy 139 éves »fiatal« Szeretett Mesterévrel a Himalájában.

Sadanand Gogoi 75 évesen, ötszörös Mr. India győztes.

Dr. Naram azt mondta: „Az ősi titkokat a test, az izmok és az elme építésére használja anélkül, hogy károsítaná veséjét. Ennek az embernek az álma, hogy miután megnyerte a Mr India címet, részt vegyen a Mr Universe versenyen!"

Dr. Naram szeretettel nézegetett egy másik képet, és mesélt Kuszum Atitról, aki most nyolcvanhat éves »fiatal«. Ő volt az első pácienseinek egyike. Amikor ötvenhat évesen hozzá került, nem tudott járni, magas volt a vérnyomása, csontritkulás és ízületi gyulladás gyötörte, és már a csípőprotézisen gondolkozott. „Mit gondol, mi történt vele amikor elkezdte használni a fiatalság titkát?"

Megvontam a vállam.

„Az a nő, aki azelőtt járni sem tudott, megnyerte az első díjat egy bombayi táncversenyen!" - mondta diadalmasan. „Megdöbbentem. Olyan örömöt éreztem, amit el sem tud képzelni!"

Megmutatott egy másik képet a mesteréről. „Ez akkor készült, amikor 115 éves volt, és én abban az áldásban részesültem, hogy tíz évet tölthettem vele, mielőtt elhagyta a testét. 125 évesen hunyt el. A képzésem során rengeteg titkot, bölcsességet, komoly felismerést és igazságot kaptam tőle. Most pedig hadd osszam meg ezeket Önnel."

Azt kérdezte tőlem: „Mit jelent Ön számára a „fiatalság"„, Clint? Honnan tudja, hogy egy személy fiatal, vagy idős?"

A fiatalság forrása 121

A 86 éves Kuszum örömében táncol, miután meggyógyult az ízületi gyulladása.

Felsoroltam néhány ötletet: „Talán abból, ahogy kinéznek? Az elme állapotuk? A bőrük, vagy a hajuk minősége?"

Dr. Naram elmosolyodott „A mesterem azt mondta, hogy valaki lehet húsz évesen idős és száz évesen fiatal. Hogyan lehet egy ember huszonévesen öreg, a másik pedig száz évesen fiatal?"

„Hogyan?"

„Minden a rugalmasságtól függ" - mondta. „Valaki lehet húsz évesen is öreg, tanárával, Baba Rámdásszal. ha fizikailag merev, ha szellemileg makacs, és érzelmileg száraz. Vagy a személy lehet száz évesen fiatal, ha fizikálisan rugalmas, szellemileg éber, és hajlandó tanulni, érzelmileg pedig tele van szeretettel. Érdekes, nem gondolja?"

Szünetet tartottam, hogy megemésszem amit mond.

Dr. Naram szeretett mesterével és tanárával, Baba Rámdásszal.

„A fiatalság bármely életkorban elérhető állapot, ha valaki fizikailag rugalmas, szellemileg éber, és hajlandó tanulni, érzelmileg pedig tele van szeretettel."
– Baba Ramdas
(Dr. Naram mestere)

Tisztán akartam látni. „Tehát a titok, hogy bármilyen korban fiatalok legyünk, az, hogy megtanuljunk rugalmasak lenni?"

Boldogan felelte: „Igen Clint, pontosan!

Az én nemzetségem így értelmezi a fiatalságot."

Bólintott és hozzátette, hogy a fiatalság bármely életkorban lehetséges, ha az életmódunk összhangban van a belső természetünkkel. „A »fiatalok« tele vannak reménnyel. Az »öregek« elvesztik a reményt. Ha nézi a híreket, minden a félelemről, a katasztrófákról, az »eljövendő nehéz időkről« szól. Nagyon sok ember borzalmas dolgokat vetít előre a jövőre tekintve, és ez szorongóvá teszi őket. Élettapasztalataik gyakran sérelmet, félelemet, összetört szívet, és zárkózottságot hagynak bennük. Fiatalnak lenni bármely életkorban azt jelenti, hogy tele reménnyel tekintünk a jövő, önmagunk és az emberiség felé. És így maradhatunk »fiatalok« még 115 évesen is."

Dr. Naram ezután így folytatta: „Nos, a mesterem által tanított ősi gyógyító titkok végső célja a következő: elsősorban arról szól, hogy segítsünk az embereknek megőrizni vagy javítani az egészséget és a rugalmasságot a testükben, az elméjükben, az érzelmeikben és a szellemükben. Az ősi eszközök lehetőséget adnak a mélyebb gyógyulás és a fiatalosság érzésének megtapasztalására - bármely életkorban. Másodszor ez az átalakulás energiát ad az embereknek ahhoz, hogy felfedezzék, mire vágynak leginkább az életükben. Megtanulják, hogyan igazodjanak belső természetükhöz és életcéljukhoz."

„Szóval, ha ez az ön definíciója a fiatalságról" - kérdeztem - „még mindig nem értem, hogyan élhet meg valaki ilyen idős kort".

„A legtöbben száz évnél is tovább élhetnek, ha akarnak. Mindössze a Sziddha-Véda hat kulcsára van szükségük a mélyebb gyógyuláshoz."

„Mi az a hat kulcs?" Kérdeztem.

„Néhány kulcsot már látott munka közben. Lássuk, hányat tud azonosítani."

„Azt hiszem, az egyiknek a házi gyógymódoknak kell lennie. Mint a hagymakarikák, amelyek enyhítik a fejfájásomat. A titok, hogy bármi lehet gyógyszer vagy méreg, ha tudjuk, hogyan kell használni."

„Igen, nagyon jó, Clint! És emlékszik arra a titkos házi gyógymódra, amellyel bármely életkorban korlátlan energiát szerezhetünk, amit az interjúnk során adtam Önnek?"

„Nem." Dr. Naram ismét odaadta a „Szuper energiaital" házi gyógymódját, amelyet mestere használt, hogy 115 évesen is fiatalnak érezze magát. Ezúttal komolyabban vettem a dolgot.

„A második eszköz a gyógynövénykészítményekhez kapcsolódik?"

„Igen" - válaszolta. „A mesterem megtanította nekem a titkokat

---

Naplójegyzeteim

Dr. Naram titkos receptje a kicsattanó energiáért*

Házi Gyógymód—

1) Áztassuk a következő összetevőket egy éjszakára vízbe:

    3 nyers mandula

    3 hüvely kardamom (vagy kb. 30 mag)

    3 tk. édesköménymag

2) Reggel adjunk hozzá:

    3 datolya (és ha szeretnénk, 3 sárgabarack, 3 füge),

    1/4 tk. fahéj

    1/4 tk. brahmi por

    1/4 tk. áshváganda por

    1 tk. tehén ghí

    2 szál sáfrány

3) Hámozzuk meg és dobjuk ki a mandula és a kardamom héját (kiszabadítva a magokat).

4) Az összes hozzávalót forró vízzel turmixoljuk össze, vagy őröljük le, és fogyasszuk élvezettel.

*Bónusz anyag: Ha meg szeretné nézni, ahogyan ez elkészül, kérjük, tekintse meg a MyAncientSecrets.com ingyenes tagsági oldalon található videókat.

arról, hogy kell a gyógynövényeket termeszteni, betakarítani, előkészíteni és kombinálni olyan ősi eljárások szerint, amelyek elősegítik a mélyebb gyógyulást. Így válnak gyógyító fűszerekké."

Amikor a gyógyító fűszerekről beszélt, eszembe jutottak az otthoni fiókban porosodó tabletták, amelyeket mindössze két napi használat után elraktam. Gondolatban megjegyzést tettem arra, hogy többet tudjak meg róluk.

„A Marmaa a Sziddha-Véda harmadik eszköze" - mondta. Leírtam, bár még mindig nem tudtam pontosan, mi az, vagy hogyan működik.

„Mi a másik három?" - kérdeztem.

„Azokat majd később osztom meg Önnel. Meg kell vizsgálnom még a többi várakozó embert. Miért nem jön el ma este, amikor végeztem a pulzusdiagnosztika rendeléssel, hogy szemtanúja legyen egy marmaa-kezelésnek?"

Beleegyeztem, hogy visszamegyek, majd elkísértem apámat a repülőtérre.

Amint a repülőtér ajtajában álltunk, megöleltem apámat. Mindketten visszafogottan bizakodónak éreztük magunkat a jövőt illetően. Elhatározta, hogy mindent megtesz, amit Dr Naram javasolt —a diétát, a gyógynövényeket, mindent. Volt azonban egy ajánlás amely a legjobban megfélemlítette. Dr. Naram meghívta, hogy jöjjön Indiába néhány mélyreható kezelésre, az úgy nevezett *pancsakarmá*-ra.

Mielőtt besétált volna, apám megkérdezte: „Akarod tudni, mi az igazi oka annak, hogy eljöttem veled Los Angelesbe?"

Megvontam a vállam. „Nem azért, hogy találkozz Dr. Narammal?"

„Nem" – rázta a fejét. „Nem hittem volna, hogy ő tudna nekem segíteni. Azért jöttem, mert aggódtam amiatt, hogy mibe keveredsz bele."

Szorosan átölelt, majd mélyen a szemembe nézett, és azt mondta: „Lássuk meg innét ... de bármi is történik, remélem tudod, mennyire szeretlek."

Az Ön naplójegyzetei

Hogy elmélyítse és felnagyítsa a könyv olvasásából származó előnyöket, szánjon most néhány percet arra, hogy megválaszolja magának a következő kérdéseket:

Mit jelent Ön számára a „fiatalság"? Mit jelent bármely életkorban a fiatalság érzése?

_____
_____
_____
_____

Ha a „fiatalság" a „rugalmasságról" szól, akkor Ön az élet mely területein lehetne rugalmasabb?

_____
_____
_____
_____

Milyen más meglátások, kérdések, vagy felismerések merültek fel Önben e fejezet olvasása közben?

_____
_____
_____
_____

9. FEJEZET

Modern orvosi csodák egy ősi tudományból?

Csak kétféleképpen élheted az életed. Vagy abban hiszel, hogy nincsenek csodák. Vagy abban, hogy a világon minden egy csoda.
– Albert Einstein

Miután hazavittem apámat, visszatértem a szállodába Dr. Naram marmaa-kezelésére. Örömmel láttam, hogy Dr. Giovanni is ott van. Habár éjfél után járt, Dr. Naram üdítő életerővel lépett be a szobába. Ha nem lettem volna ott egész nap, soha nem gondoltam volna, hogy aznap több mint száz embert látott. Úgy nézett ki, mint aki még csak most kezdte.

Miután több embert üdvözölt, a terem közepére sétált, és megkérdezte: „Önök közül kinek lesz ez az első tapasztalata a marmaá-val?"

Majdnem mindenki felemelte a kezét.

„Rendben, szóval mi is az a marmaa? Ez a mélyebb átalakulás ősi technológiája, amely a test, az elme, érzelmek és a szellem minden egyes szintjén működik."

Dr. Naram elmondta, hogy többet olvashatunk a gyógyítás e megközelítéséről a Mahabharata-ban, az ókori India egyik legfontosabb szanszkrit eposzában. A feljegyzés szerint volt egy nagy háború, amely

„Ennek az ősi technológiának semmi köze a valláshoz. Mint az elektromosság, ez is csak működik, vallástól vagy meggyőződéstől függetlenül. Univerzális."
– Dr. Naram

semmiben sem hasonlított a modern konfliktusokhoz. Ennek a háborúnak szabályai voltak. Egy bizonyos napszakban kezdődött és ért véget.

Míg a katona dharmája, vagyis kötelessége a harc volt, addig Dr. Naram nemzetségéhez tartozó gyógyítók dharmája a gyógyítás volt. Nem foglalkoztak azzal, hogy a katona jó vagy rossz katona volt-e— ők segítettek az embereknek függetlenül attól, hogy kik voltak, függetlenül attól, hogy melyik oldalon harcoltak.

„Az én vonalam gyógyítóinak nem voltak ellenségei, ahogy nekünk sincs vallásunk. A mi »vallásunk« egyszerűen az emberiség megsegítése."

Elmesélte, hogy ezek a mesterek a harcok befejezése után minden nap kimentek a csatatérre, és megnézték, ki nem tud járni, kit találtak el a nyilak, vagy ki esett le egy elefántról, és törte el a csontját. Gyakran a marmaa, a több ezer éves technológia használatával segítettek az azonnali megkönnyebbülésben.

„Ma már nincs ilyen, eposzi háború,, de az én feladatom az, hogy fitté tegyem Önt, hogy eleget tudjon tenni minden kötelességének az életben, bármi is legyen az."

Dr. Naram elmagyarázta, hogy ahhoz, hogy megértsük ezt az ősi technológiát, amely oly hatalmas, tudnunk kell, hogy semmi köze a valláshoz. „Gondoljon rá úgy, mint az elektromosságra" - mondta. „Felkapcsolja a villanyt, és az egyszerűen működik vallástól, vagy meggyőződéstől függetlenül. A világítást nem érdekli, hogy Ön muszlim, keresztény, hindu, vagy ateista. Gyógyítói vonalam kulcsai is univerzálisak. A marmaa gyógyító eszköze bárkinek segítséget nyújthat krónikus és akut problémákban, mint például a hátfájás, merevség, nyakfájdalom, befagyott váll, becsípődött ideg, isiász, bokafájdalom, térdfájdalom, vagy akár járásképtelenség.

„Akár hiszi, akár nem"- mondta-, „a marmaa pár percen belül megérinti a finom energiapontokat és elkezdi feloldani a blokkot. Kezdi látni az eredményeket, és kevésbé, vagy egyáltalán nem érez fájdalmat. Kinek van fájdalma?"A teremben a legtöbben felemelték a kezüket.

„Megtanítok önöknek néhány, otthon is végezhető marmaá-t.

Néhány marmaát csak én, vagy egy általam képzett személy végezhet el

> Az ősi gyógymódok előnyeit úgy hasznosíthatja a legjobban, ha először tisztázza: mit akar?"
>
> – Dr. Naram

önökön. Ami első látásra varázslatnak tűnhet, az tudomány. A több ezer éves folyamat előnyeit úgy tudják kihasználni, ha tisztában vannak azzal, hogy mit akarnak. Mit akarunk—a testünktől, az elménktől, az érzelmeinktől, az életünktől? De mi van akkor, ha nem tudjuk, hogy mit akarunk?" Szünetet tartott, mire a közönségből néhányan megingatták a fejüket.

„Nos, ha nem tudjuk, itt van a marmaa, amivel felfedezhetjük mit akarunk. Csukják be a szemüket. Képzeljenek el egy fehér keretet a jobb szemük fölött. Ezután nyomják meg hatszor a jobb mutatóujjuk hegyét. Ezt követően kérdezzék meg magukról: »mit akarok«? és nézzék meg milyen kép jelenik meg a fehér keretben."

Videóra vettem, ahogy Dr. Naram bemutatja az eljárást. Szkeptikus voltam, nem hittem, hogy az ujjam egy pontjának megnyomásával bármit is tisztán látnék.

De amikor azt gondoltam, hogy senki sem figyel, megnyomtam a pontot a saját ujjamon, hátha segít. Nem figyeltem fel arra, hogy bármi is történne velem, azon kívül, hogy megszorítottam az ujjam.

„A legtöbben helytelenül végzik. Amikor a marmaát végzik, üljenek az erőpózban – mindkét lábbal szilárdan a talajon, a hát pedig egyenesen."

Görnyedten ültem keresztbe tett lábakkal, így felültem egyenesen, és a lábaimat a földre tettem. Dr. Naram megvárta amíg mindenki ebbe a pozícióba került, majd így folytatta: „Itt van egy nagyon fontos pont. A bennünk lévő »akarásnak« pozitív állításnak kell lennie. Nem lehet az, amit nem akarunk, vagy amit el akarunk kerülni. Hadd adjak egy nagyon erőteljes példát."

Álmok valósággá válása

„Anyám nem tudott járni. Ízületi gyulladása, csontritkulása és ízületi degerenációja volt." – mondta Dr. Naram. „Mivel nem tudott járni, az ágyban fekve kellett használnia a WC-t és a fürdőszobát. Ez harminc évvel ezelőtt volt. Hajlandó voltam jó indiai fiú lenni, otthon maradtam, hogy ápoljam és etessem minden nap. De ő nem akarta, hogy a mi életünk így teljen."

„Úgy döntöttem, hogy az ősi módszereket alkalmazom nála," – folytatta Dr. Naram. „Úgy gondoltam, ha még a saját anyámnak sem tudok segíteni velük, akkor mire jók?"

„Hadd osszak meg önökkel egy hatalmas titkot, amelyet mesterem tanított nekem. Az életünk minősége a kérdéseink minőségétől függ. Legtöbben rossz kérdéseket teszünk fel. Régebben azt kérdeztem: „Miért vagyok kövér?„ Mesterem azt mondta, „Borzasztó kérdés, Dr. Naram.„ Arra koncentráltam, ami nem tetszett. Azt mondta, hogy az erőteljes kérdések arra összpontosítanak, amit akarunk, nem pedig arra amit nem akarunk. Így hát megnyomtam anyám ujján a pontot és megkérdeztem: „Anyu, mit akarsz?„

„Azt válaszolta, »Nem akarok fájdalmat«. A negatívan megfogalmazott »akarat« nem működik jól."

Dr. Naram szeretett édesanyjával.

Miközben a fejére mutatott, Dr. Naram azt mondta, „Létezik valami, amit tudatos elmének nevezünk," majd a szívére mutatott, „és aztán létezik a tudatalatti elme." Aztán valahol a feje fölé mutatott, „és létezik a tudatfeletti elme."

> „Az életünk minősége a kérdéseink minőségétől függ."
> – Dr. Naram

„Ez a tudatfeletti elme az, amely vezérelhet minket, ha tudjuk, hogyan férhetünk hozzá. Ha megnyitunk egy tiszta csatornát, választ kapunk a kérdésünkre. A marmaa egy olyan technológia, amellyel stimulálhatjuk és munkára késztethetjük a tudat összes erejét. És az egyik titok az, hogy egy pozitív képre koncentráljunk arról amit akarunk, nem pedig negatívra arról, amit nem akarunk."

Amikor Dr. Naram ismét megnyomta anya ujján a marmaa pontot, és újrafogalmazta a kérdést : „Anya, ha tudnád, hogy nem létezik fájdalom, mit tennél?"

Azt mondta: „Járnék."

Dr. Naram elmagyarázta, hogy meg kell teremtenünk a jövőt, és el kell engednünk a múltat. Ez az egyik fontos alapelv—alkotni, látni a jövőt, hátrahagyni a múltat, ugyanakkor nem szabad szem elől téveszteni a jelent. Dr. Naram édesanyjának abban a pillanatban a valósága az volt, hogy nem tudott járni. Ízületi gyulladása és csontritkulása volt, és még a szakemberek is azt mondták, hogy nem képes járni. Dr. Naram megismételte: „De a legfontosabb az volt, hogy ő mit akart?" Dr. Naram elmondta nekünk, hogy amint édesanyjának egy pozitív ötlete támadt, amit el tudott képzelni, megkérte, hogy csukja be a szemét. Megnyomott egy másik marmaa pontot lejjebb az ujján, és megkérdezte „Ha tudnád, hogy újra képes lennél járni hová mennél?"

Azt válaszolta: „A Himalájába szeretnék elmenni."

Minden alkalommal, amikor válaszolt, Dr. Naram azt mondta: „nagyon jó," és hatszor megütögette a szíve közelében lévő marmaa pontot.

Elképzeltetett vele egy fehér keretet a jobb szeme fölött, és megkérdezte: „El tudod képzelni magadat ahogy a Himalájában sétálsz?"

Édesanyja igenlően bólintott, mire Dr. Naram azt válaszolta, „Nagyon jó," ismét megütögetve édesanyja szívét hatszor.

> „Arra koncentráljunk amit akarunk, ne arra, amit nem akarunk."
> – Dr. Naram

Ekkor Dr. Naram apja, aki figyelte őket, nagyon dühös lett „»Miféle ostobaság! Meg vagy őrülve? Miért táplálsz hamis reményeket az anyádban? Anyád nem tud járni. Ezt te is tudod. Miért beszélsz a Himalájáról? Felejtsd el a Himaláját. Még a vécére sem tud elmenni. Térd-, és csípőprotézis műtétre van szüksége, te pedig hülyeségeket beszélsz a Himalájáról. Nem tud járni! Miért nem tudod megérteni ezt«? - kiabálta."

Dr. Naram folytatta: „Azt mondtam apámnak: »Az a fontos, hogy mit akar a feleséged, az anyám. Nem az, hogy szerinted mit akar«! Apám nagyon kemény ember volt, és ez volt az első alkalom, hogy szembeszálltam vele.

„Apám azt válaszolta: »Ő egy idióta; nem tudja, mit akar. Nem tudja, hogy nem tud járni."

Ez már túl sok volt Dr. Naramnak. Egyenesen az apjára nézett, és olyan határozottsággal mondta, amitől még egy tigris is megállt volna a lábán: „Kifelé. Ő ezt választja. Ez az ő élete, és az ő döntése."

Ezzel apja a levegőbe emelte a kezét, és elhagyta a szobát.

Dr. Naram azt mondta: „Apám nagyon dühös volt rám, mert azt hitte, hogy becsapom anyámat azzal, hogy hamis reményt táplálok benne."

Bár nem mondtam ki hangosan, megértettem Dr. Naram apjának kételyeit. Kíváncsi voltam, hogy az apám új reménye pozitív eredménynyel fog-e megvalósulni, vagy csupán egy újabb dolog lesz, amiben csalódnia kell.

Dr. Naram leírta, ahogy tervet készített az anyjának. Konzultált a mesterével azon, hogy mely mélyebb gyógyító titkok segíthetnek neki újra járni. A mestere azt mondta: „Két dolgot kell figyelembe venni: az egyik a ma, a másik a jövő. Fontos, hogy lássuk, mi történik ma, de ne hagyjuk, hogy ez megakadályozzon minket abban, hogy elhiggyük, vagy lássuk, hogy a dolgok sokkal másképp és jobban alakulhatnak a jövőben. Ne ragadjunk le a mai, általunk észlelt valóságban. Az ezer mérföldes út egyetlen lépéssel kezdődik. Tehát tegyük meg az első lépést, majd a következőt, és így tovább. És hamarosan meglepődünk azon, hogy hova kerültünk."

Dr. Naram édesanyja több éven át szedett bizonyos gyógynövényeket, megváltoztatta az étrendjét, és rendszeresen nyomkodta a marmaa pontokat, miközben elképzelte álmát.

Aztán egy nap, miután évekig fegyelmezetten dolgoztak együtt a mélyebb gyógyulási tervén, Dr. Naram telefonhívást kapott tőle.

Naplójegyzeteim

Dr. Naram titkos receptje az egészséges, rugalmas ízületekért*

1) Házi gyógymód—Keverjük össze a következő összetevőket és vegyük be reggel éhgyomorra: ½ tk. görögszéna por, ½ tk. kurkuma por, ¼ tk. őrölt fahéj, ½ tk. gyömbérpor, 1 tk. ghee

2) Marmaa Shakti—A bal tenyéren, a középső ujj és a gyűrűsujj között számoljunk 4 ujjal lefelé, és nyomjuk meg ezt a pontot 6-szor, naponta többször.

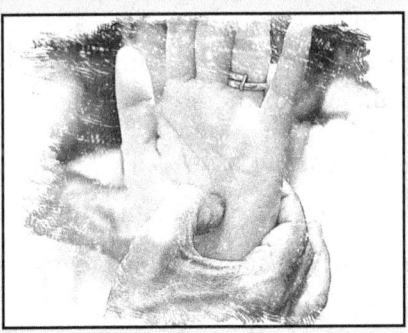

3) Gyógynövény készítmények—Dr. Naram édesanyja krémet használt, és tablettákat szedett az egészséges ízületek támogatására, amelyek olyan összetevőket tartalmaztak, mint a szárnyas fakéreg, indiai tömjén, barátcserje levél, gyömbér, és guggul gumigyanta.*

*Bónusz anyag: Ha többet szeretne megtudni az ízületek ősi titkairól, kérjük, látogasson el az ingyenes MyAncientSecrets.com tagsági oldalra.

"Pankaj, megcsináltam! Itt vagyok a Himalájában, Tényleg itt vagyok."
Eljutott az egyik templomhoz amelyet meg akart látogatni, és letáborozott az egyik csúcson. "Bár hatvanhét évesen ágyhoz volt kötve, most nyolcvankét évesen a Himalájában túrázott," – mondta Dr. Naram. "Míg mások lovagoltak, vagy erős férfiak hordták őket 'balkonokon', ő gyalogolt. Egyetlen kis palack vizet vitt a kezében, amikor nála sokkal fiatalabbak lóháton haladtak el mellette, és megkérdezték tőle: »Milyen csóró fia van, hogy nem ad pénzt lóra, hogy lovagoljon, szegény öregasszony? Ha a fia nem szerez Önnek lovat, mi kifizetjük Önnek.'"

Erre ő azt felelte, "Nem, a fiam tud nekem lovat venni, de én inkább gyalogolok.

Ő remek fiú, mert ő adta nekem a járás ajándékát."

"Ez volt életem egyik legboldogabb napja." Dr Naram könnyes szemekkel, és széles mosollyal sugárzova mesélte: "Azt mondta nekem: 'Megáldalak, Pankaj. Oszd meg mindenkivel ezeket az ősi titkokat, hogy segíteni tudj másokon, ahogy nekem segítettél.'" A teremben mindenki tapsolt. "Anyám áldása mindent jelentett számomra."

Miközben mesélt, apám állapotára gondoltam, és arra, hogy mi lenne lehetséges számára. Anyámra is gondoltam. Szerettem őt, de nem értettük meg egymást. Ez néha konfliktust szült köztünk. Dr. Naram történetét hallgatva eltűnődtem:

Mit akart anyám a legjobban az életében? Milyen álmot szeretett volna valóra váltani?

És mit szeretne apám a legjobban, ha valaha is jobban lenne? Mi volt az ő álma?

Dr. Naram szélesen elmosolyodott és így szólt, "A mesterem megtanított egy felbecsülhetetlen értékű titokra—arra, hogy minden nő intelligens, és minden férfi idióta, engem is beleértve." Elnevette magát. "Tudják, hogy mi az a *shakti*? A Shakti egy isteni-női teremtő erő. A mesterem megtanított ősi titokat nekem arról, hogyan fejlesztheti bármelyik nő a benne rejlő shaktit. Egy férfi abban a pillanatban válik intelligensé, amikor elkezdi tisztelni a nőket, és így a shakti erő hozzá is megérkezik. Ez visszavezet minket oda, hogy *Önök* mit akarnak."

Dr. Naram visszatért a terem közepére, és mindenkit végigvezetett ugyanazokon a lépéseken, amin édesanyjával is végigment, hogy tiszta képet kapjanak arról, amit akarnak.

„De hogyan működik ez?" – kérdezte valaki. Én ugyanerre voltam kíváncsi.

Dr. Naram mosolyogva azt válaszolta: „Jó kérdés. Nos, tudatosan vagy a tudatunkon kívül mindannyian be vagyunk programozva. Tudatalattinkat a szüleink programozták be: hogyan gondolkodjunk, hogyan beszéljünk, mit csináljunk. Az iskola, a társadalom, az újságok, és most már az internet is programoz bennünket. A kérdés az: át tudjuk-e programozni magunkat jó egészségre, jó vitalitásra, jó kapcsolatokra, és jó anyagi szabadságra? A válasz: igen. A marmaa olyan technológia, amely segít átprogramozni magunkat, hogy életünket a legigazibb célunkhoz igazítsuk. Nem csak a fájdalom múlhat el, de bármit elérhetünk, amit csak el akarunk érni."

Ez tényleg igaz?

A múltam programozott volna be, hogy bizonyos módon higgyek vagy cselekedjek?

Ha igen, ez a programozás talán nincs összhangban az életcélommal?

Dr. Naram azt mondta, „Amikor felfedezzük, mit is akarunk, az átkerül a tudatos elméből a tudatalattiba, majd a tudatfeletti elmébe. Aztán megtörténik a teremtés. Ez mindennél hatalmasabb erő. Én már több, mint egy millió alkalommal elvégeztem ezt. Ez a munkám, a hivatásom, a küldetésem, a szenvedélyem. Csak pár dolgot tudok, de azt nagyon jól végzem. A marmaa egyik leghatékonyabb felhasználási módja az, hogy segít felfedezni, mit is akarunk."

Aztán szünetet tartott, mintha valami fontosat akarna hozzátenni. „Segíthetek eltávolítani a blokkokat, de látniuk kell a képet arról, amit akarnak, amilyen eredményt szeretnének megtapasztalni az életben, a jövőjükben. Ezt a munkát Önöknek kell elvégezniük. Bizonyos értelemben olyan vagyok, mint egy bába. Segítek szülni, de a csecsemőt Önök hozzák világra. Nos, ki szeretne elsőként sorra kerülni?"

Naplójegyzeteim

Dr. Naram Marmaa Shakti titkai annak a felfedezéséhez, hogy mit akarunk.*

1) Csukott szemmel képzeljünk el egy fehér keretet a jobb szemünk előtt.

2) A jobb mutatóujj felső ujjpercét hatszor megnyomva tegyük fel a kérdést: „Mit akarok?"

3) Engedjük, hogy szabadon áramoljanak hozzánk a gondolatok, érzések vagy képek. Írjuk le ezeket, bármik is legyenek. Nyitott, jobb tenyerünkkel hatszor finoman ütögessük meg a mellkasunk bal oldalát, és mondjuk: „Nagyon jó."

4) A jobb oldali mutatóujjon nyomjuk meg hatszor az ujj második (vagy középső) részét, és tegyük fel a kérdést: „Mit fogok csinálni, miután ez megvalósul?"

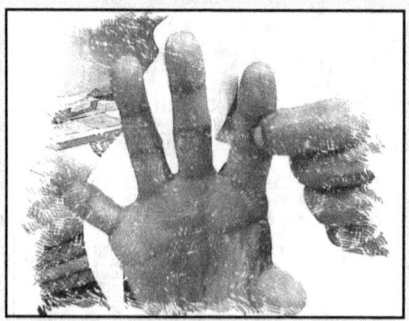

5) Engedjük, hogy bármilyen gondolat, kép jusson el hozzánk. Írjuk le ezeket, bármi is legyen az.

6) Nyitott jobb tenyérrel ütögessük meg 6-szor a mellkas bal oldalát és mondjuk azt: „Nagyon jó."

*Bónusz anyag: A folyamatot bemutató videót az ingyenes MyAncientSecrets.com tagsági oldalon tekintheti meg. (Erről a folyamatról bővebben a 14. Fejezet:ben olvashat.)

Nem kaphatja vissza a régi feleségét

Sok kéz emelkedett fel, de Dr. Naram Teresát választotta ki, egy kerekesszékben ülő kanadai hölgyet. Aznap korábban találkoztam vele és a férjével, Vern-nel, és felettébb valószínűtlen párnak tűntek. Teresa rendkívül kedves és intelligens volt. Vern úgy nézett ki, mint valaki, akinek egy vadász- vagy horgászmagazin címlapján kellene lennie, nem pedig egy alternatív gyógyító környezetben várakoznia.

Mindketten kissé túlsúlyosak voltak, és azon tűnődtem, vajon a fogyatékossága hogyan hat a kapcsolatukra. Az én szemszögemből úgy tűnt, hogy mély kapcsolat van köztük, olyan, amilyenről a legtöbb ember álmodik. Bár Vern az egész házasságukat azzal töltötte, hogy gondoskodott róla, a férfi elmondta nekem, hogy a felesége volt az, aki gondoskodott róla. Kommunikációjuk tele volt szeretettel és tisztelettel, és nem tudták levenni egymásról a kezüket. Imádnivalóak voltak.

Vern-t a Teresa iránti mélységes szeretete inspirálta arra, hogy keressen és tegyen meg mindent, hogy segítsen feleségének. Sok mindent kipróbáltak, amiről azt remélte, hogy segíthet rajta, de mindhiába. Az iránta érzett szerelme késztette arra, hogy Los Angelesbe hozza a feleségét, hátha ezek az ősi módszerek segíthetnek. Korábban a nap folyamán hallottam, ahogy Vern többször is könyörgött Dr. Naramnak: „Kérem, kérem csináljon valamit, ami segít a feleségemen." Bizakodva várakoztak közel nyolc órát a klinikán. Néztem, ahogy Vern segít Teresának, aki küszködve állt fel a kerekesszékből. Támogatta őt, miközben kezeiben egy-egy mankóval a terem közepére bicegett. Lábfeje befelé volt fordulva, és nem tudta behajlítani a térdeit, így a járása inkább battyogás volt. Testsúlyát teste egyik oldalára helyezte, majd elfordította a csípőjét, hogy a másik lábát előrelendítse. Dr. Naram ugyanazon a folyamaton vezette végig, mint amit édesanyján végzett el, megkérdezve Teresát arról, hogy mit akar. Egyértelmű volt számára, hogy mankók nélkül akar járni. Miután ezt gondolatban el tudta képzelni, Dr. Naram megkérte, hogy feküdjön le a földre, egy tiszta lepedőre. Nem tudott egyedül leereszkedni, és aggódott azon, hogy nem fog tudni felállni. Dr. Naram biztosította afelől, hogy minden rendben van, és Vern jött, hogy segítsen. Miközben Teresa a hátán feküdt, Dr. Naram intett Vern-nek, hogy figyeljen közelről. Fogott egy mérőszalagot, és az egyik végét a köldökéhez tette, majd megmérte a távolságot a jobb lábujjáig. „Mennyi ez?" – Kérdezte Dr. Naram Verntől.

„Harminchat és fél hüvelyknek (92.71 cm) tűnik."

Ezután Dr. Naram a mérőszalagot a bal lábujja végéhez helyezte. „Mennyi ez?"

„Ez harminckilenc és fél hüvelyk (100.33cm)."

„Szóval három hüvelyk (7.62 cm) a különbség! Elfelejtettem megemlíteni" – szólt a teremben ülőkhöz -, „hogy az idejövetel egyik fontos mellékhatása, hogy marmaa után olyan hormonok szabadulnak fel, amelyektől nagyon, nagyon boldoggá válhatunk. Szóval, ha nem akarják magukat boldognak érezni, kérem, ne jöjjenek ide."

Mindenki mosolygott, különösen Teresa.

„Most forduljon meg." Intett neki, hogy forduljon hasra. Küszködve, de elszántan sikerült neki.

Ujjait könnyed és gyengéd mozdulatokkal nyomta a hátára, majd hatszor megütögette különböző helyeken. Úgy tűnt, mintha zongorázna. Megkérte Dr. Giovannit, hogy húzza fel a pólót a háta alsó részéről, és tegyen egy csepp krémet a bőrére, amely a *dard mukti* nevű folyamatot segíti elő. *A dard lefordítva „fájdalmat" jelent, a mukti pedig azt jelenti, hogy „fájdalomtól való megszabadulás."* Ezt a krémet az ősi elvek szerint hozták létre, hogy segítsen enyhíteni a különféle izom-,vagy ízületi panaszokat. Dr. Naram körkörös mozdulatokkal bedörzsölte, majd megkérte, hogy forduljon meg.

Ennyi az egész? Csodálkoztam. *Egyáltalán hogyan változtathatna meg bármit is valami, ami ilyen gyors és gyengéd?*

Teresa átfordult a hátára, és Dr. Naram újra lemérte a lábait.
„Milyen hosszú a jobb oldali láb?" kérdezte Dr. Naram.
„Harmincnyolc hüvelyk (96.52 cm)," - mondta Vern.
„És a bal oldali?"
„Ugyancsak harmincnyolc hüvelyk (96.52 cm)," - mondta Vern döbbenten.

Dr. Naram elmagyarázta neki, hogyan kell járnia a marmaa után, hat lépést a jobb lábával kezdve. Teresa némi segítséggel felkelt, mankói még mindig a földön feküdtek, majd mindannyian izgatottan figyeltük. Vern a közelben állt, hogy elkapja, ha elesik, de Dr. Naram azt mondta neki, hogy menjen távolabb. Megkérte, hogy csukja be újra a szemét, és képzelje el magát járni. Több pontot megnyomott mindkét térde mögött, ezután megütögette a hátát és így szólt: „Most pedig sétáljon oda a férjéhez." Az asszony hosszú évek óta először tett egy lépést mankó nélkül! Ezután tett még egyet, lassan, de egyenesen. Megingott, de továbbment. Amikor Vernhez ért, összeölelkeztek. Az egész terem tapsolt Vern kivételével, akinek tágra nyílt a szája és a szeme a döbbenettől, miközben gyengéden átölelte feleségét.

„Hogy érzi magát most?" Kérdezte Dr. Naram Teresától.
Azt válaszolta: „Hatvan - hetven százalékkal jobban."
„Valóban?" Kérdezte Vern. Felesége lelkesen bólintott.
Dr. Naram azt mondta: „Nagyon jó. Mi lenne, ha olyasmit tenne, amit már régóta nem csinált? Mi lenne az?"
Teresa így válaszolt: „Még leülni és felállni is képtelenség volt."
Dr. Naram arra kérte, hogy csukja be a szemét, és képzelje el magát, amint leül, és könnyedén feláll, anélkül, hogy a férje segítene neki.
„A fizikai blokkot már eltávolítottam, de most a hitrendszeri blokkot önnek kell eltávolítania. El tudja képzelni magát, ahogy leül és feláll?"
„Igen."
„Nagyon jó. Most tegye meg!"
Leült, ügyetlenül, aztán egy kicsit botladozott, próbálkozott egyik, majd másik irányba, végül sikerült. Felállt, teljesen magától.
Vern azt mondta: „Több mint hét éve először csinálta ezt." Mindenki megtapsolta.
Dr. Naram azt mondta Vern-nek: „Most már új felesége van. Minden reggel boldognak és lelkesnek fogja őt látni. Ne jöjjön vissza

hozzám panaszkodni, hogy a felesége túl fiatal, és energikus! Ne mondja: »Adja vissza a régi feleségemet«. Ez nem lehetséges!"

„Nagyon szépen köszönöm" - Mondta Teresa, csillogó szemekkel. Mankó nélkül odasétált Dr. Naramhoz, és szívből megölelte. Újabb könnypatak folyt végig az arcán, amikor a férje odajött, hogy nagy karjaival mindkettőjüket átölelje, majd szorosan megölelte felségét és megcsókolta a homlokát. Egy pillanatra azt hittem, hogy Dr. Naram homlokát is meg fogja csókolni.

Dr. Naram azt mondta neki: „Ez az érzés, vagy képesség megmarad. Különösen, ha a gyógynövények és diétás ajánlások mellett még három-négy marmaá-ra eljön a következő hónapokban, években. Ezt pedig rendszeresen végezheti otthon is." Dr. Naram bemutatott egy marmaá-t, amit mindenki végezhet otthon a mélyebb gyógyulás érdekében.

Dr. Naram felszólította Teresát, hogy ismét járjon. Ő megtette, és mindenki tapsban tört ki. Láthattuk a határozott különbséget a percekkel ezelőttihez képest. Életemben először láttam ehhez hasonlót, és nem tudtam, hogyan fogadjam el. Az egyetlen történet, amit hallottam arról, hogy fogyatékos vagy béna emberek meggyógyultak és járni tudtak, Jézushoz kapcsolódott. Mégis itt volt Dr. Naram, aki azt mondta,

Dr. Naram Teresával és Vern-nel a marmaa shakti megtapasztalása után.

hogy bár ez csodának tűnik, de egy ősi tudomány áll a hátterében. „Időnként az eredmények azonnaliak, mint Teresa esetében,"- mondta. „És néha évekig tartó kitartásra és türelemre van szükség ahhoz, hogy megnyilvánuljanak, mint az édesanyám esetében. Bár a szükséges idő eltérő lehet, a mélyebb gyógyulás biztosan bekövetkezik".

Ezután mindannyiunk felé fordulva azt mondta: „Ez a valóság. Valódi merevség és blokk akadályozta a járás képességét. A stressz feloldása, legyen az fizikai, mentális vagy érzelmi, fenomenális élmény. Nehéz egy ilyen rövid pillanat alatt bekövetkező ekkora változást értelmezni. Ha sötétben vagyunk ilyen sokáig, ami után megjelenik a világosság, mit csinálunk? Elsőre ez zavarba ejtő lehet, de valóságos. Szeretném, hogy megosszam önökkel mit csinálok, és hogyan működik?" Mindenki bólintott.

Blokkok és áttörések

„Hadd kezdjem egy metaforával. Az életben, mindenki életében vannak blokkok. Ezek lehetnek fizikai, érzelmi, kapcsolatbeli, spirituális, anyagi blokkok. Amikor leblokkolunk, elakadunk, az életünk megreked és bűzlik. Öt vagy tíz évet is eltölthetünk ezen a helyen, és alig vagy egyáltalán nem haladunk előre. Azt kérdezzük: 'Miért nem történnek a dolgok?' A válasz az: blokkunk van."

Dr. Naram megragadott egy széket és a szoba közepére vitte. „Tegyük fel, hogy ez a szék egy blokk. Ha el akarok jutni innét önhöz, Dr. Clint, nem tudok, mert itt van egy blokk. Szóval mik a választási lehetőségek? Megkerülhetem ezen az úton, alatta, fölötte, vagy...?"

„Eltávolíthatja a blokkot," kiáltotta Teresa.

„Pontosan. Az életben tudjuk, hogy létezik blokk, de a legtöbb ember nem tudja, milyen típusú. Milyen jellegű a blokk? Mennyi idős a blokk? Milyen erős a blokk? Nos, a pulzussal, a marmaá-val arra vagyok kiképezve, hogy tudjam, mi az a blokk."

Dr. Naram játékosan folytatta, „Feltesszük a kérdést, 'Oh, Mr. Blokk, ki vagy?'" Ahogy beszélt, elővett egy darab papírt a zsebéből. „És tegyük fel, hogy ez a papír azt mondja nekem, hogy papírból van—egyszerű." Bemutatta ahogy eltépi a papírt, és áthalad rajta. De az élet nem mindig ilyen egyszerű. Tegyük fel, hogy a blokk azt mondja nekem, hogy fából van. Milyen szerszámokra van szükségem az eltávolításához?"

Az emberek bekiabálták az ötleteiket: Fűrész? Fejsze? Tűz?

„Tehát különböző eszközöket használhatunk? Egyértelmű vagyok?"

A legtöbb ember bólintott.

„Tegyük fel, hogy a blokk acélból van. Más eszközre van szükségünk?"

Az emberek igenlően bólintottak.

„Tehát hasonló módon, különböző marmaá-k és más eszközök léteznek, hogy bizonyosak legyünk abban, hogy az egész blokk eltűnik. A blokkra úgy is gondolhatunk, mint egy ajtóra, amelynek csak arra van szüksége, hogy megtaláljuk a megfelelő kulcsot, hogy kinyissuk és átlépjünk rajta. Például az olyan ízületi fájdalmakra, mint amilyen az anyámé volt, a gyógyír a ghí. Ha nyikorog az ajtó, akkor mit teszünk? Beolajozzuk. Tehát megkérdezhetjük a ghí-t, »Oh Mr. Ghí, ki vagy«? Ezután a ghí válaszol: »Én vagyok a kenőanyag és fiatalítok. Csökkentem, vagy kiegyensúlyozom a vatát, pittát, és a kaphát. Smink nélkül ragyogóvá varázsolom a bőrt, csillapítom az érzelmeket, javítom az alvást, és segítem az ízületek rugalmas működését«. A ghí varázslatos. A mesterem egyszer azt mondta nekem, hogy soha sem szabad ellopnom semmit, de ha valamit el kell lopnom, az a ghí legyen. Nem azt mondta, hogy lopjak, csak hangsúlyozta, hogy mennyire fontos a tehén ghí.

„Nem számít, milyen jellegű a blokk, a mélyebb gyógyulásnak hat kulcsa van a blokk eltávolításához és a szervezetünk újra egyensúlyba hozatalához. Sokan próbálnak rövidebb utat vagy gyors megoldást találni, a legolcsóbb vagy leggyorsabb megoldást keresve. Általában ez nem működik. Épp ellenkezőleg, ronthat a helyzeten!"

„Ezt hogy érti?" Kérdezte Teresa.

„Hadd adjak egy gyakorlati példát. Az apámnak magas vérnyomása és cukorbetegsége volt— ami családi vonás. Mit tesz a legtöbb ember? Olyan gyógyszert szednek, amely elnyomja a tüneteket, ahelyett, hogy eltávolítanák a blokkot. Nem mentesít a cukorbetegségtől, a magas vérnyomástól, vagy bármi is legyen a probléma. Még mindig fennáll

Naplójegyzeteim

A tehén ghee varázslatos előnyei*

Számos egyéb előnye mellett segíthet a következőkben:

- a test, az elme, és az érzelmek kenésében, és megfiatalításában;
- a vata, pitta, és kapha kiegyensúlyozásában;
- ragyogóvá varázsolja a bőrünket smink nélkül;
- érzelmeink csillapításában;
- az alvás javításában;
- ízületeink rugalmas működésének elősegítésében;
- és még sok-sok másban . . .

Két házi gyógymód ghí felhasználásával, hogy feltárjuk annak számos előnyét életünkben:

1) Az ízületek, a bőr, az emésztés, és az agyműködés támogatásához vegyünk be 1 tk. ghí-t reggel éhgyomorra, és 1 tk. ghí-t este.

2) A tökéletes alvás érdekében: tegyünk egy kis ghí-t az első két ujjunkra, és az óramutató járásával megegyező irányban körkörös mozdulatokkal dörzsöljük be a halántékunkat. A mutatóujjunkkal nyomjuk meg 6-szor a halántékot mindkét oldalon.

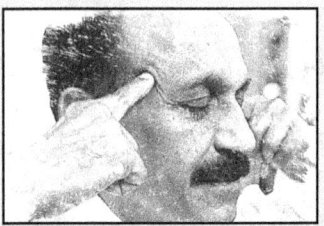

Bónusz anyag: A ghí különleges ősi eljárás szerinti készítésének receptjét és néhány érdekes tudományos tanulmányt arról, hogy a mérsékelt mennyiségű ghí fogyasztása láthatóan nem növeli a koleszterinszintet, az ingyenes MyAncientSecrets.com tagsági oldalon találja.

a magas vérnyomás vagy jelen van a cukorbetegség. Mindössze a tüneteket nyomjuk el, ami gyakran mellékhatásokkal jár." Dr. Giovanni ekkor felszólalt, hogy hozzá tegyen egy megjegyzést: „Allopátiás doktorként sok olyan pácienssel volt hasonló helyzetem, akik modern gyógyszereket szedtek."

„Mit jelent az allopátiás orvos?" – Kérdezte Teresa.

„Jó kérdés. »Allopátia« vagy »allopátiás gyógyászat« a nyugati, modern orvoslás másik elnevezése. Engem egy olaszországi modern orvosi egyetemen képeztek ki ilyen orvosnak, és miközben ilyen modern gyógyszereket írtam fel, rájöttem, hogy nem segítek a betegeknek kilábalni a problémából, a blokkból. Csak csillapítottam a fájdalmat, vagy elnyomtam a tüneteket. Az allopátia jó, de a modern gyógyászat nem a végső tekintély. Jó munkát végez sok mindenben, de végső soron a testünk és az egészségünk a mi felelősségünk. Megkérdezhetjük, hogy milyen mellékhatásai lehetnek a kapott kezeléseknek, például milyen negatív dolgok jelentkezhetnek a gyógyszerek vagy a műtétek hatására? Kutakodhatunk más lehetőségek iránt? Nincs semmi baj az allopátiás gyógyászattal, vagy bármilyen gyógymóddal. Ez a saját választásunk. Csak győződjünk meg arról, hogy elegendő kérdést teszünk fel ahhoz, hogy ismerjük az egyes lehetőségek következményeit, hogy a megfelelő döntést tudjunk hozni"

Dr. Naram felém fordult, habár mindenkihez beszélt. „A két nagybátyám nem tudta, hogy van választásuk. Súlyos gyógyszereket szedtek magas vérnyomásra, és cukorbetegségre amíg fiatalon meg nem haltak agyvérzésben, veseelégtelenségben és agykárosodásban. Ezt látva apám - akivel egész életemben nehézségeim voltak - végül ezt mondta: »Nem, nem akarok rövid távú megoldást, amely csak a tüneteket nyomja el. Pankaj, tudsz nekem segíteni? Azt választom, hogy felfedezem a módját annak, hogyan legyek egészséges, hogyan fordítsam vissza a cukorbetegséget és a vérnyomást, és hogy erős legyek«. Amikor az ősi gyógymódok beváltak nála, ismét csalódott volt bennem, és ezúttal azt mondta: »Miért nem találkoztál a mestereddel tíz évvel korábban? Miért nem győztél meg arról hamarabb, hogy ez beválhat? Rengeteg szenvedést elkerülhettem volna és sokkal többre lettem volna képes«!" Dr. Naram nevetett az emléken.

„Ahhoz, hogy valaki elérje azt, amit az apám ért el, teljesen el kell távolítania a blokkot, és ehhez a megfelelő kulcsokra van szükség. Gyógyszerek és műtét nélkül, a mestereim sikeresen eltávolították azokat a blokkokat, amelyek a magas vérnyomástól, a cukorbetegségtől és az autizmustól kezdve a rákig és a depresszióig mindent okoznak."

„Mi a mélyebb gyógyulás hat kulcsa?" - kérdezte Teresa.

„Nagyon jó kérdés. Az egyik a marmaa. A másik a házi gyógymódok – hogyan tekintsünk valamit gyógyszernek vagy méregnek attól függően, hogyan használjuk. És az étrend – annak ismerete, hogy mely ételek hoznak létre blokkokat, vagy segítenek eltávolítani azokat. Ha gyorsabban, és mélyebbre szeretnénk menni, léteznek bizonyos gyógyító gyógynövény formulák, amelyek az ősi tudomány szerint működnek, és egyre mélyebben és mélyebben gyógyítják az embereket. Ezek nem gyors megoldást jelentenek, hanem hosszú távra szólnak. Nagyon biztonságosak, és finom, de mélyreható módon dolgoznak a problémák gyökerének kezelésére. Eltávolítják a blokkokat és újra egyensúlyba hozzák a testet, hogy az természetes módon működhessen úgy, ahogyan azt rendeltetésszerűen kell tennie."

A blokkokra való magyarázat elég egyszerű volt, de még mindig nem értettem, hogy ez az ősi tudomány hogyan segít megoldani annyi problémát, amit a nyugati tudomány látszólag csak elnyomott.

„A *shakti* a mi szavunk a 'hatalomra', az isteni erőre, hogy dolgokat végezzünk, vagy alkossunk. Ez már létezik bennünk. A marmaa belép és segíti előhozni azt. A gyógyító csak egy bába, de mi hozzuk világra a saját gyermekünket. A marmaa a többi kulccsal együtt működik, így életteli egészséget tapasztalhatunk meg. Minden nap köszönetet mondok a mesteremnek, amiért megtanított azokra."

Dr. Naram folytatta a munkát, személyről személyre járva. Végül már csak egy ember maradt - az a gazdag férfi a befagyott vállával, aki arra lett megkérve, hogy hat órát várakozzon.

A fájdalmat okozó blokkok eltávolítása

Amikor Dr. Naram először lépett be a terembe, láttam, hogy ez a férfi felállt, hogy találkozzon vele. Hallottam, hogy Dr. Naram ismét halkan megkérdezte tőle, hogy mennyire szeretne megszabadulni befagyott

„A Shakti erő már bennünk van. A marmaa belép és segíti előhozni azt. A gyógyító csak egy bába, mi magunk hozzuk világra a saját gyermekünket."
– Dr. Naram

vállától, és milyen árat hajlandó fizetni érte.

„Megmondtam már, hogy bármilyen árat hajlandó vagyok fizetni érte, csak maga nem fogadja el a pénzemet."

Dr. Naram azt mondta: „Valóban, ezt nem lehet pénzzel megvásárolni. Nagyon büszke vagyok, hogy megfizette az árat az idő formájában. Most a mélyebb gyógyulásért szolgálattal kell fizetnie. Ön lesz az utolsó akinek segítek ma este, először ön szolgálni fog itt mindenkit." A férfi felesége döbbenten nézett, és mindannyian különböző mértékben meglepődve figyeltük, ahogy a férje egész este más embereknek segített a cipőjükkel, vizet hozott nekik, mérőszalagot tartott, és őszintén megtalálta a módját, hogy segítsen azoknak, akik előtte jöttek. Majdnem hajnali kettőkor, miután mindenki más elment, végre ő került sorra.

Dr. Naram két különböző marmaa-t végzett el rajta. Az elsőhöz férfit a földre fektette, mint Teresa-t. A másodikhoz egy székre ültette arccal hátrafelé. Mielőtt Dr. Naram elkezdte a második marmaa-t, megkérte a férfit, emelje fel a befagyot vállú karját olyan magasra, amennyire csak tudja. A férfi csak körülbelül félig tudta felemelni, mielőtt felkiáltott: „Aú!".

Arra a kérdésre, hogy mióta tapasztalta ezt a problémát, a férfi azt válaszolta, hogy évek óta. Dr. Naram érdeklődött, hogy fel akarja-e emelni a karját hat hüvelykkel (15.24 cm) magasabbra. A férfi bólintott, mondván, hogy azt nagyon szeretné.

Dr. Naram megkérte, hogy csukja be a szemét, és képzelje el, ahogy hat hüvelykkel (15.24 cm) magasabbra emeli a karját. „El tudja képzelni magát gondolatban, ahogy hat hüvelykkel magasabbra emeli a karját?" - kérdezte.

Halkan mondta, hogy igen.

Dr. Naram megkopogtatta a férfi homlokát és azt mondta: „Nagyon jó." Megnyomott néhány pontot, helyreigazította a férfi nyakát, és addig mozgatta hátra a karját, amíg enyhe kattanás nem hallatszott. Dr. Naram megkérte, hogy emelje fel a karját, és ő elkezdte felemelni azt. Eljutott ahhoz a ponthoz, ahol korábban megállt, és az arcán olyan kifejezés volt, amely ellenállást és fájdalmat sejtetett. Ez a tekintet a tiszta meglepetés kifejezésévé olvadt, amikor a karja tovább emelkedett. Mindannyiunkkal együtt csodálkozva nézte, ahogy a karja egyenesen a feje fölé emelkedik, most már teljesen mozgékonyan.

A férfi leengedte a karját és megpróbálta újra felemelni, hogy megbizonyosodjon valódiságáról. Ismét teljes körű a mozgás. „Nem hiszem el, nem hiszem el." - ismételte. A felesége odalépett hozzá, hogy megölelje, elcsodálkozva a változáson. Nem csak a fájdalom hiánya volt az oka. Férje izgatottsága és dühe lágysággá, kedvességgé és hálává olvadt.

Kíváncsi voltam arra, hogy Dr. Naram a gyógyulás hány fokán dolgozott, és hogy ez a mélyebb gyógyulás hogyan haladt túl a fizikai betegségeken vagy megnyilvánuláson.

Aznap este minden egyes élmény a lehetőség és csodálat elmélyült érzését keltette bennem. Miközben az átalakulás sok változatos példájának voltam a szemtanúja, a gondolataim megváltoztak. Kevésbé aggódtam azon, hogy ez valóságos-e, és sokkal inkább arra voltam kíváncsi, hogyan működik ez az ősi gyógyító rendszer. Óhatatlanul azon töprengtem, *vajon apámnak is használna?*

Egy váratlan meghívás

Miután a marmaa terápia befejeződött, megkérdeztem Dr. Naramot, hogy megmutathatnám-e neki a nap folyamán készített videofelvételek egy részét. Miközben figyelte, ahogy mindenki megosztja tapasztalatait, Dr. Naram mosolya a szokásosnál is szélesebbre tárult.

Láttam mennyire elérzékenyült a történeteiket hallgatva. Gyengéden így szólt: „Most talán kezdi megérteni miért szeretem a munkám, és hogyan tudok olyan jól aludni éjszaka."

Egyenesen rám nézett és megkérdezte: „Clint, tudja mi az egyik legnagyobb dolog önben, mi az egyik legnagyobb erőssége?"

Megdöbbentem. Nem ismertük egymást olyan jól. Honnan tudhatta volna, mik az erősségeim? „Mi az?" Kérdeztem.

„Önnek olyan jelenléte van, amely nyitottá teszi az embereket."
A bókok fogadása nem olyasmi, amit jól kezelek, ezért nem tudtam, hogyan válaszoljak. „Valóban?" válaszoltam csendesen.
„Igen, figyeltem, és teszteltem önt. Arra kértem az embereket, hogy beszéljenek önnel és utána jöjjenek vissza és számoljanak be nekem."
Nem tudtam mit gondoljak. Tesztelt engem? Azt hittem, hogy én tesztelem őt. Hirtelen kínosan éreztem magam, amiért a tudatom és engedélyem nélkül tesztelt engem. Ugyanakkor kíváncsi voltam arra, hogy miért gondolt rám olyannyira, hogy egyáltalán „próbára„ akart tenni, és hogy mit mutattak a „tesztelésének" eredményei.

Így folytatta: „Az ön lénye, aki ön valóban, lehetővé teszi az emberek számára, hogy megnyíljanak, és megosszák az életüket, a tapasztalataikat."

Kínos csend támadt. Próbáltam válaszolni, de nem jött ki hang a számon. Soha nem gondoltam magamra ilyen módon.

Azután ismét rám nézett és azt kérdezte, „Hová megy ezután?"
„Visszatérek posztdoktori munkámhoz és finnországi kutatásomhoz" - mondtam.

„Jó. Én is hamarosan Európába megyek. Ellátogatok Németországba, Olaszországba, és Franciaországba. Szeretne valami igazán csodálatosat látni?"

„Mire gondol?"

„Találkozhatunk Európában?" - kérdezte és elővette a naptárát.

Megnéztem a saját beosztásomat, és láttam, hogy van néhány szabad időpontom, amíg ő Olaszországban van. Bármennyire is kíváncsi voltam, nem tudtam, hogyan illeszkedik érdeklődésem az iránt, amit ő csinál, életem hátralevő részében. És az igazság az volt, hogy bár reméltem, hogy ez segíteni fog apámnak, még mindig voltak kétségeim ezzel kapcsolatban, mert nagyon ellent mondott annak, amit kiskorom óta tanítottak nekem.

Dr. Naram észrevette hezitálásomat. „ha eljön, az lesz élete egyik legcsodálatosabb élménye."

Az Ön naplójegyzetei

Hogy elmélyítse és fokozza a könyv olvasásából származó előnyöket, szánjon most néhány percet arra, hogy megválaszolja a következő kérdéseket saját magának:

Az idő mekkora részében fókuszál arra amit nem akar, szemben azzal amit akar?

_____

_____

_____

_____

Kövesse az ebben a fejezetben felvázolt folyamatot, hogy felfedezze, mit akar. Miután megnyomta a marmaa pontot, és feltette magának a kérdést, hogy mit akar, mi jutott először eszébe?

_____

_____

_____

_____

Mit fog tenni azután, miután megvalósult az amit akar?

_____

_____

_____

_____

Milyen más meglátások, kérdések vagy felismerések merültek fel Önben e fejezet elolvasása után?

_____

_____

_____

_____

10. FEJEZET

Lehet gyereke egy 50-es éveiben járó menopauzás nőnek?

A szív és az agy közötti konfliktusban kövessük a szívünket.
– Swami Vivekananda (indiai misztikus, 1863– 1902)

Milánó, Olaszország

Meg vagyok áldva. Annak ellenére, hogy a szüleimnek sosem volt sok pénzük, képes voltam ösztöndíjat, munkát, és utazási lehetőséget találni. A lelkemet mindig is vonzotta az utazás. Arra a kérdésre, hogy miért tetszett annyira, azt válaszoltam: „Élettelinek érzem magam, amikor látom, hogy az emberek szerte a világon különbözőképpen élik az életüket." És ez igaz. Késztetést érzek arra, hogy jobban megértsem, mi az emberi, az én kultúrámmal szemben. Más kultúrákban való elmélyülés a leggyorsabb módja annak, hogy felfedezzem azt, amit nem látok azonnal magamon.

Amit nem mondanék el az embereknek—és akkoriban tudatosan nem is értettem—, hogy az utazás kényelmes módja volt annak, hogy eltereljem a figyelmemet a múltammal és a jövőmmel kapcsolatos félelmeimről. Ez elterelt a saját kellemetlenségeimtől és az önmagam által érzékelt elégtelenségekről.

Olaszország volt az egyik kedvenc helyem. És jó okkal: a gelato, a pizza, a művészet, a gelato, a nyelv, a tészta, a gelato, a csokoládé, az emberek... Említettem a gelato-t?

Helsinkiből Milánóba repültem, és busszal mentem a főpályaudvarra. Impozáns márvány boltívek, robusztus szobrok, bonyolultan szenvedélyes festmények, finom illatok és energikus hangok fogadtak Olaszországban.

Dr. Giovanni megszervezte, hogy egy autó jöjjön értem. Nem sokkal az érkezésem után, egy kis piros kabrió érkezett meg.

„Ciao!" mondta a sofőr, egy barátságos olasz, aki Lucianoként mutatkozott be. Nagy, a végeinél felsodort bajusza volt, erős olasz akcentussal beszélt, sárga sportdzsekit és nadrágtartót viselt, mindennek tetején egy fehér karimájú kalappal. Egy nárciszt átnyújtva azt mondta: „Buongiorno! Nagy üdvözölet Önnek Milánóból!"

A dallamos beszédmódja úgy hangzott, mintha bármelyik pillanatban dalra fakadna. Megköszöntem neki, és hamarosan már úton is voltunk oda, ahol a következő néhány éjszakát töltöm. Nem nagyon beszélt angolul, én pedig még kevésbé olaszul, de valahogy megértettük egymást.

Díszes templomok, nyüzsgő kávézók és egy festői park mellett haladtunk el, amelynek közepén egy kastélyszerű építmény állt, egy csobogó szökőkúttal. Egy bájos, nyugodt házhoz érkeztünk, amelyet fehér oszlopok és falain fel és lefelé kanyargó zöld szőlővesszők szegélyeztek. A szerény, hangulatos házban finom gyümölcsök, étcsokoládé és forró gyógytea várt rám. Mire elaludtam, minden érzékszervemet átjárta a gyönyörű Olaszország.

Lehet jobb a szexuális életünk a nyolcvanas éveinkben, mint az újdonsült házasoknak?

Másnap kora reggel elindultam a klinikára, ahol Dr. Naramot fogadták. Megmutatták a szobát, ahol az interjúkat készítettem, felállítottam a videókamerámat majd elhelyezkedtem. Rájöttem arra, hogy ami Indiából a történetek rögzítésével indult csak, hogy ajándékot készítsek Dr.

Naramnak, az Los Angelesben átváltozott egy olyan törekvéssé, hogy több információt és bizonyítékot szerezzek, ami segíthet apámnak. Olaszországban ez volt az első alkalom, amikor az emberek eseteinek dokumentálása során úgy éreztem, hogy félig-meddig hivatalos része vagyok a csapatnak. Még ha csak önkéntesként is dolgoztam, úgy éreztem, hogy amit csinálok, annak nagyobb értéke lehet, mint eredetileg gondoltam.

Dr. Naram hihetetlen életerővel és csodálkozással érkezett, mintha ez lenne élete első napja, és minden új és színes lenne.

Üdvözölt, apámról kérdezett, és elmondta, mennyire örül, hogy el tudtam jönni.

Dr. Giovanni mindkét arcomra adott puszit, és egy nagy öleléssel üdvözölt. Olyan erősen fogta mindkét karomat kezeivel, hogy nem volt hova mennem. Meleg mosollyal az arcán nézett a szemembe. Normális esetben kényelmetlenül érezném magam, ha ilyen sokáig néznék egy másik ember szemébe, de a szeretetét és kedvességét érezve ügyetlenkedésem feloldódott, és átadtam magam a pillanatnak. Nem volt szükség szavakra az érzései kifejezéséhez, és jó volt tudni, hogy kellemesen érintette, hogy csatlakozni tudtam hozzá hazájában.

A váróterem kezdett megtelni. Ahogy az emberek beszűrődtek, az álmodozó állapotom arról, hogy ilyen gyönyörű helyen vagyok lassan elhalványult, ahogy tanúja lettem a sokak által megtapasztalt fájdalom intenzitásának.

Egy idős hölgy deformálódott ujjakkal és kezekkel markolta meg a járókáját, miközben kínkeservesen küzdött, hogy belépjen a szobába. Egy másik férfi nehezen és fáradtságosan lélegzett egy oxigén palack segítségével, amit fia vitt magával. Egy nő könnyes szemekkel tartotta karjában csecsemőjét, de nem tudtam megmondani miért sír. Egy másik fiatal anya két gyermekkel érkezett: az egyik Down-szindrómás, a másik súlyos bőr problémával küzdött.

Abban az időben Olaszország gazdasága korántsem volt rózsás. Sok üzlet bezárt, és a fiatalok körülbelül húsz százaléka volt munkanélküli. A hagyományos egészségügyi ellátást a kormány fedezte, de a betegbiztosítási tervek nem vették figyelembe az ősi gyógymódokat, így az embereknek zsebből kellett fizetniük. Körülbelül hetven euróba (kb. $100 USD) került a Dr. Narammal folytatott konzultációjuk, plusz napi két-öt euró (három-hét USD) a gyógynövényekre, amelyeket utána kaptak. Mégis nap mint nap a tömegek alig várták, hogy láthassák őt. Rendkívül kíváncsi voltam, hogy miért állt sorban olyan sok olasz, hogy láthassa Dr. Naramot. Mi ihlette őket, hogy ezt válasszák?

Az első személy akit Dr. Naram bemutatott nekem egy fiatal férfi volt, aki először kisgyermekként érkezett hozzá tizenkilenc évvel ezelőtt. Abban az időben az orvosok azt mondták szüleinek, hogy a veséi fejletlenek és hibásak, dialízisre és hamarosan transzplantációra lesz szüksége. Policisztás vesebetegségben szenvedett, és a legtöbb ilyen állapotban lévő ember rendkívül küszködik az életben. Sok év elteltével, Dr. Naram segítségével, a tesztek kimutatták, hogy veséi normálisak anélkül, hogy dialízisre vagy transzplantációra lenne szüksége!

„Múltkor megkérdezte, hogy lehet-e barátnője:" mondta Dr. Naram. „Azt mondtam: »Persze, miért ne«? Azt mondta: »De Dr. Naram, nekem veseproblémám van«. Azt mondtam: »Nem, veseproblémád volt«." Nevetett örömében az eredmény hallatán.

Dr. Giovanni elmondta nekem: „Ennek a fiúnak az egészségügyi állapota figyelemre méltó; nagyon jól néz ki. És a fiú büszkén mesélte, hogy most már barátnője is van!"

Aztán egy nyolcvanas éveiben járó idős pár került sorra, ragályos olasz lelkesedéssel beszélve. Nem nagyon tudtak angolul, de egy, a klinikán lévő kedves hölgy fordított nekem. Megdöbbentettek azzal, amikor megosztották, hogy nemcsak a korral járó ízületi fájdalmaik múltak el szinte teljesen, valamint az emésztésük is jobb lett, de olyasmit is tapasztaltak, amiről a legtöbb, náluk feleannyi idős ember csak álmodozik. Azt mondták, hogy jobb szexuális életük van, mint az ifjú házasoknak! Az idős asszony minden részletet megosztott velem, amit nem kellett tudnom, de ez nem akadályozta meg őt. Elmondta, hogy szárazságot és fájdalmat érzett a hüvelyében. Nem volt kedve csókolózni, vagy ölelkezni, elkerülte a férjét, akinek szintén voltak problémái. „Most már nem tudjuk levenni a kezünket egymásról! Imádom megérinteni őt, és imádom, amikor ő érint meg engem!"

Elmodta, hogy a Dr. Naram által felírt diéta, gyógynövények, és házi gyógymód javította a hormon szintjét, és természetesen növelte a lubrikációt, így élete minden területén nagyobb örömöt érzett. Aztán

Idős olasz szerelmes házaspár, akik ezt minden módon ki tudják fejezni.
A fotót Fabio Floris és Andrea Pigrucci készítette.

mondott valamit, amitől a fordító szeme tágra nyílt, miközben felnevetett a meglepetéstől. Kis szünetet tartott, hogy levegőhöz jusson, majd lefordította. Ez az idős nő olyan hévvel magyarázta, hogy mostanság hetente legalább háromszor szexelnek.

Nem tudtam mit tenni, én is csak nevettem. Kínos volt hallani, hogy ez a nagymama a szexről beszél, de a lelkesedése ártatlanságot és gyönyörűséget érzékeltetett. Még azt is pontosan tudta, hogy a férjének reggel mikor lesz a legvalószínűbb az erekciója, hogy felkészülhessen rá.

„Mire jó, ha csak tésztát és pizzát ehetek, de nem élvezhetem a férjemet szeretőként? Jobban szeretjük egymást, mint valaha, és élvezzük, hogy ezt ki is mutatjuk egymásnak, méghozzá erőteljesen!" Biztos vagyok benne, hogy elpirultam, és reméltem, hogy mosolyom eltakarta.

Történetük felkeltette érdeklődésemet, mert ismertem húszas és harmincas éveiben járó barátokat, akiknek merevedési zavaraik voltak, ami befolyásolta az önbizalmukat. Tehetetlennek és kínosan érezték magukat. És itt volt egy nyolcvanhét éves férfi, és egy nyolcvanegy éves nő, akik hetente többször is szexeltek!

Dr. Naram meglepődve és örömteljesen nevet, miközben ez az idős olasz nő elmeséli új életének fiatalos élményét.
A fotót Fabio Floris és Andrea Pigrucci készítette.

Menopauza után gyermeket szülni?

Ezután az interjú után Dr. Naram azt modta, hogy beszélnem kell egy Maria Chiara nevű nővel. Maria magas volt, sötét hajjal és csillogó szemekkel. Elmesélte a történetét arról, hogy hogyan került Dr. Naramhoz három évvel ezelőtt.

„Dr. Naram megkérdezte tőlem, 'Mit akar?' Azt mondtam neki, hogy szeretném visszaállítani a menstruációmat, hogy szülhessek még egy gyereket. Tudtam, hogy a lehetetlent kérem, de mégis ezt akartam."

„Akkor már a menopauzában voltam, és három éve nem volt menstruációm"- mondta. „Amikor a menopauza elkezdődött, depressziósnak éreztem magam, és hangulatingadozásaim voltak. Mindenem fájt, és nem tudtam aludni. Az egész testem lángokban állt a hőhullámoktól. Éjszaka ki kellett nyitnom az ablakokat, mert őrületesen izzadtam. Megpróbáltam aludni, párnát, ágyneműt, pozíciót váltani, de mégsem sikerült elaludnom. Nagyon fáradt voltam, felpuffadtam, görcsöket és emésztési zavarokat tapasztaltam. Valamint száraz volt a hüvelyem és nem volt libidóm. Kibújt belőlem a vénasszony, és a bőröm is borzongott. Aztán elkezdődtek a szédülési rohamok — sétáltam, és az egész világ elkezdett forogni. Naponta sokszor kellett pisilnem, és éjszaka is. Ennek orvoslására betétet kellett viselnem. Elkezdődött a hátfájás, és a csontok zöreje, amiről az orvosaim azt mondták, hogy csontritkulás. Öregnek éreztem magam. És ami a legrosszabb, a szőr kezdett kinőni furcsa helyeken. De aztán új barátom lett, aki fiatalabb nálam, és bár vannak kihívásaink, nagy a vágyam arra, hogy gyermekem legyen tőle."

„Az esete egy másik nőre emlékeztetett, aki egyszer eljött hozzám"- mondta Dr. Naram. „Azt mondta, hogy Jézus eljött hozzá álmában, és azt mondta neki, hogy Dr. Naram segíthet neki kilábalni a menopauzából. Meglepődve azt mondtam neki, hogy 'Talán Jézus eljött a maga álmában, de az én álmomban nem jött el.'" Dr. Naram nevetett. Miközben segített ennek a nőnek, Dr. Naram olyan titkokat fedezett fel, amelyekről úgy érezte, hogy Maria-nak is segíthetnek.

Amikor először jött hozzá, Dr. Naram azt mondta Maria-nak, „Ön nagyon jó nő. A probléma nem önnel van. Hogy ki ön igazából, az más kérdés. A hormonjai okozzák a hőhullámait, a puffadást, a haragot, és az izgatottságot. A barátja azt gondolhatja, hogy ön egy mérges nő, de valójában ön nem az. Ő ezt nem érti. Lehet, hogy maga bűntudatot, és zavarodottságot érez, de ismételten, a kiegyensúlyozatlan hormonjai okozzák ezt a pusztítást, nem ön.

Figyelmeztette Maria-t arra, hogy a titkok mellékhatásokat is okozhatnak, például több fiatal férfi akarja őt. „Eredeti mesterem, Jivaka, kezelte Amrapalit, akit hatvan évesen a világ leggyönyörűbb nőjének tartottak, és aki folyamatosan vonzotta a fiatalabb férfiakat. Még a harmincöt éves király is feleségül akarta venni, akinek már volt egy fiatalabb felesége."

„A gyermekvállalással kapcsolatban nem ígérhetek semmit - mondta neki -, de ezen ősi titkok szerint biztosan segíthetek abban, hogy fiatalabbnak tűnjön és érezze magát. És meglátjuk, mi minden más jár még ezzel együtt. Hajlandó vállalni ezt a kockázatot?"

„Mi történt?" Kérdeztem.

Elmesélte, hogy szorgalmasan követte a diétát és körülbelül egy évig szedte az összes házi gyógymódot és gyógynövényt. A teljes boldogság hatalmas mosolyával azt mondta: „Most ötvenhat éves vagyok és újra elkezdődött a menstruációm.

Dr. Giovanni sem tudta megállni, hogy ne mosolyogjon, és hozzátette, hogy ő is kételkedett, amikor Dr. Naram három évvel ezelőtt beszélt Maria-val. Látott már fiatalabb pácienseket menopauzába kerülni, és visszanyerni a ciklusukat, de egy vele egyidős nőt még soha. „Orvosi szempontból ez példátlan és csodálatos volt" - mondta.

Maria hozzátette: „Most már tudok alkotni, lehet gyermekem. Úgy érzem magam, mintha a mennyországban lennék!"

Megkérdeztem tőle: „Van valami igazolása a koráról, például a jogosítványa?"

Maria széles mosollyal előhúzta a táskáját, és megmutatta a képét, valamint a vezetői engedélyben szereplő születési dátumot, mondván: „A gyógynövények segítettek, hogy fiatalabbnak tűnjek és érezzem magam. Mindenki, akivel találkozok, negyven körülire tippel. Még a barátom is féltékeny lesz, ha fiatalabb férfiak néznek meg. Büszke vagyok arra, ahogy most érzem magam."

Dr. Giovanni hozzátette: „Nagyon büszke vagyok rá, mert akkora nagy hite és vágya volt. Még akkor is, ha a legtöbb ember elhitte, hogy menopauza után nem lehet teherbe esni, ő elhitte, hogy megteheti. Más utat választott magának. Követte a protokollt, és ennek eredményeként figyelemre méltó dolgot ért el."

Ezen megjegyzések hallatán Dr. Naram így szólt: „A mesterem, bárhol is legyen, biztosan nagyon jól érzi magát, hogy az általa adott ősi gyógyító titkok mennyire segítenek Maria-nak. Maria megvalósítja álmait! Megoszthatok önnel még egy ehhez hasonló esetet?"

Bólintottam.

„Él egy másik nő Párizsban, akit szeretném, ha megismerne.

Hélène majdnem ötven évesen jött hozzám. Hat éve leállt a menstruációja, de amikor megkérdeztem tőle: 'Mit akar?' azt mondta: 'Igazán szeretnék gyereket.' Ekkor azt mondtam: 'Nagyon jó,' csak Dr. Giovanni, aki velem volt akkor, azt mondta: 'Hogy érti?' és félrehúzott. Azt mondta: 'Dr. Naram, ön nem érti. Már hat éve menopauzában van! Kizárt, hogy gyereke legyen. Miért adna neki hamis reményt?' Mondtam neki, hogy ez nem arról szól, amit ő akar, vagy amit lehetségesnek gondol, hanem arról, amit ez a csodálatos nő akar. Megadtam neki az összes ősi titkot, a házi gyógymódokat, és gyógynövény-készítményeket, diétát, mindent, és ő fegyelmezett volt. Pontosan követte türelemmel és kitartással. Aztán akár hiszi, akár nem, felhívott. Nagyon boldog volt és amikor megkérdeztem miért, azt mondta, hogy most görcsölni kezdett. Elképesztő, mi? Izgatottnak lenni a görcsök miatt. Mondtam neki, hogy ez jó jel, és csak folytassa. Aztán néhány hónap múlva ismét hívott. Azt mondta: „Dr. Naram, újra elkezdtem menstruálni, mint húsz éves koromban!" Ez mindkettőnk számára ünnepélyes pillanat volt - nem tudom ezt szavakba önteni. Táncolni és sírni akartam. Sikerült!

„Nagyon izgatott volt, hogy most már lehet gyereke, de azt mondta, hogy van még egy probléma. Megkérdeztem: „Milyen probléma?" Azt mondta: „Dr. Naram, nincs barátom!"" Dr. Naramnak tágra nyíltak a szemei, amikor a történetnek ezt a részét elmesélte. „Még ez az akadály sem állította meg, hiszen határozottan tudta, hogy mit akar. És megtalálta a saját módját arra, hogy mesterséges beültetéssel teherbe essen. Amikor legközelebb Párizsba jöttem, egy egészséges, csodálatos

Dr. Naram Párizsban az 52 éves Hélène-nel és gyönyörű kislányával. Nem akarta, hogy felismerjék, ezért elhomályosítottuk a képét, de egyetértett azzal, hogy ez a kép annyi örömöt rejt magában, hogy szerepelnie kell ebben a könyvben.

> „Az édeskömény a nők legjobb barátja. Természetes módon támogatja a kiváló ösztrogén- és progeszteron szintet."
> – Dr. Naram

kislányt hozott magával! Azt mondta, hogy ez az ősi és a modern tudomány csodája volt. Elképzelhetetlen volt az az öröm és az elégedettség, amit akkor éreztem, amikor láttam, hogy valóra válik az álma, hogy a kezében tartja ezt a gyönyörű kisbabát! Jobb volt, mintha Nobel-díjat nyertem volna."

Dr. Naram háláját fejezte ki mesterének, aki megtanította neki ezt az ősi tudományt, és ennek a nőnek a hitéért és kitartásáért, amely ilyen csodálatos eredményeket hozott. El volt ragadtatva a gyógynövény készítmények és az egyszerű házi gyógymódok erejétől, amiket adott neki, mint például a köménypor, az ajwain por, a hing, a kapormagpor, a fekete só, a timsó és az édeskömény. „Az édeskömény a nők legjobb barátja. Természetes módon támogatja a kiváló ösztrogén- és progeszteron szintet."

Dr. Naram hangsúlyozta, hogy a mestere azt tanította neki: „Ha égő vágyunk van, nagy hittel, és elkötelezettséggel és fegyelmezettséggel, akkor bármi lehetséges."

Annyi kérdés kavargott a fejemben azzal kapcsolatban, hogy milyen módszereket használt, hogy elérje azokat az eredményeket amelyeket Indiában, az Egyesült Államokban, és Olaszországban láttam beválni. Míg korábban a szkepticizmusom 80 vagy 90 százalék volt, addig most körülbelül 30 százalék lett. A kérdéseim és a kíváncsiságom körülbelül 65 százalék körül volt. A fennmaradó 5 százalék azt mutatta, hogy a gondolataim felszínén keresztül repedezett a bizalom és az ebbe az ősi gyógyító módszerbe vetett hit.

> „Ha égető vágyunk van nagy hittel, elkötelezettséggel és fegyelemmel, akkor bármi lehetséges."
> – Baba Ramdas
> (Dr. Naram mestere)

„Hogyan segített ezeknek a nőknek abban, hogy a menopauza után újra

---

*Bónusz anyag: Annak érdekében, hogy felfedezzük Amrapali titkos gyógymódjait, és azt, hogy ez az idős házaspár hogyan maradt ennyire fiatal, Dr. Naram úgy érezte, hogy hasznos lenne több kontextus és támogatás megadása. Ehhez kérjük tekintse meg a mellékletet és az ingyenes videókat a MyAncientSecrets.com tagsági weboldalon.

menstruáljanak?" Kérdeztem Dr. Naramtól. „És pontosan mit tett, hogyan segített annak az idős házaspárnak, hogy ismét olyan fiatalosak legyenek, mint az ifjú házasok?"

„Tényleg tudni akarja?" Dr. Naram kérdezte tőlem.

„Igen!" Mondtam.

„Nos, nagyon szeretném, ha tudná. Szívtől szívig, Clint, szeretném, ha tudná, hogyan működik ez."

„Akkor kérem mondja el."

„Ahhoz el kell jönnie holnap."*

Az Ön naplójegyzetei

Hogy elmélyítse és megerősítse a könyv olvasásából származó előnyöket, szánjon most néhány percet arra, hogy megválaszolja a következő kérdéseket:

Milyen égető vágyak vannak az Ön szívében, mégha azok egyesek számára lehetetlennek is tűnnek? (Ha nem ítéli meg önmagát, vagy a vágyait jónak vagy rossznak, lehetségesnek, vagy lehetetlennek, és nem aggódik amiatt, hogy mások mit gondolnak arról, akkor mit fedez fel, mi az amit *Ön* igazán akar?)

_____

_____

_____

_____

_____

Milyen egyéb meglátások, kérdések, vagy felismerések jutottak el Önhöz e fejezet olvasása közben?

_____

_____

_____

_____

_____

11. FEJEZET

Titkos diéta a 125 év feletti életkorhoz?

A jövő orvosa nem ad gyógyszert, hanem érdeklődést fog kelteni páciensében az emberi test ápolása, a táplálkozás, a betegségek oka és megelőzése iránt.
– Thomas Jefferson (Az Amerikai Egyesült Államok 3. elnöke, és a Függetlenségi Nyilatkozat fő szerzője)

Másnap beszéltem Simone Rossi Doria-val, azzal az emberrel, aki a logisztikát koordinálta Dr. Naram körútján. „Olaszország volt az első ország Indián kívül, ahol Dr. Naram megosztotta ezt az ősi gyógyító rendszert. Ez több, mint huszonöt évvel ezelőtt volt" – mondta büszkén. Valóban, mintegy kilencvenöt ember kereste fel Dr. Naramot azon a napon, amikor a milánói klinikáján jártam. Honnan tudtak ennyien róla? „A szájhagyomány, az e-mail listák, és az újságcikkek sokat segítettek a hír terjesztésében"- mondta Simone.

Elmondta, hogy több, mint hatvan városból több ezer olasz részesült Dr. Naram rendelőjének jótékony hatásaiból. Dr. Naram több olasz orvost is kiképzett az ősi módszerekre, és mindez Simone testvérével, Susival kezdődött.

Még aznap találkoztam Susival és az édesanyjukkal egy étkezési szünetben. Megfontolt nő volt, aki az utazások szeretetének és az

Dr. Giovanni, Dr. Naram, és Simone a Vatikán előtt.

élet iránti nyitottságának köszönhetően sok tapasztalatra tett szert. Pucci, az anyjuk, tele volt energiával, lelkesedéssel, és élénken kifejező volt. Az eredetileg Angliából származó Pucci egy olasz férfihez ment feleségül és olyan sokáig élt Olaszországban, hogy mostanra már folyékonyan beszélt olaszul.

Susi és Dr. Naram édesapja ugyanabban az időben tartózkodott Szatja Szái Baba ashramában Indiában 1987-ben. Egyik nap Dr. Naram meglátogatta az apját az ashramban. Egy olasz csoport érdeklődött iránta, és munkája iránt, Susi pedig fordított nekik. Amikor megkérte, hogy tapintsa ki a pulzusát, Dr. Naram májproblémát diagnosztizált nála, és azt mondta neki, hogy hepatitis A-ban szenved. Susi nem hitt neki, és ragaszkodott ahhoz, hogy jól érzi magát. Tíz nappal később a szemei besárgultak.

Susi édesanyja azt mondta: „Susi azt gondolta, hogy ételmérgezése van, valami hal miatt, amit Olaszországból való távozása előtt evett. Elment vérvizsgálatra, amely megerősítette, hogy hepatitis A-ban szenved. Nem tudta elhinni, hogy Dr. Naram azt már jóval a vérvizsgálat előtt, csupán a pulzus kitapintásából tudta. Honnan tudhatta volna?"

Susi elmagyarázta, hogyan értette meg később a módszer működését. „Vérvétel és vizsgálat helyett a pulzus jeleit olvassa le. A pulzusdiagnosztika révén Dr. Naram képes megérteni, hogy mi a baj a testben. Tudom, hogy sok orvos szkeptikus ezzel kapcsolatban, de sok hozzám hasonló embert láttam, akik felkeresték Dr. Naramot és hasonló tapasztalatban volt részük. Miután találkoztak vele, vérvételt és más teszteket végeztek el, amelyek megerősítették azt, amit ő csupán a pulzusvizsgálattal diagnosztizált. Több évbe kerül ennek a készségnek az elsajátítása, hiszen ez egyaránt művészet és tudomány. Az ujjakon keresztül lehet tudni, hogy milyen szinten van a vata, a pitta, a kapha elem. Érezni lehet, hogy van-e egyensúlyhiány, és ha mélyebbre megyünk, akkor megérthetjük, hogy van-e blokk és hol van az."

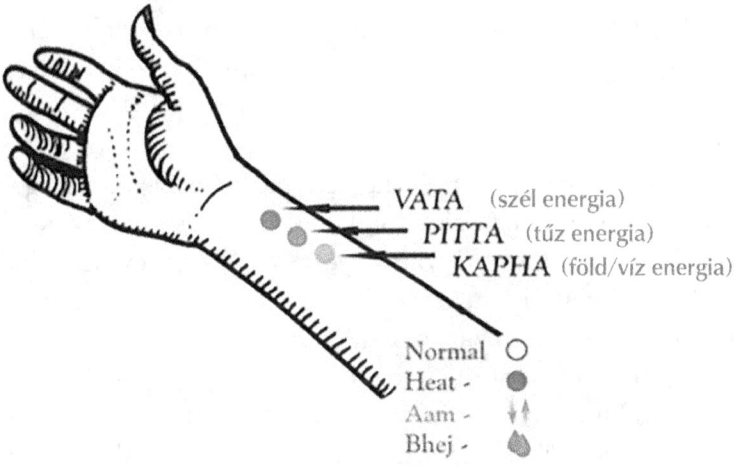

A *pulzusmérés során észlelhető néhány alapelem ábrája. A pulzus erőssége, mintázata és sebessége az egyes pontokban jelzi a személy rendszerében lévő esetleges egyensúlytalanságokat és blokkokat. Ezek a blokkok és egyensúlyhiányok fizikai, mentális és/vagy érzelmi problémákkal kapcsolatosak, amelyekkel az adott személy jelenleg vagy a jövőben valószínűleg szembesülni fog.*

Dr. Giovanni már elmagyarázta nekem a *doshák* fogalmát, és miután elvégeztem a saját kutatásomat, tudtam, hogy Susi a test elemi aspektusairól beszél, amelyeken mind a Sziddha-Véda, mind az Ájurvéda gyógyítási szemléletmódja alapul. A vata a szélenergia, a pitta a tűz, és a kapha (*ejtsd: kafa*) a víz/föld. Minden személy felépítése eltérő, attól függően, hogy melyik minőség, vagy a minőségek mely kombinációja dominál. A pulzusban való megjelenésük alapján kimutathatók az egyensúlyhiányok, és diagnosztizálhatók a betegségek.

Susinak másnap kellett volna hazarepülnie Olaszországba, de Dr. Naram és felesége, Smita, meggyőzték, hogy maradjon náluk, mert túl gyenge volt a repüléshez. Ez lehetőséget biztosított számára, hogy megváltoztassa az étrendjét, és szedje a Dr. Naram által készített gyógynövény formulákat. Noha a legtöbb ember képes megbirkózni sok kihívással, szélsőséges esetekben, vagy ha valaki gyorsabb eredményre törekszik, a *pancsakarmá-t* vagy *aszthakarmá-t* választhatja. Mindkettő több folyamatból álló tisztítási módszer a test alapvető rendszereinek újjáépítésére. A *karma* jelentése „cselekvés," a *pancsa* jelentése pedig „öt." A pancsakarma öt műveletből áll, amelyek célja a méreganyagok eltávolítása a szervezetből. Az aszthakarmá-ban nyolc művelet, vagyis további három lépés van, hogy a testet belülről kifelé tisztítsa, megtisztítsa és újra egyensúlyba hozza. Miközben Susi indiai tartózkodásáról beszélt, és arról, hogy milyen jó ellátást kapott Dr. Naramtól és feleségétől, Szmitá-tól, én édesapámra gondoltam. Két héttel korábban felhívtam, és megtudtam, hogy megkapta a gyógynövénykészítményeket. Csak azáltal, hogy megváltoztatta étrendjét, és rendszeresen szedte a gyógynövényeket, egy kicsit kevesebb fájdalmat és több energiát érzett, és ez reményt adott neki. Meglepett azzal amikor közölte: „Fiam, azt hiszem kezdek elgondolkodni az Indiába való repülésen." Azonnal lefoglaltam a repülőjegyét és a helyét az Ayushakti klinikán Mumbaiban az egy hónapig tartó pancsakarma kezelésekre, amelyeket Dr. Naram ajánlott. Körülbelül ugyanabban az időben, amikor megérkeztem Olaszországba, apám Indiában landolt. A repülés nehéz volt számára. Annyira gyenge volt amikor leszállt a gépről Mumbaiban, hogy két kedves muszlim úriembernek, akikkel együtt repült, karon kellett fogniuk őt, hogy fel ne boruljon. Amikor megkaptam az E-mailt, amelyben elmondta, hogy úgy érzi, mintha angyalok gondoskodnának róla, és már elhelyezkedett a klinikán, hálás voltam. Arra is kíváncsi voltam, hogy milyen további tapasztalatai lesznek.

Olaszországi tartózkodásomkor Susi elmondta továbbá, hogy alig néhány hét kezelés után elegendő javulást látott a speciális diéta és a Dr. Naram által adott gyógynövények hatására ahhoz, hogy haza tudjon menni. Amikor visszaérkezett Olaszországba, az első vérvizsgálata valami figyelemreméltót mutatott: a mája egészséges volt.

„Az olaszországi orvosaim azt mondták nekem, hogy az ilyen

jellegű ételmérgezésből való felépülés általában több hónapig tart" - mondta. „Amikor egy hónap után megvizsgáltak, és látták, hogy a májam tökéletesen működik, megdöbbentek. Meséltem nekik Dr. Naram mélyreható módszereiről, ősi receptjeiről, a gyógynövényes étrend-kiegészítőkről és az étrendbeli ajánlásokról, és ők szerettek volna többet megtudni."

Hogy megköszönje neki a segítséget, Susi megkérte Dr. Naramot, hogy jöjjön el, és tartson egy szemináriumot gyógyító módszereiről Olaszországban. Eltartott egy ideig, amíg talált rá időt, de a hölgy kitartó kérésének köszönhetően beleegyezett. Dr. Naram és felesége, Szmita, 1988-ban érkeztek Olaszországba, május 4-én, a születésnapján.

Dr. Naram első látogatása Olaszországban, feleségével, Smita-val, Susival és Simone Rossi Doria-val. (1988)

Indiából Olaszországba

Dr. Naram besétált egy kis mungóbab levesért, és észrevett minket. Susi azt mondta: „Az első olaszországi látogatásról mesélünk Clintnek."

Dr. Naram nevetett és azt mondta: Ez volt az első európai látogatásom, és minden furcsának tűnt Indiához képest. Senki sem beszélt angolul, és amikor elkezdtem beszélni a Susi által megszervezett szemináriumon, mindenki furcsán nézett rám."

Susi fordításában, Dr. Naram megkérdezte a hallgatóságot, hogy hallott-e már valaki a Sziddha-Védáról vagy Ájurvédáról. Senki sem emelte fel a kezét. Megkérdezte, érdekli-e őket, de egy kéz sem emelkedett fel. Ez kissé idegessé tette, ezért egy másik kérdést tett fel: „Hányan szeretnének száz évig élni?" Csak egy személy emelte fel a kezét. Dr. Naram kétségbeesett, de Susi biztatta, hogy mondja el saját gyógyulásának történetét, így hát megtette. Dr. Naram beszélt arról, hogy találkozott 115 éves mesterével, és arról, hogy a hosszú élet titkának része volt, hogy többnyire kerülte a sajtot, a paradicsomot, a búzából készült termékeket és az alkoholt.

A tömeg kitört. Egy férfi felállt és felkiáltott: „Mi? Se bor, se sajt, se tészta? Elfogadhatatlan!" Valaki más hozzátette: „Szörnyű! Én minden nap eszek sajtot, tésztát! És iszok bort."

Miközben Dr. Naram elmesélte a történetet, letette a mungóbab levest, hogy mindkét kézzel hadonászhasson, miközben félig olasz akcentussal beszélt az indiai akcentusa helyett, ami mulatságos volt. Most már jobban megértette az olasz kultúrát, és nevetni tudott az évekkel ezelőtti helyzet kínosságán.

„Első alkalommal hagytam el Indiát, hogy megosszam a titkaimat, és úgy tűnt, hogy az senkit sem érdekelt. Nem beszéltem a nyelvet, de rájöttem, hogy bármit is mondtam, nem működik, és a szívem kezdett összeszorulni." Rám nézett és megkérdezte: „Nos, Clint, ön mit tenne?"

Ingattam a fejem.

„Most mosolygok, de abban a pillanatban nem mosolyogtam. Nagyon össze voltam zavarodva, és azon gondolkodtam, hogy vajon hibát követtem-e el, amikor Olaszországba jöttem. Elhatároztam, hogy beszélek a mesteremről, mutattam képeket, és megosztottam a vele való találkozás és a nála való tanulás történetét. És hiszi vagy sem, valami csoda történt. Körülbelül másfél órán át beszéltem, majd abbahagytam, és vártam. Aztán egy személy felemelte a kezét és megkérdezte: 'Mikor mutathatom meg a pulzusomat?'"

Dr. Naram megkérdezte: „Hányan akarják, hogy megvizsgáljam a pulzusukat?" A legtöbb ember a teremben felemelte a kezét, Dr. Naram és Susi legnagyobb meglepetésére.

„Az első nap tizenhatan jelentkeztek a pulzusgyógyító

konzultációra. A második napon ezek az emberek szóltak másoknak, így harminckét ember várakozott. A harmadik napon ez megduplázódott, hatvannégyre."

Dr. Naram azt mondta, hogy csak két napot kellett volna Olaszországban töltenie, de végül hat napig maradt, és még az sem volt elég ahhoz, hogy mindenkivel találkozzon. Meghívták hát, hogy jöjjön újra, és beszéljen más városokban.

„Ez több évtizeddel ezelőtt volt. Azóta több ezer embert láttam itt. Sok orvost képeztem ki, mint például Dr. Giovanni, Dr. Lisciani, Dr. Chiromaestro, Dr. Lidiana, Dr. Alberto, Dr. Antonella, Dr. Catia, Dr. Guido, és Claudio. Rengeteg ember élete vált jobbá. Egészségesebbek és boldogabbak lettek."

Kép az Oggi magazinból Dr. Naramról és sok olasz orvosról, akiket őiképzett ki.

Dr. Naram mesélt nekem a németországi Alexanderről, aki Olaszországba utazott, hogy találkozhasson vele. Alexander másokat is hozott magával. Hamarosan buszt kellett bérelniük, míg végül Dr. Naram elfogadta Alexander meghívását Németországba. Aztán jöttek a meghívások Franciaországba, Svájcba, Ausztriába, Hollandiába, Angliába, és az Egyesült Államokba, Kanadába, és sok más országba.

„Amikor a mesterem segített felfedezni, hogy küldetésem az, hogy

„Az én küldetésem az, hogy ezt az ősi gyógyító rendszert minden otthonba, minden szívbe eljuttassam"
– Dr. Naram

ezt az ősi gyógyító rendszert eljuttassam a Föld minden otthonába, és minden szívébe, nem hittem el. Akkoriban még egy páciensem sem volt. De amikor ez a mélyebb gyógyulás mozgalma elkezdődött Európában, abban reménykedtem, hogy a mesterem lát valamit, amit én nem. És ez csak folytatódik. A mélyebb gyógyításnak ez a csendes forradalma olyan szikrára kapott, amely most lángra lobban."

Susi közbelépett. „Dr. Naram megtanít arra, hogyan vigyázzunk a testünkre, mielőtt megbetegszünk - hogyan együnk helyes ételeket, milyen gyógynövény-kiegészítőket szedjünk, és milyen életmódot kövessünk: megfelelő alvás, testmozgás, munkarutin, és hogyan szakítsunk időt az imára vagy a meditációra. Ha tudjuk mit kell tennünk, és mit nem, akkor már eleve nem leszünk betegek. Ez a Sziddha-Véda igazi ereje."

Dr. Naram felém fordult: „Susi elárult önnek néhány nagyon fontos titkot. Tegnap azt kérdezte, hogyan segítettem a nőknek visszanyerni a menstruációjukat, vagy mit adtam a nyolcvanas éveiben járó párnak, hogy visszanyerjék életteli fiatalságukat, igaz?"

Bólintottam.

„Most mondta el, hogyan! Mesterem megtanított arra, hogy ezek, és még sok más dolog is lehetséges a Sziddha-Véda hat titkos kulcsán keresztül a mélyebb gyógyulásért. Tudja már, hogy mi az a hat kulcs?"

Kezdtem ideges lenni, azon tűnődve, hogy ez egy újabb teszt lesz-e. „Beszélt nekem a házi gyógymódokról, a gyógynövény készítményekről és a marmaáról." Mondtam.

„És mi a másik három?"

Szerencsére Susi túlbuzgón osztotta meg őket ismét, így nem kellett találgatnom: „diéta, pancsakarma vagy aszthakarma, és életmód."

Dr. Naram folytatta: „Ezeket az erőteljes, ősi gyógyító kulcsokat használja a Sziddha-Véda vonalunk, a mi „iskolánk", hogy olyan eredményeket érjünk el, amelyek a modern világ számára csodának tűnnek. De ezek a gyógymódok időtálló, bevált elveken és folyamatokon alapulnak, és kiszámítható, hosszú távú, nem mérgező eredményeket hoznak. Ezek a kulcsok segítettek mesteremnek abban, hogy megélje a 125 éves »fiatal« kort. Nem a gyors megoldásról, hanem a mélyebb gyógyulásról szólnak."

Lenyűgözőnek találtam, hogy a gyógyítás egyik legfontosabb kulcsa az étrend volt. „De hogyan lehet a diéta „titok"?" kérdeztem. „Mindenki eszik ételt."

Susi azt mondta: „Talán ez egyike azoknak a „titkoknak", amely állandóan szem előtt van, de nem vesszük észre, amíg valaki rá nem mutat."

Dr. Naram hozzátette: „Igen, mindenki fogyaszt ételt. De általában nem tudják, hogy mely élelmiszerek adnak kicsattanó egészséget, korlátlan energiát, és lelki békét, és melyek azok, amelyek rontják az egészséget, kimerítik az energiát, és félelmet és negatív érzelmeket váltanak ki belőlünk. Tudja, hogy mely étel lehet orvosság az egyik ember számára, és ugyanaz méreg valaki más számára? Tudja mely ételek táplálják az agyat, növelik a memória teljesítőképességét, és segítik elő a pozitív érzelmeket?"

Minden kérdésre nemmel ráztam a fejemet, mire ő folytatta: „Tudja, hogy a nap mely szakában és mennyit érdemes enni, vagy hogy mely ételeket érdemes kombinálni egymással, és melyeket nem? Tudja, hogy mely ételek erősítik az immunrendszert, hogy ne betegedjünk meg, vagy mely ételek csökkentik az agni-t (emésztési energiát) vagy bala-t (életenergiát)? Tudja, hogy mely ételeket kell kerülnie, amikor éppen egy betegséget győz le, és mely ételek segítik a mélyebb gyógyulást? E titok ismerete és alkalmazása segíthet valakinek abban, hogy menopauza után újra menstruáljon, legyőzze a májgyulladást, táplálja a veséket, támogassa egy autista gyermek gyógyulását, vagy nyolcvan évesen is életerős fiatal maradjon!"

„Rengeteg különböző filozófia létezik az étkezésről" - mondtam. „Honnan tudhatom, hogy kinek van igaza?"

„Clint, a mesterem megtanított erre a titokra. Ne törődjünk azzal, hogy kinek van igaza. Csak arra koncentráljunk, ami működik."

Susi hozzátette, „Igen, sok különböző elmélet létezik arról, hogy mi az egészséges táplálkozás, mit kell enni és mit nem, de nagyon kevés létezik, ami ilyen hosszú távú eredményt mutat azoknál az embereknél, akik követik azt."

Dr. Naram elmondta: „Olyan erőteljes étrendbeli titkokat tanultam a mesteremtől, amelyek bárki életét megváltoztathatják. Legalábbis

„Ha megváltoztatjuk az étrendünket, megváltoztathatjuk a jövőnket."
– Dr. Naram

azoknak az életét megváltoztathatják, akik többet akarnak, mint egy gyors megoldást az általános egészségtelen életmódra. Ezek a titkok aranyat érnek azoknak, akik kitartanak a hosszú távú, nem mérgező, mélyebb gyógyulás mellett."

„És milyen étrendbeli titkokat tanult a mesterétől?" Kérdeztem.

„Nagyon jó kérdés. Szerettem volna megtudni, mit csinált, hogy több mint száz évig élt, és ilyen fiatalnak érezte magát? Mit csinált másképp, mint a legtöbb ember, aki ötven évesen már öregnek érzi magát? Mit ajánlott másoknak ami ilyen elképesztő eredményeket hozott az életükben, amelyeket nem tapasztaltak a „gyorsjavító megoldásoktól"? Az egyik legnagyobb különbség - tanította nekem - az étkezésünkben volt."

„Igen, de mit tanított önnek az étkezésről?"

Dr. Naram egyenesen rám nézett. „Azt tanította nekem, hogy ha megváltoztatjuk az étrendünket, akkor megváltoztathatjuk a jövőnket."

Ez erőteljes kijelentés volt. Meg akartam változtatni a jövőmet magam és apám számára, de nem voltam benne biztos, hogy milyen ételeken kell változtatnunk. „Igen - mondtam -, hiszek önnek. De pontosan mit kellene ennem, és mit kellene kerülnöm?"

„Ez egy milliárd eurós kérdés" - mondta Dr. Naram, miközben befejezte a levesét, és lassan az ajtóhoz sétált. „Most vissza kell mennem az emberekhez, de nagyon örülök, hogy felteszi ezt a kérdést. Ha megfelelően megtanulja, hogy milyen ételeket fogyasszon, és melyeket kerüljön, az megváltoztathatja az életét. Olyan erőre tesz szert, hogy megtudja mitől lesz beteg, és mitől lesz egészséges, mi az, ami segít mélyen meggyógyulni, és mi segíthet abban, hogy száz éves koron túl is életerős egészséggel, korlátlan energiával, és lelki békével éljen."

„Kérem, Dr. Naram, mondja meg nekem. Mit kell tennem?" „Jöjjön vissza holnap."

És ezzel kisétált a szobából, hogy folytassa a betegek vizsgálatát.

Igazán? Gondoltam. Susit és édesanyját is visszahívták a klinikára, hogy segítsenek, én pedig egyedül maradtam a gondolataimmal. Elgondolkodtam az apámmal folytatott legutóbbi beszélgetéseken.

Még mielőtt Indiába ment volna, Dr. Naram ajánlása alapján nagy változtatásokat hajtott végre az étrendjében. Élete nagy részében apám tipikus étrendje gabonapehely és tej, vagy szalonna és tojás volt reggelire. Ebédre sajtos szendvicseket evett búzakenyérrel, és burgonya chipsszel. Vacsorára húst és krumplit evett egy pohár tejjel. Dr. Naram pontosan ezeket az ételeket javasolta elkerülni. Eleinte apám azon töprengett, hogy vajon mit ehet, de hamarosan teljesen megváltoztatta az étrendjét. Abbahagyta a búza- és tejtermékek, és majdnem minden hús fogyasztását, és elkezdett főtt zöld leveles zöldségeket és mungóbab levest enni.

Habár eleinte ijesztőnek tűnt, hamar megelégedésre talált olyan alternatívákban, amelyekre korábban nem is gondolt. Szerencsére felfedezte, hogy nagyon sokféle ízletes, egészséges étel létezik, amelyek létezéséről nem is tudott, és amelyek közül sok könnyen elkészíthető. Apám megtalálta régi kedvenc ételeinek helyettesítőit, és új recepteket, amelyeket igazán élvezett. A lista élén Dr. Naram titkos mungóbab levese állt. Ez gazdag volt fehérjében, csökkentette a gyulladást, sok energiát adott, és mégis a könnyedség érzését keltette benne. Azt is megtudtuk, hogy ugyanaz az emésztési folyamat, amely a mungóbab

Naplójegyzeteim

Dr. Naram csodálatos mungóbab leves receptje*

A mungóbab gyógyító előnyei: tápláló, méregtelenítő hatású, segít egyensúlyban tartani mind a három dosha-t (életelem). Segíti a rossz táplálkozás, a mozgáshiány és a mozgásszegény életmód miatt idővel a szervezetben lerakódott aam („méreganyagok") kiürülését.

Ezen összetevők közül sok online vagy ázsiai/indiai élelmiszer üzletekben vásárolható meg.

Hozzávalók:

- 1 csésze szárított, egész zöld mungóbab—egy éjszakán át áztatva
- 2 csésze víz + 1½ tk. só
- 1 ek. tisztított tehén ghí, vagy napraforgó olaj
- 1 tk. fekete mustármag
- 2 csipetnyi hing (nyugaton asafoetida)
- 1 babérlevél
- ½ tk. kurkuma por
- 1 tk. őrölt római kömény
- 1 tk. koriander por
- 1 csipetnyi őrölt fekete bors
- 1½ tk. friss gyömbér, apróra vágva
- ½-1 tk. vagy 1 gerezd friss fokhagyma, finomra vágva
- még 2 csésze víz – a bab főzése után adjuk hozzá a leveshez
- 3 db Kokum (szárított vad mangosztán)
- só ízlés szerint tálaláskor

Opcionális: 1 csésze apróra vágott, hámozott sárgarépa, 1 csésze kockára vágott zeller

Elkészítési lépések:

1. Öblítsük le, távolítsuk el az apró kavicsokat, majd áztassuk be a mungóbabot egy éjszakára vízbe.
2. Csepegtessük le a mungóbabot a jelzett mennyiségű víz és só hozzáadásával, majd főzzük puhára. Kuktától függően körülbelül 25 percig tart. (A babnak meg kell törnie.)
3. Vagy egy hagyományos mély fazékban 40-45 percet vesz igénybe amíg a bab teljesen megfő. Fedővel letakarva, vagy kis rést hagyva forraljuk fel, majd állítsuk alacsony lángra. 25 perc múlva adjuk hozzá a kokumot, sárgarépát, zellert.
4. Amíg a bab fő, körülbelül 20 perc elteltével egy külön mély fazékban közepes lángon hevítsük fel az olajat vagy a ghí-t, elolvadásig. Adjuk hozzá a mustármagot.
5. Amikor a magok pattogni kezdenek, adjuk hozzá a hinget, a babérlevelet, a kurkumát, a köményt, a koriandert, a gyömbért, a fokhagymát és egy csipetnyi fekete borsot, majd óvatosan keverjük össze.
6. Gyorsan kapcsoljuk a hőfokot a legalacsonyabb fokozatra, majd körülbelül 10 percig pároljuk - ne hagyjuk, hogy megégjen.
7. A főtt babot további 2 csésze friss vízzel együtt tegyük át a lábasba a fortyogó hozzávalókkal együtt.
8. Forraljuk fel, majd főzzük még 5-10 percig. Jó étvágyat! Basmati rizzsel tálalható.

*Bónusz Anyag: Ha szeretné látni, hogy hogyan készítheti el ezt a mungóbab levest többféle ízletes módon, valamint hogy más ízletes recepteket és táplálkozási titkokat kapjon, kérjük látogasson el az ingyenes MyAncientSecrets.com tagsági oldalra.

anyagcseréjéhez szükséges, segít a szervezetnek eltávolítani a nemkívánatos méreganyagokat. Dr. Naram minden száz évnél idősebb mestere mungóbabot és sok ghí-t evett. Dr. Naram „varázslatosnak" nevezte a ghí-t, mert oly hatékonyan segíti a három dosha-típus bármelyikét egyensúlyban tartani.

Várjunk csak, mit ért azon, hogy „Nincs Pizza"?

Bár élveztem Susi tapasztalatait, az agyam nem tudott túllépni azon a részen, amikor azt mondta, hogy Dr. Naram azt ajánlotta, hogy az emberek ne egyenek több pizzát, tésztát, sajtot, búzát és tejterméket. Imádtam ezeket a dolgokat. Milyen lenne az élet pizza nélkül? És mi a helyzet a gelato-val? Miért gondolta Dr. Naram, hogy ezek az ételek problémát jelentenek?

Némi kutatást végeztem, és megismertem Dr. Joel Fuhrman, Dr. Baxter Montgomery, és több más amerikai és európai orvos munkáit. Tanulmányaik választ adtak néhány kérdésemre. Egyre több tagadhatatlan bizonyítékot tártak fel a növényi alapú étrend előnyeiről. Néhány kutatásuk például dokumentálta a növényi étrend hatását a súlyos szívproblémákkal és elzáródott artériákkal küzdő embereknél. A nyugati orvosok általában sztentet helyeznek be az ér megnyitására, vagy sebészeti úton bypass-t hoznak létre a blokk körül. Apámnak már volt két sztentje és többször javasolták a bypass műtétet. A kutatások kimutatták, hogy a növényi étrendre való átállással, és több testmozgással az emberek csökkenthetik a plakk mennyiségét az artériákban, és bizonyos esetekben teljesen meg is szüntethetik azt.

Dr. Naram azt mondta: „Ha megváltoztatjuk az étrendünket, megváltoztathatjuk a jövőnket."

Lehetséges, hogy az ételnek ekkora hatással van az életünkre? Ennyire befolyásolja egészségünket az, amit a szánkba veszünk? Az összefüggés mások számára nyilvánvalónak tűnhet, de számomra új volt.

Képes a memória javítására az elfogyasztott étel?

Az egyik olaszországi klinikán találkoztam egy Steven nevű ügyvéddel, aki bőrallergiában és asztmában szenvedett. Elmondta, hogy az édesanyja, az édesapja és a testvére mind orvosok voltak, ezért azt gondolta, hogy nekik van megoldásuk a problémájára. Sajnos nem tudtak segíteni rajta. Mindennek amit kipróbáltak, szörnyű mellékhatásai voltak. Dr. Naram volt az első, aki segített neki megérteni, hogy az asztmája nem a tüdejében kezdődött, hanem az emésztésében. Steven megtanulta, hogy mit egyen és mit kerüljön el, és milyen házi gyógymódokat és gyógynövény kiegészítőket szedjen. Azt mondta, hogy az egész élete megváltozott, miután a bőrallergia és az asztma megszűnt. Extra bónusz volt az, hogy a memóriája is javult.

„Amikor találkoztam Dr. Narammal – mondta Steven -, a jogi egyetem első éveiben jártam, vastag és bonyolult könyvekből tanultam, és több ezer dolgozatot kellett elolvasnom. Nehéz volt összpontosítanom. Dr. Naram étrendi ajánlásokat és speciális gyógymódokat adott nekem a memóriám javítására, és képes lettem a sokkal jobb megértésre és visszaemlékezésre. A teszteredményeim javultak. Az agyam megnyugodott, így könnyebben tudtam összpontosítani és megtartani az információkat, ami segített az egyetemi előmenetelben."

Steven megjegyezte: „Dr. Naram memóriája is fantasztikus. Emlékszik arra, amit sok évvel ezelőtt mondtam neki, bár azóta több ezer

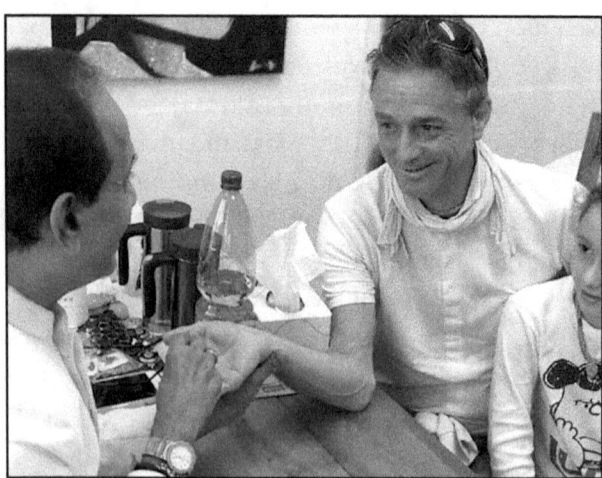

Dr. Naram diagnosztizálja Steven pulzusát.

Naplójegyzeteim

További ősi gyógyító titkok a memória fejlesztéséhez*

Marma Shakti—A bal hüvelykujj külső részének tövénél nyomjuk meg ezt a pontot 6-szor, naponta többször.

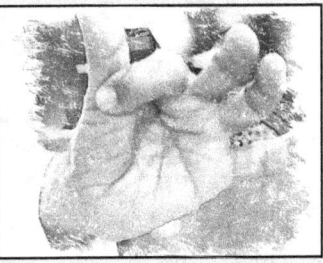

**Bónusz anyag: A marma bemutatásához és további memóriatitkokért látogasson el az ingyenes MyAncientSecrets.com tagsági oldalra.

---

beteget látott. Figyelem őt, ahogy kinéz, ahogy az elméje működik. Olyan, mintha az idő egyáltalán nem múlna számára!"

Steven elárulta, hogy időnként nem követte teljesen az étrendi ajánlásokat, de hálás volt azért, hogy tudta, hogy amikor rosszul érezte magát, tudta az okát, és tudta, hogyan fordítsa vissza azt. Azt mondta, amikor nem volt ismerete erről, nem is volt választása, hogy egészséges legyen. Most viszont van választása.

Élelmiszer-titkok, amelyeket a legtöbb mester nem árul el

Amikor már azt hittem, hogy kezdem megérteni az étrend és az egészség közötti kapcsolatot, Dr. Naram összezavarta az agyamat. A szünetben egy gyermek izgatottságával, aki éppen a Mikulással találkozik, azt mondta: „Jöjjön velem és Dr. Giovannival, Clint! El kell vigyem valahová!"

„Hová?" Kérdeztem.

„Olaszország legjobb pizzájáért!"
Amikor kérdőre vontam a pizza evéssel kapcsolatban, elmosolyodott. „A mesterem azt mondta, hogy soha ne legyek olyan merev érzelmileg, hogy kiszáradjak. Igaz, a pizza nem tesz jót a testemnek. De az érzelmeimnek nagyon jót tesz. Tehát a kérdés az, hogyan élvezhetjük alkalmanként ezt az ételt, de ne az egészségünk rovására?"
Ez jó kérdésnek tűnt számomra. Figyelmesen hallgattam.
„Ha minden nap, vagy akár hetente fogyasztjuk ezeket az ételeket, méreganyagokat termelnek a szervezetben, és nem tesznek jót az emésztésnek. Ezután hosszú ideig nem szabad fogyasztanunk ezeket, hogy a szervezet megtisztuljon, és egyensúlyba kerüljön. Egész évben nagyon szigorú diétát követek, de évente egyszer, amikor Olaszországban vagyok, a legjobb pizzát szeretném megízlelni. Így napokig előkészítem az emésztésemet előtte és utána is úgy, hogy csak mungóbab levest eszek, és csak olyan gyógynövényeket fogyasztok, amelyek segítik az emésztést, és nem halmozzák fel a méreganyagokat. Így az étel táplálhatja érzelmeimet, és a testem sem szenved."
Pontosan tudta, hogy melyik étterembe akar menni. Több, mint húsz év Olaszországba való utazása után ízlelőbimbói szerint eldöntötte, melyik helyen volt „a világ legjobb pizzája" és melyiken a legjobb gelato. Miközben élvezettel ettünk, meg akart győződni arról, hogy megértettem azt, hogy amikor az emberek – például az ő anyja, vagy az én apám – felülkerekednek egy betegségen, nem tudják megemészteni az ehhez hasonló dolgokat. Elengedhetetlen volt számukra az, hogy fegyelmezetten fogyasszák a számukra egészséges ételeket.
Elmagyarázta, hogy a testünknek van egy adag tartaléka, amely idővel elhasználódik. Habár úgy tűnik, hogy az évekig tartó gyorsétel evés nincs hatással a fiatal testre, egy nap, amikor harminc-negyven-ötven évesek vagyunk, valami elromlik. Az emberek azt hiszik, hogy ez egyszerűen az öregedés visszafordíthatatlan folyamata, amelyet csak gyógyszerekkel lehet kezelni, amelyek mellékhatásai más betegségekhez vezetnek. Ezeket a problémákat valójában nem az öregedés okozza, hanem az élelmiszerekből és a környezetből származó *aam*, vagyis a méreganyagok felhalmozódása, amely végül gyulladást, blokkokat és egyensúlyhiányt okoz.
Dr. Naram egy extra adag csípős szószt tett a pizzájára, és

Dr. Naram elmagyarázta hogyan és mikor lehet élvezni olyan dolgokat is, mint a pizza.

beleharapott, miközben Dr. Giovanni elmondta, hogy a saját bőrén tapasztalta meg, hogy ugyanaz az étel, ami az egyik embernek gyógyszer, a másiknak méreg lehet.

„Amikor először láttam, hogy Dr. Naram csípős szószt használ, azt gondoltam, hogy biztos azért, mert ez egészséges dolog lehet, ezért elkezdtem én is sok csípős szószt használni. Hamarosan nagyon szenvedtem. Nem tudtam, hogy a csípős szósz jót tesz neki, mert ő túlnyomórészt kapha (víz/föld dosha), de számomra ez méregként hatott. A testemben már így is sok pitta (tűz dosha) volt, és így a csípős szósz ezt a túlterhelésig fokozta." Nevetett, ahogy visszaemlékezett a fájdalmasan tanult leckére. Én is mosolyogtam, hálás voltam, hogy megosztotta ezt velem, mielőtt elkövettem volna ugyanazt a hibát.

Miközben ízlelgettem a pizzaszeletem finom sajtját és ropogós héját, kezdtem felfogni Dr. Naram filozófiáját: Ha az emberek megértik az egészséget és a betegséget okozó alapelveket, akkor arra is emlékezniük kell, hogy az életet élvezni kell. Ha túl merevek és szigorúak vagyunk, mi értelme az életnek? Dr. Naram mestere megtanította neki, hogyan tudjuk meg, mit akarunk, hogyan érjük el azt amit akarunk, és hogyan élvezzük azt. Ez az utolsó rész — élvezni azt—elengedhetetlen fontosságú volt.

Soha nem felejtem el milyen boldognak tűnt Dr. Naram miközben a pizzáját ette.

> „Ugyanaz az étel, amely az egyik ember számára gyógyszer, a másik ember számára méreg."
> – Dr. Giovanni

Az Ön naplójegyzetei

Hogy elmélyítse és fokozza a könyv olvasásából származó előnyöket, szánjon most néhány percet arra, hogy megválaszolja a következő kérdéseket:

Milyen szempontok alapján érzi úgy, hogy az étkezés megváltoztatása megváltoztathatja a jövőjét? (Ha pozitívan változtatna az étrendjén, mi történhetne másként az elméjében, a testében, az érzelmeiben és a kapcsolataiban?)

_____

_____

_____

_____

_____

Milyen más meglátások, kérdések, vagy felismerések merültek fel önben e fejezet olvasása közben?

_____

_____

_____

_____

_____

_____

*Bónusz anyag: Dr. Naram általános étrendi ajánlásainak részletesebb útmutatójáért - valamint a titkaiért, hogy mikor/hogyan lehet alkalmanként „csalni" egy diétában úgy, hogy ez ne befolyásolja túl negatívan az egészségét - kérjük, látogasson el az ingyenes MyAncientSecrets.com tagsági oldalra.

12. FEJEZET

Ősi titkok az állatok segítésére is?

Azok, akik a legtöbbet tanítanak nekünk a szeretetről, nem mindig emberek
– Ismeretlen szerző

Mivel Dr. Giovanni a legtöbb idejét azzal töltötte, hogy Dr. Naramnak fordított, találkoztunk egy késő éjszakán. Miután mindenki elment, megkérdeztem, hogyan került Dr. Naramhoz dolgozni.

Dr. Giovanni orvosi diplomáját a Bolognai Egyetemen szerezte (amelynek, mellékesen megjegyzem semmi köze a feldolgozott húshoz, amit gyermekként ettem, de valójában ez Európa legrégebbi orvosi egyeteme). Tudni akartam, mi vonzott egy olyan briliáns orvost, mint ő, hogy több mint tizenhét éven át tanulmányozzon egy ősi indiai kezelési formát.

Dr. Giovanni elmondta nekem, hogy ez egyszerű volt. Az allopátiás gyógyászat által kínált megoldások elégedetlenséggel töltötték el, ezért alternatív gyógyszerek és kezelések után kezdett kutakodni. Egy 1984-es indiai útja során hallott Dr. Naramról, és azonnal tudta, hogy valami rendkívüli dologra bukkant.

„Amikor elkezdtem tanulni Dr. Naramnál, együtt alkalmaztam a nyugati orvoslást és a Sziddha-Védát. Saját kutatásba fogtam az

Dr. Naram egyik legkedvesebb tanítványával, Dr. Giovanni Brincivalli, MD.

egyetemem egyik professzora támogatásával ezen ősi módszerek alkalmazásáról rendkívüli szorongás és depresszió esetén. Dr. Naramnál való néhány évi tanulás után és csodálatos eredményeket látva, elkezdtem ennek az ősi tudománynak a kizárólagos alkalmazását minden páciensemnél."

„Mit gondol milyen hatással volt ez az orvosi gyakorlatára?" - kérdeztem.

„Egyrészt, soha többé nem kell antibiotikumot vagy gyulladáscsökkentőt felírnom. Ugyanazokkal az esetekkel találkozom, mint bármelyik háziorvos, és továbbra is képes vagyok csak azokra az ősi titkokra támaszkodni, amelyeket Dr. Naramtól tanultam. Az általam kapott eredmények nagyon-nagyon erőteljesek. Az emberek elhozzák a háziállataikat is, és a titkok, amelyeket Dr. Naram tanított nekem náluk is beválnak. Most már akkor lepődöm meg, ha nem látok eredményt. De aztán beszélek Dr. Narammal, és ő talál valamit az ősi kéziratokban, ami még a legritkább esetekben is segít."

Dr. Giovanni jelenleg több, mint húsz olaszországi városban dolgozik. „Az emberek különböző okokból fordulnak hozzám. Hatalmas megelégedéssel és békével tölt el, hogy létezik megoldás számukra."

Leírta szavakkal, hogy milyen volt egy olaszországi pszichiátrián dolgozni. „Megrendültem, amikor depressziós, öngyilkos, skizofrén vagy gyilkos hajlamú betegeket láttam bezárva a szobákba. Néha lánccal voltak lekötözve, hogy ne bántsák magukat vagy másokat. Drogokkal próbálták elnyomni a problémáikat, és úgy sétáltak, mint a zombik, a javulás reménye nélkül. Amikor kimentek a mosdóba, és levették róluk a bilincseket, két nagydarab testőr felügyelte őket, hogy ne próbáljanak elszökni. Nagyon nehéz volt nézni."

Dr. Giovanni elmesélte, hogy érdeklődése egy kétségbeesett családra irányult, akik skizofrén lányukat Dr. Naramhoz vitték. Miután látott az övéhez hasonló eseteket a kórházban, kíváncsi volt, hogy Dr. Naram hogyan közelítené meg a lány kezelését. „Amikor először jöttek, a szülők erős gyógyszeres kezelésben részesítették a lányt, hogy nyugodt és kontrollált maradjon. Lusta és letargikus volt, és hirtelen hangulatváltozásai voltak. Például hirtelen megragadott és széttépett minden papírt, amit az asztalon talált."

Dr. Naram hat hónapos kezelése után a helyzete drámaian megváltozott. A gyógyszere felére lett csökkentve, és kezdett többet mosolyogni. Tudatosabb, éberebb, és örömtelibb lett, jobban jelen volt, mint korábban.

„Soha nem láttunk, és nem számítottunk ilyen javulásra a kórházi környezetben. Az is lenyűgözött, hogy ez mennyire megváltoztatta az egész család életminőségét. Ez inspiráló volt. Amikor megkérdeztem Dr. Naramot hogy működik ez, azt mondta, hogy problémáink kilencven százaléka a gyermekkori érzelmi sebekből, vagy traumákból származik. Aztán megtanított azokra az ősi módszerekre, amelyek segítenek begyógyítani ezeket a sebeket, és az elmúlt tizenhét évben újra és újra láttam, hogy ezek a módszerek hatnak, még a legszélsőségesebb esetekben is."

Gondolataim ismét a nővéremre irányultak, aki depresszióval küzdött, és végül kioltotta saját életét. Nem álltam készen arra, hogy beszéljek erről Dr. Giovannival, de azon tűnődtem, hogy Dr. Naram tudott volna-e segíteni neki. Az orvosok akkoriban csak annyit tudtak tenni, hogy gyógyszereket írtak fel neki, amik nem használtak.

Dr. Giovanni leírt egy másik esetet, amelyet Dr. Narammal töltött korai időszakában tapasztalt, és mély hatással volt rá. A férfi, akinek három elzáródása volt a szívében, légszomjtól szenvedett,

> „Problémáink kilencven százaléka gyermekkori érzelmi sebekből vagy traumákból származik."
>
> – Dr. Naram

és csak néhány lépést tudott megtenni anélkül,, hogy mellkasában fájdalom lépett volna föl. Az orvosi egyetemen tanultam erről a betegségről.

A nyugati orvoslás szerint nincs jó módszer az artériás blokkok visszafordítására. Csak sztentet tudunk behelyezni, és kitágítani az eret, vagy szívbypass-t végezhetünk el. A kardiológusok azt mondták ennek a férfinak, hogy azonnal műteni kell a szívét, mert a súlyos szívroham kockázata igen magas volt. A férfi ezt visszautasította, és eljött Dr. Naramhoz. Miután három és fél hónapig követte Dr. Naram tanácsát, a férfi közérzete és a későbbi tesztek azt mutatták, hogy a blokkok kezdenek visszafordulni." Dr. Giovanni hangja elárulta, hogy mennyire lenyűgözte ez az eredmény.

„Lelkes voltam – emlékezett vissza Dr. Giovanni -, mivel soha nem gondoltam volna, hogy ez lehetséges. Ez az ember a mélyebb gyógyulás erőteljes, ősi folyamatán ment keresztül. Elvégezte a pancsakarmá-t, gyógynövényeket szedett, és betartotta az előírt diétát. Felelősséget vállalt az életéért, megváltoztatta a szokásait, és sok mungóbabot és zöldséget evett."

Dr. Giovanni rám nézett és azt mondta: „Büszke vagyok önre, hogy nyitott arra, hogy mindent megtanuljon erről."

Minden kutya a mennybe jut, de miért menjen a szükségesnél hamarabb?

Nyitottabbnak éreztem magam arra, hogy kifejezzem állandóan gyötrő kétségeimet, és megkérdeztem Dr. Giovannit: „Gondolja, hogy esetleg placebo hatásról van szó? Hogy mivel az emberek erősen hisznek abban, hogy a diéta vagy a gyógymódok hatni fognak, hirtelen jobban érzik magukat?"

Dr. Giovanni azt mondta: „Jó kérdés, Clint. Először is nézzük meg Rabbat esetét, aki kómában volt és jobban lett. Hogyan lehetett az placebo hatás? Azután nézze meg, hogy Dr. Naram az állatokon is segít. Láttam ahogy sok állatot kezel, köztük tigriseket, elefántokat, kutyákat, lovakat, baglyokat, kengurukat, krokodilokat, és macskákat. Hisznek az állatok abban, hogy jobban lesznek? Az ősi módszerek mégis meggyógyítják őket. Dr. Naram alapítványán keresztül számos állatmenhelyet szponzorál, ahol természetes gyógynövényekkel is segítik a kóbor kutyákat és más sérült, vagy beteg állatokat. Találkozott ma Paulával?"

Fent: Ez a bengáli tigris nem tudott teherbe esni amíg Dr. Naram ki nem tapintotta a pulzusát, és bizonyos gyógynövényeket és diétát nem adott neki, és hamarosan három kicsinye született.
Alul: Ez a krokodil dühös volt, és az állatkert nem tudta, miért... A pulzuson keresztül Dr. Naram rájött, hogy székrekedésről van szó, és a megfelelő gyógynövények beadása után a krokodil ismét boldog volt!

- Igen – válaszoltam.

A nap korai időszakában meglepődtem, amikor a hatvannégy éves Paula nevű nő két kutyájával érkezett. Nagyon elérzékenyült, amikor elmesélte, hogy évekkel ezelőtt az egyik kutyája, egy fekete Labrador beteg lett, és akkora fájdalmai voltak, hogy nem tudott járni. Az állatorvos nem tudott segíteni rajta, és azon volt, hogy elaltassa. Paula nem tudta hogyan tudná feldolgozni azt a gyötrelmet, hogy úgy döntött, megöli szeretett kutyáját. A kutyának óriási fájdalmai voltak, és Paula nem tudta, mi mást tehetne. Aznap, a reggeli kocogás közben egy barátjától megtudta, hogy Dr. Naram Olaszországban tartózkodik. Azonnal hazament, berakta a kutyáját az autóba, és áthajtott az országon, hogy találkozzon vele.

 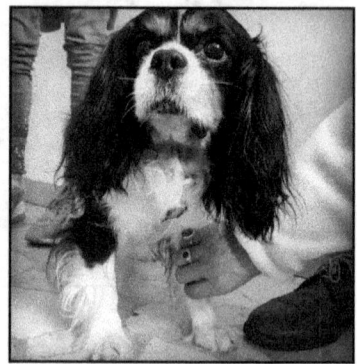

Dr. Naram & Dr. Giovanni taking the pulse of dogs.

„Kétségbe voltam esve" - mesélte Paula. „Dr. Naram megmérte a pulzusát, és pontosan megmondta, mi a baj: a kutyám tele volt aam-al (méreganyagokkal), és csontritkulásban szenvedett. Minden javaslatát követtem. Adtam neki a speciális gyógynövény formulákat, és a korlátozott diétát, és mindössze egy hét elteltével ismét beugrott az autóba! Ugrott! Nem sántított többé, és még három évig tökéletesen érezte magát. Talán, mert az állatok nem úgy gondolkodnak, mint az emberek, úgy érzem, hogy sokkal tisztábbak. Talán a gyógymódok gyorsabban működnek náluk, mint az embereknél. Nem tudom, de ez történt. Még idősebb korában is erős és egészséges volt, amíg békésen el nem hunyt otthon."

Ősi titkok az állatok segítésére is? 187

Segítség a méheknek?

Dr. Giovanni elmesélt egy másik történetet is egy barátjáról, aki méhész volt. Egy pusztító parazita megfertőzte a méheit egy vírussal, mire azok abbahagyták a méztermelést és elkezdtek pusztulni. Hogy elpusztítsák a parazitákat, más méhészek úgy döntöttek, hogy mérgező füstnek teszik ki a méheket, ami sajnos sok méhet is elpusztított. Azok, amelyek túlélték, tele voltak vegyszerekkel, amelyek befolyásolták a méz minőségét. Mivel ők ették a mézet, és eladni is tervezték, a nő és családja a vegyszermentes megoldást szerette volna választani. Felhívták Dr. Giovannit.

„Elmentem megnézni a méheket és először fogalmam sem volt, hogyan tudnék segíteni rajtuk" - magyarázta. „Hogyan lehet megfogni a méhek pulzusát anélkül, hogy megcsípnének?" Elmosolyodott, én pedig felnevettem a fejemben lévő képen arról, ahogy megpróbálja megtalálni egy méh pulzusát. Dr. Giovanni megmutatta nekem a marmaa pontot az emberek immunitásának fokozására, ezután megkérdezte tőlem: „De hogy végezzük el ezt a méheken?"

Naplójegyzeteim

Ősi gyógyító titkok az immunitás fokozásához*

Marma Shakti—A jobb kéz középső ujjának legfelső részét nyomjuk meg 6-szor, naponta többször.

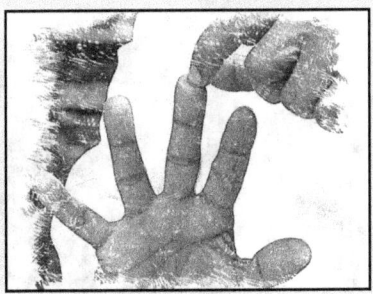

*Bónusz anyag: Egy hatékony házi gyógymódért, amely segített megerősíteni az immunitásukat, hogy legyőzzék a vírust, kérjük, tekintse meg a mellékletet, és látogasson el az ingyenes tagsági oldalra.

"Egy kis kutatást végezve megtudtam, hogy ez a vírus legyengíti a méheket. Nem repülnek, és néhányan teljesen elvesztik a testszőrzetüket. Az egészséges méhek harcolni kezdenek a beteg méhekkel, mivel nem ismerik fel őket sajátjukként. Ez adott egy ötletet."

Dr. Giovanninak eszébe jutott egy történet, amelyben Dr. Naram amikor visszanövesztette a saját haját. Azt is felfedezte, mely gyógynövények erősítik az immunitást. Ő és a méhész összetörtek néhányat Dr. Naram gyógynövény tablettáiból, amelyeket az immunitás erősítésére és a haj növesztésére terveztek, összekeverték őket egy hatékony házi gyógymóddal, és megetették azt a méhekkel.

Nem sokkal később a méhész felhívta Dr. Giovannit. „A méhek visszanövesztik a szőrüket! Erősebbnek és egészségesebbnek tűnnek." Lassan nőtt a méhpopuláció és bőségesen termeltek mézet. A pillanat és a méhek által készített különleges méz tiszteletére" Honey-nak

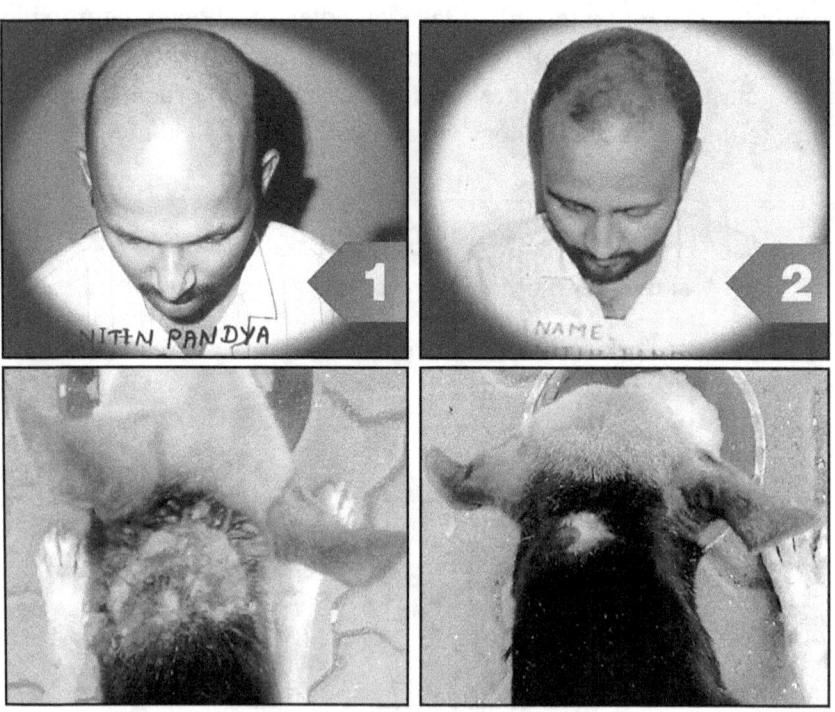

Tudván, hogy Dr. Naram sok embernek, mint ennek a férfinak és kutyának is segített visszanöveszteni a haját és a szőrzetét, Dr. Giovanni ezt használta fel a méhek megsegítésére is..

(Ősi Titkok méznek) nevezték el." A méhész úgy vélte, hogy a vegyszermentes méz a méheknek adott gyógynövényekből származó immunitás és állóképesség tulajdonságait tükrözi.

Amikor később erről beszélgettem Dr. Narammal, azt mondta: „Hiszi vagy sem, ezek az ősi gyógyító titkok hatnak az emberekre, állatokra, és a növényekre is. Mivel mindannyian a a természet részei vagyunk, ránk is ugyanazok az elvek érvényesek."

Még a méhenek is segítettek az ősi gyógyító titkokkal.

Megérintett a történet, mivel a hírekben a méhpopulációk világszerte történő fogyatkozásáról szóló tudósításokat láttam, és kijózanító kérdéseket tettek fel a globális fenntarthatóságra gyakorolt hosszú távú hatásokkal kapcsolatban, ha ezek a beporzók eltűnnének. Bárcsak több ember, mint Dr. Giovanni tanulmányozná és alkalmazná ezeket a gyakorlatokat.*

„Mit tanácsol azoknak, akik szeretnék megtanulni az ősi gyógyítás ezen módszerét?"

„Ez egy állandó folyamat, Clint." – mondta Dr. Giovanni. „Nyitott szívre és elmére van szükség. Ha egyszerűen meg szeretné tanulni azokat a dolgokat, amelyek segíthetnek önnek - nos, ez nagyon is lehetséges. Bárki ezen a bolygón képes olyan ősi titkok elsajátítására, amelyek megváltoztathatják az életét, ha elkötelezi magát annak szorgalmas követésére. De a gyógyítóvá váláshoz belső fejlődésre van szükség, nem csak technikai tudásra.

Dr. Naram szerint igazi gyógyítónak lenni nem csak a tudásról szól, hanem a cselekvésről, és ami a legfontosabb,

> Az ősi gyógyító titkok hatnak az emberekre, az állatokra, és a növényekre is
> – Dr. Naram

---

*Bónusz anyag: Ha szeretne többet megtudni az állatokkal való kommunikáció ősi titkairól, valamint az egészséges, sűrű haj titkairól, kérjük keresse fel az ingyenes MyAncientSecrets.com tagsági oldalt.

„Az igazi gyógyítóvá váláshoz belső fejlődésre van szükség, nem csak technikai tudásra."

– Dr. Giovanni

a lényünkről. Amikor állatokkal is dolgozol, ők különösen érzékelik a lényedet. Ahhoz, hogy elérjük a mester gyógyító létállapotát, az életünket e célra kell szentelnünk."

Elmagyarázta, hogy a kihívás mindenki számára az, hogy a legtöbb ember a szokásai rabja. „Olaszországban például mindenki azt hiszi, hogy a »jó diéta« a tészta, a sajt és a bor. Aztán amikor megbetegszenek gyors megoldást akarnak néhány tablettával. Ez az ő választásuk. De milyen áron? Ezeknek a tablettáknak súlyos, hosszútávú mellékhatásaik vannak. Alternatív megoldásként, amikor az emberek a mélyebb gyógyulás útját választják, meg kell fizetniük némi fegyelem árát, hogy megváltoztassák szokásaikat, türelmüket, kitartásukat, és elszántságukat. Ennek eredményeként hosszútávú, mélyebb gyógyulást és lelki békét tapasztalnak meg. Ön milyen árat hajlandó megfizetni?"

Dr. Giovanni szünetet tartott, hogy befogadhassam mindazt, amit megosztott velem. Megértettem, mire gondolt azokkal az emberekkel kapcsolatban, akiket már láttam, beleértve az apámat is.

„Mi inspirálja az embereket arra, hogy megváltoztassák szokásaikat, életüket, hogy mélyebb gyógyulást élhessenek át? Először a gyógyítóba való hitre, vagy bizalomra van szükségük ahhoz, hogy elég hosszú ideig kövessék tanácsait, hogy érezzék a változást. Miután elkezdenek eredményeket látni, hosszú ideig folytatják, és megosztják azt másokkal is. E mélyebb gyógyulás választása nagyszerű. A legtöbbek számára ez tartós szemléletváltást igényel, amit gyakran nehéz megtenni."

Szavai elgondolkodtattak apámról és néhány közelmúltbeli beszélgetésünkről. Megváltoztak az elképzeléseink olyan alapvető dolgokról, mint hogy milyen ételek tesznek jót nekünk. Apám számára nagy változást jelentett, hogy Indiában átfogó méregtelenítő kezelésen vett részt. Végül még mindig azon töprengtem, vajon ezek a változások kellő különbséget jelentenek-e egy ilyen szélsőséges esetben, mint apámé? Sok minden forgott kockán. Apám jelentős pénzt, időt, erőfeszítést és reményt fektetett abba, hogy átalakítsa életét, hogy eleget tudjon tenni Dr. Naram minden ajánlásának. Attól tartottam, hogy ha ez nem válik be, akkor még depressziósabb és csüggedtebb lesz, mint korábban, és visszatér a saját halálára való felkészüléshez.

Azokkal beszélgetve, akiknek hasznára vált Dr. Naram megközelítése, bizalmat nyertem arról, hogy ez egy megbízható ősi rendszer, amely működik. De vajon hatásos-e ez az *én* apámnál is?

Váratlan hír apámtól

Egyik nap Milánó belvárosában sétáltam. Örömmel tapasztaltam, hogy ingyenes Wifi-t tudtam igénybe venni a telefonomon. Ahogy kinyitottam az e-mail fiókomat, láttam, hogy apámtól kaptam új híreket.

2010. augusztus 3., 2010 — 3. napi jelentés

19 óra 15 perc van Mumbaiban, és 6 óra 45 perc van Utahban. A kezelés második napjának végén járok, egyre jobban alkalmazkodom, és egy kicsit jobban érzem magam a Salt Lake Citytől nagyon eltérő mumbai életkörülmények között. A mai étrendem egy tányér szeletelt papajából állt reggelire, és egy tányér mungóbab levesből ebédre és vacsorára. A napi tevékenységek a következőkből álltak: 7:30-8:30-ig jóga, találkozás Dr. Szwapná-val, az Ayushakti klinika egyik nagyszerű orvosával, és még egy teljes masszázs egy meleg, szemcsés anyaggal, amitől úgy éreztem, hogy erőteljesen le vagyok súrolva. Úgy képzelem, hogy ez nagyjából olyan érzés, mint amikor egy autó az autómosóból kijön; kivéve, hogy a dörzsölés után egy olyan anyaggal vonnak be, amit három-négy órán keresztül nem szabad lemosni. A napi hideg zuhanyom még hátravan. Ezen túlmenően reggel és este is elogyasztok húsz különböző gyógynövényt. Ennek eredményeként a korábban tapasztalt hasi és mellkasi fájdalmaim többsége elmúlt—Azt hiszem, hogy a mungóbab levesben és a szeletelt papajában nem sok olyan van, ami sértené az emésztőrendszert. Valójában a koszt kellemes, és úgy tűnik, hogy nem vágytam sokkal többre, szóval a mennyiség is elegendő. Az étterem felszolgál mindent amit szeretnék, de ma csak ennyit akartam.

Elolvastam az e-mailjét, miközben egy nyílt tér közepén egy terebélyes szökőkút íve alatt ültem. Az apám jógázott? Mosolyogtam a gondolaton. Még jobban elmosolyodtam annak hallatán, hogy kezdi másképp érezni magát.

Azt is elmondta, hogy az egyik kedvence az érdekes emberekkel való találkozás volt a klinikán Kenyából, Angliából, Németországból és máshonnan. Az egyik eset, amely mély benyomást tett rá, egy szklerózis multiplexben szenvedő nő volt, aki húsz évig nem tudott járni. Dr. Naram segítségével több mint ötven kilót fogyott, és most már képes volt munkát vállalni a Vöröskeresztnél Németországban. Az volt az álma, hogy Indiába jöjjön, és testét olyan jó állapotba hozza, hogy újra tudjon járni. Apám leírta, milyen meghatódással töltötte el, amikor látta, hogy megteszi az első lépéseit.

Később azon az estén elértem apámat Skype-on, hogy többet megtudjak. Elmesélte, hogy amikor elkezdte a kezeléseket a teste olyan érzékeny volt, hogy a masszázsok kellemetlenek voltak. Amikor megkérdeztem, hogy élvezi-e, nevetett, és azt mondta: „Nem vagyok biztos abban, hogy az »élvezni«a megfelelő szó, de hálás vagyok érte."

Elmagyarázta, hogy a kezelés első fázisai arra irányultak, hogy kivonják a méreganyagokat a szervezetéből, amihez időre és türelemre volt szükség. A következő lépések célja az volt, hogy segítsenek újra felépíteni a testét.

Még ha egyelőre nem is érezte jól magát apám, a többi beteggel való együttlét és a történeteik hallgatása megnyugtatta. A jó, egészséges ételek, és a félig kiszámítható rutin is megkönnyítette a dolgokat. Összességében reményteljesnek tűnt. A nyugalmának érzése segített megszabadulnom némi aggálytól, és ellazultabbnak éreztem magam.

Az apámtól kapott jó hírek és a Dr. Giovanni és a többiek által aznap velem megosztott történetek a fejemben úsztak, és újra elgondolkodtam azon, hogy miért nem ismerik többen a Sziddha-Véda mélyebb gyógyítási lehetőségeit.

Mostanra nagyon sok emberrel (és állattal) találkoztam, akiknek az élete megváltozott Dr. Naramnak és munkájának köszönhetően. Elgondolkodtam azon is, hogy én hogyan változtam. Az tudatállapotom egy megalapozottabb, békésebb helyre mozdult el bennem. Nem tudtam, hogyan vagy miért, de általánosságban jobban éreztem magamat és az életet illetően. A kérdéseim a „Vajon működik ez?" helyett a „Hogyan működik ez?" és a „Hogy hihet bárki is ebben a dologban?" helyett a „Miért nem tud több ember ennek a létezéséről?"-re változott.

A sok bizonyíték birtokában a szkeptikus egyre kevésbé jelent meg bennem, ahogy egyre reményteljesebb lettem, hogy ez valóban a gyógyulás egy szilárd alapokon nyugvó, kiszámítható megközelítése. És ha ez a helyzet, miért volt oly nehéz az embereknek, hogy ezt a módszert válasszák? Miért olyan nagy kihívás az egészségünk javát szolgáló változtatásokat véghezvinni? Miért kellett a legtöbb embernek, aki Dr. Naramhoz fordult, elkeseredni, eljutni a kétségbeesésig, mielőtt rájött volna, hogy létezik egy egészségesebb, jobb életmód? És miért volt olyan nehéz leszokni az egészségtelen szokásokról?

Az Ön naplójegyzetei

Hogy elmélyítse és felnagyítsa a könyv olvasásából származó előnyöket, szánjon most néhány percet arra, hogy megválaszolja a következő kérdéseket:

Milyen régi sebei vannak, amelyek valószínűleg még ma is hatással vannak önre?

_____

_____

_____

Milyen régi szokásoknak a „rabja", amelyek valószínűleg visszatartják attól, amit a legjobban szeretne?

_____

_____

_____

Mit gondol, milyen bölcsességet tanulhatunk az állatoktól, rovaroktól és/vagy növényektől?

_____

_____

_____

Milyen más meglátások, kérdések vagy felismerések merültek fel önben e fejezet olvasása közben?

_____

_____

_____

13. FEJEZET

A történelem tanulságai: a legnagyobb akadályok és a legnagyobb felfedezések

Egy egyszerű paradigmaváltás elegendő ahhoz, hogy örökre megváltoztassa az életünk irányát.
– Jeff Spires

Válaszok után kutatva, a hátralévő milánói tartózkodásom alatt két embert kerestem fel. Az első Dr. John Rutgers orvos barátom volt, aki orvosi diplomát szerzett, de emellett az alternatív, és kiegészítő gyógyászat számos formáját is tanulmányozta. Évekkel korábban már találkoztam vele, és hallottam, hogy több figyelemre méltó, alternatív gyógyászattal történő gyógyítási tapasztalatot osztott meg a világgal. Akkoriban élveztem a Johnnal együtt töltött időt, de őszintén azt gondoltam, hogy a nézetei kissé... nos, különcnek tűntek. Most be kellett látnom, hogy az egészséggel kapcsolatos nézeteim bekorlátozták világképemet, mivel minimálisra csökkentettem minden olyan véleményt, amely nem illett a mainstreamhez. Mióta találkoztam Dr. Narammal, a látóköröm egyre szélesedett. Az úgynevezett különc barátom, John hirtelen olyasvalakinek tűnt, akinek értékes meglátásait korábban egyszerűen nem álltam készen meghallani. Éreztem, hogy

Sűrű olasz forró csokoládé... Nyami!

segíthet megértenem néhány dolgot, így megkérdeztem van-e ideje egy Skype-hívásra?

Hogy biztosítsam az erős internetkapcsolatot, találtam egy kávézót a város egyik hangulatos részében, ahol nemcsak remek Wi-Fi volt, hanem sűrű forró csokoládé is, amely inkább az olvadt csokoládé állagával volt megegyező.

Ízlett. Internetkapcsolattal, és az olasz forró csokoládém mellett elmondtam Johnnak néhány dolgot, amit Dr. Naram indiai, kaliforniai, és olaszországi klinikáján láttam és hallottam. Igazán érdeklődött, és nagyra értékeltem őszinte elkötelezettségét a kételyeim és kérdéseim áradatában.

„Az amerikai orvosi kutatói egyetemeken elköltött összes pénzzel miért nem fedezték még fel, hogyan lehet azt csinálni, amit Dr. Naram csinál? Ha ez a fajta gyógyulás lehetséges, és ezek az emberek életüket megváltoztató eredményeket látnak, miért nem tudnak többen erről a fajta orvoslásról? Miért van ellenállás ezzel szemben?"

John egy hosszú pillanatnyi szünetet tartott. Kezdjük egy összefoglaló képpel. „Az emberiség kezdete óta, az emberek próbálják megtalálni a módját annak, hogy megmagyarázzák azt, ami úgy tűnt, nincs hatalmunkban – a viharokat, az évszakok változásait, az éhinséget, valamint a betegséget és a rosszullétet. Az emberi életet és a növénytermesztést befolyásoló események nagy igényt teremtettek a rend megtalálására. Ez lehetővé tette számunkra, hogy nagyobb befolyást gyakoroljunk ezen események kimenetelére - ami viszont növelte túlélési esélyünket. Érthető ez számodra?"

„Azt hiszem, igen."

„Vegyük az ősi civilizációkat. Felnéztek, és látták a csillagokat, és a bolygókat az éjszakai égbolton, amelyek olyan módon mozogtak, amit nem tudtak megmagyarázni. Úgy gondoltak rájuk, mint istenekre, akik hangulatuk alapján irányították a földi elemeket, mint például az időjárást, vagy valaki egészségét. Ezek köré az égitestek köré történeteket alkottak az egyébként megmagyarázhatatlan események magyarázatára, amelyek segítettek értelmet adni az őket körülvevő világnak.

„Tulajdonképpen ez ugyanaz az impulzus, mint a tudományé" – folytatta John. „Bár a tudomány és a vallás néha úgy tűnik, hogy ellentétben állnak egymással, valójában ugyanannak a dolognak a kifejeződései: az életünkben vágyott rend iránti vágynak az életünkben."

Felnőtté válásom során a hit nagy szerepet játszott az életemben, majd egyetemi kutatóként a tudományra helyeztem a hangsúlyt. Bár én személy szerint soha nem éreztem, hogy a tudomány és a hit ellentétben állna egymással – bár kétségtelenül ismertem olyanokat, akik igen – de én soha nem tartottam úgy, hogy egy tartományban lennének.

John hozzátette: „Miután mi emberek találunk egy olyan hitet, amely rendet, értelmet, és kiszámíthatóságot ad elménknek, és biztonságot találunk benne, nehéz lesz megváltoztatni azt - függetlenül attól, hogy milyen bizonyítékokkal rendelkezünk az ellenkezőjéről. Annyi bizonyítékot gyűjtünk össze, amennyit csak tudunk, hogy megerősítsük hitünket, ugyanakkor figyelmen kívül hagyunk, félünk vagy egyszerűen elutasítunk minden olyan bizonyítékot, amely megkérdőjelezi azt. Például milyen gyakran látogatnak el az emberek egy olyan templomba, amely nem a sajátjuk, vagy milyen gyakran olvasnak el egy könyvet, amelynek szerzője olyan politikai nézeteket vall, amelyek megkérdőjelezik az övéit?"

„Nem gyakran" – ismertem be.

„Pontosan. Az emberi agy fél a rendetlenségtől és a bizonytalanságtól, ezért megpróbál azoknak ellenállni, hogy fenntartsa a rendet. Ezzel a tendenciával korlátozzuk magunkat, és ez akadályt jelent az új ötletek megismerésében amelyek hasznunkra válhatnának. Vegyük Galileo esetét—ő olasz volt. Sokat tudsz a történetéről?"

Kinéztem a kávézó ablakán a bájos kis utca túloldalára, és láttam a ruhákat száradni az épületek között. „Galilei nem arról a felfedezéséről volt ismert, hogy a Föld a Nap körül forog, és nem fordítva?"

„Valójában Kopernikusz volt, aki a matematika segítségével felfedezte ezt az 1500-as években, de akkor még senki nem foglalkozott vele. Ezernyolcszáz évvel Kopernikusz előtt, a görög filozófus, Arisztotelész megkérdőjelezte azt az elképzelést, hogy a bolygók és a

Galileo Galilei portréja, Justus Sustermans, 1636. A Wikimédiából letöltve.

csillagok csupán bolyongó istenek. Ehelyett azt vetette fel, hogy ezek olyan tárgyak, vagy gömbök, amelyek rögzített pályán forognak a Föld körül, amit az emberek elfogadtak. Galileo 1609-ben a teleszkóppal szemlélte az éjszakai égboltot, és arra a következtetésre jutott, hogy Kopernikusznak igaza volt: nem minden forog a Föld körül.

Az utcát bámulva azon tűnődtem, hogyan nézhetett ki ez a milánói negyed az 1600-as években. A macskaköves utcák, és az ősinek tűnő épületek könnyen elképzelhetővé tették. John így folytatta „Galileo olaszul tette közzé megállapításait, nem pedig a szokásos latin nyelven, hogy a tömegek is elolvashassák. A latin nyelv csak az akadémikusok számára volt elérhető. Bizonyítékot szolgáltatott arra, hogy a Földről alkotott korábbi hiedelem helytelen volt. A Naprendszer pontosabb megértésével sok mindent lehetett javítani, beleértve a naptárat, az évszakok megértését, stb. Mit gondolsz, hogyan reagáltak az emberek?"

„Szerintem az emberek nehezen fogadták el" - mondtam. „Emlékszem, az iskolában tanultam, hogy az akkori pápa házi őrizetre ítélte őt, igaz?" Elgondolkodtam azon, amit Dr. Giovanni mondott: amikor egy új nézőpontot mutatnak be, az emberek nehezen változtatnak nézőpontot.

„Igen. Mit gondolsz, miért aggódtak annyira az akadémikusok, az egyház, a korabeli tudományos intézményrendszer, sőt még a pápa is amiatt, hogy

Galileo megkérdőjelezte azt az elképzelést, hogy a Föld a világegyetem középpontja?"

Miközben befejeztem a maradék forró csokimat, megpróbáltam kitalálni miért foglalhattak ilyen álláspontot. „Nem tudom" - mondtam. „Miért?"

„Részben azért, mert az emberi agy ellenáll a rendezetlenségnek. Ebben az esetben az emberek féltek egy olyan elképzeléstől, amely ellentmondott valaminek, ami biztosnak tűnt. Ez az, amit a kutatók „visszaigazolás- torzításnak" neveznek, és ez az egyik legnagyobb hiba, amit elkövethetünk—hogy túl korán elvetünk valamit, mert az ellentmond annak, amit már tudni vélünk."

„Ezt értem." - mondtam, megosztva a Dr. Narammal és a munkájával szembeni kezdeti ellenállásomat. „Valójában még mindig küszködöm, ezért is hívtalak fel téged."

„ Nézd" - mondta John. „Nem arról van szó, hogy az emberek soha nem fogják elfogadni, amit Dr. Naram csinál. Valójában egyre több orvos fedezi fel az olyan dolgok előnyeit, mint a meditáció, a jóga és a növényi alapú étrend. De a mainstream, a fősodor még nem fogadta el, mert idő és pénz kell a kutatáshoz és az eredmények terjesztéséhez. Különösen azért, mert a nyugati tudományos modell paradigmái nem tudják, hogyan kell értelmezni, vagy akár mérni ezeknek a hagyományos ősi gyógyító tudományoknak a hatását ."

„Mit értesz paradigmák alatt?" Kérdeztem.

„Tegyük fel, hogy focizol, és egy csomó baseball játékos odajön hozzád és elmondja, hogy nem űzöl igazi sportot, mert nem tartod be a sport szabályait. Hogy minősítsék a kijelentésüket, rámutatnak, hogy nem használsz ütőt, és a labda túl nagy és rossz alakú. Az igazság az, hogy te egyszerűen nem ragaszkodsz a baseball szabályaihoz Hasonlóképpen, a nyugati tudományos és orvosi paradigmának vannak bizonyos rögzített feltevései, amelyek lehetővé teszik, hogy bizonyos módokon lássunk. Ez néhány nagyszerű felfedezéshez vezetett, ugyanakkor elvakított minket, hogy meglássunk más dolgokat is. Ez nem jelenti azt, hogy a tudomány, vagy a kutatás más formái nem hasznosak. Dr. Naram nem játssza ugyanazt a játékot, amit a nyugati orvosok, de ez nem jelenti azt, hogy amit csinál, az nem érvényes."

Egy másik hasonlatot is mondott: „Nem lehet összehasonlítani egy

> „Nem mondhatjuk, hogy a foci nem sport, mert nem tartja magát a baseball szabályaihoz. Dr. Naram nem ugyanazt a játékot játssza, mint a nyugati orvosok, de ez nem jelenti azt, hogy amit csinál, az nem érvényes."
>
> – Dr. John Rutgers

halat egy madárral, és azt mondani, hogy az egyik jobb, mint a másik, hiszen más a lényegük. Egy halat nem lehet megítélni az alapján, hogy mennyire tud repülni."

„Értem ezt a hasonlatot" - mondtam. „De a tudomány nem túlmutat a kultúrán?"

„Valójában a tudományok, akárcsak a kultúrák, saját feltételezésekkel és szabályokkal rendelkeznek arra vonatkozóan, hogy mit jelentenek a dolgok, és mi számít fontosnak. Mint a történet a fejfájásodról és a hagymakarikáról. A nyugati modell szerint kísérletet végeznének arra, hogy kiderítsék, a hagymakarikák valóban segítenek-e a fejfájáson. Egy kettős vak vizsgálat során sem az orvosok, sem a betegek nem tudják, hogy ki kapja a placebót, (lényegében cukor tablettát), a bevált fájdalomcsillapítót vagy az új anyagot—a te esetedben a hagymakarikákat. Ezután megnéznék, hogy a hagymás kezelést kapó betegeknél más eredményt érnek-e el. Érthető ez?"

Bólintottam.

„És ha nem tudják bizonyítani a jelentős különbséget a hagymakarikák és a placebo között, egy hagyományos tudományos vizsgálat megállapítaná, hogy a gyógyításnak ez a tradicionális formája nem hatékony."

„Tehát azt mondod, hogy a modern tudomány nem mutatta ki, hogy ez a dolog hatásosabb, mint a placebo?" - kérdeztem.

„Mindez azt bizonyítja, hogy a tesztelési módszereik még nem hatásosak a saját paradigmájukon kívüli gyógyítási módok és eljárások hatékonyságának feltárásában. Dr. Naram azt mondta, hogy sokféle fejfájás létezik, és hogy a hagyma kifejezetten hasznos az egyik típusra. Ő személyre szabott ellátást nyújt olyan dolgok alapján, amelyeket a pulzusban érez, és amelyeket a modern nyugati orvosi

> „Nem lehet összehasonlítani egy halat egy madárral, és azt mondani, hogy az egyik jobb, mint a másik— hiszen más a lényegük."
>
> – Dr. John Rutgers

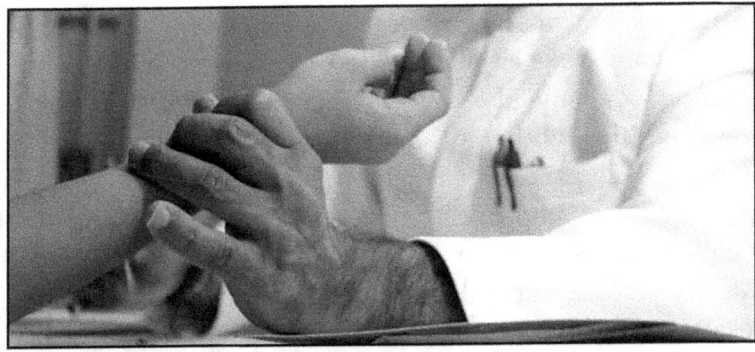

Dr. Naram megvizsgálja valakinek a pulzusát, amivel képes felismerni a finom egyensúlyhiányokat és blokkokat, amelyek hatással vannak a fizikai, mentális, és érzelmi jólétre.

berendezések közel sem képesek kimutatni. Míg a nyugati tudomány gyakran azt mondja, hogy „a fejfájásra itt van egy tabletta", addig Dr. Naram megkülönbözti, hogy milyen típusú fejfájásunk van, majd egyéni szervezetedet figyelembe véve a gyógymódok széles skálájából merít." „Rendben" - mondtam, kezdtem érteni - „mivel Dr. Naram nem egy betegséget kezel, hanem személyre szabja a kezelést az egész ember számára, ezért a nyugati tudományos paradigma legáltalánosabb igazolási módszerei nem képesek annak mérésére?"

„Így van" - mondta John. „De azt vettem észre, hogy a legbölcsebb, ragyogó elmével rendelkező és a nyitott szívű orvosok, akik valóban segíteni akarnak az embereken, kezdik elfogadni a más irányzatokat. A hippokratészi eskü, amely szerint nem szabad ártani, egy olyan eskü, amelyet minden új orvos letesz karrierjük megkezdésekor. Ennek az eskünek a fényében sok bölcs orvos látja, hogy jelenlegi módszereik a természetes ősi gyógymódokhoz képest árthatnak a betegeknek,

Hippokratész, az „orvostudomány atyja"-ként emlegetett görög orvos. Peter Paul Rubens metszete, 1638. A National Library of Medicine (USA) jóvoltából.

így nyitottá válnak a segítségnyújtás és gyógyítás egyéb kiegészítő módszerei iránt. A legnagyobb felfedezéseket mindig azok az emberek teszik meg, akik hajlandóak megnyílni valami új és ismeretlen felé. Egyébként a legtöbb hétköznapi ember mindaddig ellenáll az új hiedelmeknek, amíg a többi lehetőségük cserben nem hagyja őket."

„Ez igaz" - mondtam. „Sok ember utolsó mentsvárként fordul Dr. Naramhoz, ahelyett, hogy megelőzné, hogy egyáltalán kialakuljon náluk az a betegség, amitől szenvednek - amire szerinte a technikái képesek. Ha ez igaz, akkor sok bajtól és fájdalomtól kímélné meg őket, ha még a problémák kezdete előtt jönnének. Miért nem koncentrál a nyugati orvoslás jobban a megelőzésre?"

„Nézd," - mondta John - „az idők kezdete óta minden kultúra keresi az ifjúság, a jó közérzet és a gyógyulás szökőkútját. A sámánokat, a boszorkányorvosokat, és a gyógyító férfiakat és nőket mindig is azért keresték fel, hogy segítsenek az embereknek megoldást találni az egészség megőrzésére, vagy a betegség legyőzésére. A módszereik között vannak hatékonyabbak és kevésbé hatékonyak is. Ám fontos megérteni, hogyan lett a nyugati orvoslásból „nyugati" orvoslás."

Valami zaj az ablakon át arra késztetett, hogy felnézzek. Egy csapat iskolás gyereket láttam elsétálni, akik élénk olasz hangon beszéltek. Ismét Johnra koncentráltam, amint elkezdte megosztani az általunk ma ismert nyugati orvoslás rövid és lenyűgöző történetét.

„Hosszú ideig" – magyarázta – „az Egyesült Államokban az orvosok a gyógyítási modellek kombinációit alkalmazták, beleértve a természetgyógyászatot, a homeopátiát, a hidroterápiát, és a Thomson-féle gyógyászatot, amely nagymértékben az indián gyógynövényekre és izzasztó fürdőkre támaszkodott. Aztán 1910-ben tanulmányt készítettek arról, hogy melyik gyógyítási megközelítés a leghatékonyabb. Ennek eredményei végül 120 orvosi iskola bezárásához vezettek, így csupán 32 maradt meg. A jelentésben szereplő mérési módszer szerint a legjobb modellt a Johns Hopkins Egyetemen találták. Ez az „allopátia" néven vált ismertté. A szó görög gyökerű, jelentése: „különböző szenvedés." Lényegében ez az ellentéteken keresztül történő gyógyítás gyakorlatára utalt. Ha valaki erősen köhög, adjunk neki köhögéscsillapítót.

„Az amerikai orvostudomány egységesítését elősegíteni próbáló pénzügyi támogatók pénzének beáramlása, az allopátia preferenciájával párosulva nagy változást hozott a politikában és a szabályozásokban. A változásnak voltak pozitív hatásai, például a gyermekbénulás felszámolása és a kígyóolaj-árusok számának csökkenése. Emellett jelentős korlátokat is teremtett. Ez a holisztikus gyógyítás hatékony formáinak szisztematikus elnyomásához vezetett, amelyek nem illeszkedtek ugyanabba a paradigmába."

Én még soha nem hallottam ilyesmiről. A székemben megmozdulva megkérdőjeleztem, amit John mondott. „Nézd, a nyugati orvosi rendszerünket még árnyoldalaival együtt is keresik az emberek világszerte."

„Gondolj erre így" – válaszolta John. „Ha az allopátia, az orvostudomány jelenlegi domináns modellje valóban jobb az egészség, a jólét és a hosszú élettartam megértésében, akkor miért alacsonyabb az orvosok várható élettartama, mint az átlagembereké? És miért olyan magas az öngyilkosságok aránya az orvosok körében? Ugyanakkor miért válik olyan sok férfi, nő, és gyerek a nyugati társadalomban egyre elhízottabbá és depressziósabbá? Miért látunk több betegséget, nem kevesebbet? Egyetértek azzal, hogy vannak előrelépések, de számomra is úgy tűnik, hogy a domináns paradigmából hiányzik valami."

Később, John szavain elmélkedve rájöttem, hogy az általa elmondottak mennyire vonatkoznak Dr. Naram tevékenységére. Az embereknek megvoltak a saját elképzeléseik és filozófiáik az étrendről: mit jó enni, és mit nem, mitől betegedtek meg, és mit kell tenniük az egészség megőrzése érdekében. Ezek a hiedelmek biztonságérzetet adtak nekik. És amikor valaki megkérdőjelezte ezeket a hiedelmeket, nehéz volt nézőpontot váltani, hacsak nem voltak kétségbeesve, és nem kellett valami mást keresniük.

Sok mindent kellett átgondolnom. Évekig azt hittem, hogy nyitott vagyok más hitrendszerekre, és szerettem elmerülni bennük utazásaim során. Most jöttem rá, hogy mennyire rögzültek a hitrendszereim. Sok mindent elfogadtam igaznak, mert azt tanították nekem. Őszintén hittem, hogy Amerikában és Európában vannak a bolygó legjobb orvosai. Soha nem gondoltam arra, hogy egészségügyi rendszerünknek vannak vakfoltjai, hogy hiányozhatnak az egészség, a jólét és a hosszú élettartam megértéséhez és előmozdításához szükséges alapvető összetevők. Tanácstalan voltam. Kiben bízhatok, amikor hatékony egészségügyi ellátásra van szükségem?

Mexikói utazásom során találkoztam egy Torontóban élő németországi egyetemi professzorral, Ludwig Max Fischerrel (más néven Max). Élete nagy részét az ősi gyógyító hagyományok kutatásával töltötte világszerte. Azonnal lenyűgözött a nézőpontja azokról a kérdésekről, amelyeket nehezen tudtam megérteni. Felkerestem Max-et is, megkérdeztem, hogy beszélhetnénk-e telefonon, és ő ott folytatta, ahol John abbahagyta.

„Miért kezdte kutatni ezt a területet?" - kérdeztem.

„Amikor fiatal professzor voltam, másfél évig tartó gyomorfájdalmam volt." Max lágy német akcentussal kiejtett szavait meleg, megnyugtató hangon mondta, amitől úgy éreztem, mintha egy bölcs nagypapával beszélnék. „Egész Európában és az Egyesült Államokban is felkerestem orvosokat. Egyik kezelést adták a másik után, de semmi sem használt - és néhány mellékhatás szörnyű volt." Olyannyira súlyosbodott a helyzet, hogy az idő nagy részében ágyhoz volt kötve.

„Kétségbeesésemben találkoztam egy keleti gyógyítóval. Azt mondta, hogy a szervezetemben egyensúlyhiány van az elemek között: „Túl sok fa van a szervezetében" - mondta.

„Emlékszem, akkoriban azt gondoltam: Nem gondolhatja komolyan! Nem ettem fát." A tudományosan képzett fülemnek ez nevetségesen hangzott.

„Kétségbeesésemben követtem a gyógyító tanácsát, és meglepődtem, milyen gyorsan jobban lettem."

„Ez elképesztő" - mondtam.

„Ami elképesztő" - válaszolta Max - „az az, hogy bár visszanyertem az egészségemet, vegyes érzéseim voltak ezzel kapcsolatban. Egyrészt hálás voltam, hogy a tanács bevált. Másrészt csalódott voltam. Túl büszke" voltam ahhoz, hogy bevalljam, hogy a nyugati oktatásom cserben hagyott. Eltartott egy ideig, amíg feldolgoztam érzéseimet, de az igazságot keresve elkezdtem az ősi gyógyító hagyományok egy életen át való tanulmányozását világszerte."

Magával ragadott, amit Max mondott. Így folytatta: „Csak később kaptam betekintést abba, hogy az a gyógyító hogyan elemezte és oldotta meg olyan gyorsan a problémámat. Rájöttem, hogy a modern nyugati orvoslásban minden ellen harcolunk. Küzdünk a betegségekkel, küzdünk a baktériumokkal, küzdünk a rákkal. A keleti rendszerben és más ősi hagyományokban nem a harcról van szó, hanem az egyensúly megteremtéséről a megtisztuláson keresztül. Ezen ősi hagyományok nagy gyógyítói ügyesen azonosítják az egyensúlyhiányokat, és olyan gyógymódokat írnak fel, amelyek megtisztítják és újra egyensúlyba hozzák a rendszert."

„Ha a gyógyításnak ezen ősi formái olyan hatékonyak" – kérdeztem -, „akkor miért veszi semmibe, vagy utasítja el ezeket oly sok tiszteletre méltó ember? Például, amikor megpróbáltam elmesélni egy amerikai orvos barátomnak, amit Indiában láttam, azonnal azt mondta, hogy ezek a gyógynövények, és az ősi gyógymódok tudományosan nem bizonyítottak."

Max mélyen figyelt, és elgondolkodva válaszolt: „Úgy gondolom, hogy a modern nyugati rendszerben arrogáns dolog, hogy automatikusan elutasítunk egy másik megközelítést azzal, hogy „tudományosan nem bizonyított-nak" nevezzük. Ez csupán azt jelenti, hogy nem illik bele a mi korlátozott és viszonylag fiatal »modern« orvostudományi hagyományunkba, amely csak néhány száz éve létezik. Az allopátiás orvoslás fogalma csak 1810-ben jelent meg.

Ezzel szemben az úgy nevezett »alternatív« tudományok közül oly sok mindent nagy tudósok, és gyógyítók évezredek óta finomítottak figyelembe

Ludwig Max Fischer professzor, PhD.

véve számos olyan változót, amelyet tudósaink még nem vettek figyelembe, és amelyek közül sokat műszereink nem képesek mérni."

Miközben Max beszélt, arra gondoltam, hogy Dr. Naram oly sok beszélgetést kezdett azzal, hogy a több mint 2500 évre visszanyúló töretlen átadási vonalára hivatkozott. El kellett ismernem, hogy ha valami ilyen sokáig fennmarad, akkor valamit biztosan jól csinál.

„A mi szemléletünk nagyon redukcionista is" - folytatta Max. „Ez alatt azt értem, hogy részekre bontjuk a dolgokat. A nyugati orvoslás például részekre bontja az embert, majd csak azokra a részekre koncentrál. Csak azokat a dolgokat vesszük figyelembe, amelyeket mérni tudunk. Elsősorban az adott részekre vonatkozó statikus adatok rögzítésére támaszkodunk, táblázatba és grafikonokba foglalva azokat. És ha nem találjuk meg, amit keresünk, azt feltételezzük, hogy a bizonyítékok hiánya, a hiány bizonyítéka—de nem az!"

„Ezzel szemben az ősi gyógymódok az egész rendszert figyelembe veszik. Megértik, hogy az egyik rész hogyan befolyásolja az összes többi részt, és hogyan lehet mindet egyensúlyba hozni."

Max elmondta, hogy egyes keleti hagyományok elismerik, hogy bizonyos bölcsességet és tudást nem lehet könyvbe foglalni, tanfolyamon tanítani vagy műszerekkel mérni. Csak mesterről tanítványra való közvetlen átadással lehet megtanulni és továbbadni. Elismeri, hogy a vonalban lévő mesterek kollektív bölcsességében és tapasztalatában erő rejlik, amely évezredek alatt fejlődött ki. Minden bizonnyal ez volt a helyzet Dr. Naram esetében, és a gyógyítók leszármazási vonalában, amelynek részese lett.

Visszagondoltam arra amit John mondott arról, hogy Dr. Naram nem illik egyik olyan kategóriához sem, amelyhez a mai világban az emberek viszonyulnak. Dr. Naram számára nem arról van szó, hogy ősi vagy modern, nyugati vagy keleti, homeopátiás vagy allopátiás, ayurvédikus vagy kínai, vagy bármi más. Ez a mélyebb gyógyulásról és annak felfedezéséről szól, hogy mi az, ami működik.

„Azért volt kíváncsi Dr. Naramra, mert látta a megközelítésének eredményeit, igaz?" -kérdezte tőlem Max.

Egyetértettem ezzel. „A legtöbb ember nem tudja, hogyan működik az elektromosság, de ha egy sötét ház közepén fényt látnak, általában elindulnak felé."

Elmosolyodtam a hasonlaton. „Bár az olyan emberek, mint Dr. Naram olyan szabályok és keretek szerint működnek, amelyeket a legtöbben nem értünk, amit látunk, az a betegek iránti gondoskodása és odaadása. Ő egy olyan fény, amelyhez nagyon sok ember vonzódik legsötétebb óráiban. Lehet, hogy nem tudják, hogyan működik, de az egészség iránti égető vágy vezérelte őket hozzá. Létezik egy buddhista mondás: „Amikor a diák készen áll, megjelenik a tanár." Hasonlóképpen úgy gondolom, hogy amikor a beteg nyitott és készen áll, megjelenik a gyógyító."

„A legtöbb ember nem tudja hogyan működik az elektromosság, de amikor fényt látnak egy sötét ház közepén, általában elindulnak felé. Dr. Naram olyan fény, amelyhez nagyon sok ember vonzódik legsötétebb óráiban. Lehet, hogy nem tudják, hogyan működik, de az egészség iránti égető vágy vezérelte őket hozzá."
– Dr. Ludwig Max Fischer

A Johnnal és Max-szal folytatott beszélgetéseknek köszönhetően olyan elmozdulást éreztem magamban, mint amikor a tektonikus lemezek átrendeződnek. Segítettek megérteni, hogy Dr. Naram egy tényleges tudományt használt, belsőleg következetes alapelvekkel, amelyek segítettek neki meglátni és megoldani azokat a problémákat, amelyeket a nyugati orvoslás még nem értett meg. Bár hasznos volt, ez a felismerés kihívást is jelentett számomra. Lehetséges, hogy az amit egész életemben igaznak fogadtam el — hogy a nyugati orvoslás a legjobb megoldás arra, hogy az emberek meggyógyuljanak betegségeik idején —, az nem az abszolút igazság, hanem csupán egy általam vallott hit volt? Lehetséges, hogy egészségügyi rendszerünkben vannak vakfoltok, és hiányoznak olyan összetevők, amelyek alapvetőek az egészség, a jólét és a hosszú élettartam megértéséhez és előmozdításához?

Az Ön naplójegyzetei

Hogy elmélyítse és fokozza a könyv olvasásából származó előnyöket, szánjon most néhány percet arra, hogy megválaszolja magának a következő kérdéseket:

Milyen dolgokat hitt el az életében, amelyekről később kiderült, hogy nem igazak?

_____

_____

_____

_____

Vissza tud gondolni olyan esetekre, hogy amikor valóban készen állt valamire (pl. egy tanítóra, egy gyógyulásra), akkor az egyszer csak meg is jelent?

_____

_____

_____

_____

Milyen más meglátások, kérdések, vagy felismerések merültek fel önben e fejezet olvasása közben?

_____

_____

_____

_____

14. FEJEZET

Az életcélunk felfedezésének titkai

Az élet értelme az, hogy felfedezzük az adottságainkat.
Az élet célja az, hogy továbbadjuk azokat.
— Pablo Picasso

Milánóban található egy híres gótikus székesegyház, a Dóm. Ez Olaszország egyik legnagyobb katedrálisa, és Dr. Naram szívesen meglátogatja minden alkalommal, amikor a városban tartózkodik. Miközben Simone, Dr. Naram helyi koordinátora a zsúfolt utcákon át a Dóm felé vezetett minket, azon gondolkodtam, hogy mennyire, és milyen gyorsan változik a világról és magamról alkotott látásmódom. Küzdelem dúlt bennem, és nem tudtam rájönni, hogy miért érzem ennyire a béke és az megbízható fogódzók hiányát.

„Emlékszik a leszármazásom szerinti három legnagyobb eredményre ebben az életben?" Miközben együtt ültünk a hátsó ülésen, Dr. Naram ismét kikérdezett.

Próbáltam visszaemlékezni. „Lássuk. Az első, hogy tudjuk, hogy mit akarunk; a második, hogy elérjük amit akarunk; és a harmadik, hogy élvezzük amit elértünk?"

„Helyes. A Sziddha-Véda egy olyan gondolati iskola, amely fizikális, mentális és érzelmi szinten is segít ezekben." - mosolygott.

„Megoszthatok önnel egy felbecsülhetetlen titkot, amit a mesterem árult el nekem?" - kérdezte Dr. Naram. „Ez arról szól, hogy felfedezzük és elérjük azt, amit szeretnél az életben. Soha nem fogja kitalálni, hogyan történt ez velem. Egyik nap a mesterem megkérdezte tőlem: „Mit akar? " Én pedig azt mondtam: „Honnan tudjam?" Aztán adott egy nagyszerű ajándékot azáltal, hogy megmutatta a titkos marmaá-t. Ez ugyanaz a marmaa-pont, amelyet édesanyámnak nyomtam meg, hogy felfedezze mit akar."

Dr. Naram mestere azt mondta neki, hogy csukja be a szemét, és nyomja meg hatszor a marmaa pontot a jobb mutatóujjának hegyén, ezután csendesedjen el. Egy idő után megfontolandó kérdéseket adott Dr. Naramnak. Dr. Naram hangsúlyozta e kérdések fontosságát és értékét, és azt, hogy azok mennyire megváltoztathatják az életemet.

„Ezek azok a milliárd dolláros kérdések, amelyeket feltehetünk magunknak, hogy felfedezzük az életcélunkat:

> *Ha csak hat hónapja lenne az életéből, mit szeretne a legszívesebben csinálni, vagy kivé szeretne válni?*
>
> *Ha tudná, hogy nem vallhat kudarcot, mit szeretne a legjobban csinálni, vagy kivé szeretne válni?*
>
> *Ha lenne tíz millió dollárja a bankban és soha többé nem kellene dolgoznia, mit csinálna, vagy kivé válna a legszívesebben?"*

Miközben Simone tovább kanyargott autónkkal Milánó utcáin, ismerős kellemetlenséget érezve leírtam a kérdéseket. Még ha meg is engedném magamnak, hogy feltegyem ezeket a kérdéseket, vajon lenne rájuk válaszom? A legtöbb napon fogalmam sem volt arról, hogy mit szeretnék csinálni, vagy kivé szeretnék válni, szöges ellentétben ezzel az emberrel, aki mindig intenzíven koncentrált, és a jelenben volt.

Dr. Naram így folytatta: „A válaszom a mesterem kérdésére az volt, hogy nagy gyógyító szeretnék lenni. Azt mondta nekem: »Minél világosabbak a célok, annál biztosabbak az esélyek«. Ezután segített a nagyobb tisztánlátásban azzal, hogy konkrét képet festett az elmémben. Különböző marmaa pontokat nyomott meg az ujjamon, miközben további kérdéseket tett fel."

„Mit ért az alatt, hogy „nagy gyógyító"? -kérdezte Baba Ramdas.

Dr. Naram így válaszolt: „A legjobb pulzusgyógyító akarok lenni ezen a bolygón, ezeknek az ősi gyógyító titkoknak a mestere."

„Minél világosabbak a célok, annál biztosabbak az esélyek."

– Baba Ramdas
(Dr. Naram mestere)

Mestere biztatta, mondván: „Nagyon jó Pankaj! Ezt írja le."

Dr. Naram azt mondta nekem: „Bár ennek a vágynak egy része az egóból, és a félelemből fakadt, mivel be akartam bizonyítani apámnak, és mindenki másnak, hogy méltó vagyok rá, a mesterem nem vitatta, vagy tántorított el az álmodozástól. Ellenkezőleg, bátorított! Aztán feltett nekem egy másik nehéz kérdést: „Honnan fogja tudni, hogy ön a legjobb?" Ekkor Dr. Naram félbeszakította saját történetét, rám nézett és azt mondta: „Nem az egóm miatt osztom ezt meg önnel, ezért kérem próbálja megérteni. Itt ez most nem rólam szól, vagy arról, hogy lenyűgözzem, hanem arról, hogy arra inspiráljam önt, hogy megfontolja, mi lehetséges. Mivel őszinte kérdéseket tesz fel, és próbál többet megtudni a saját életéről, azt kívánom, hogy legyen sikeres. 1982-ben, apám egy veszekedés után kitett a házunkból. Kevesebb, mint egy dollár volt a zsebemben. Dühös, magányos, zavart, frusztrált, egészségtelen és depressziós voltam. Nem tudtam, hova menjek, vagy hol aludjak azon az éjszakán. Mesteremnek köszönhetem, hogy végül rájöttem, hogy ki vagyok és mit tehetek az életemmel."

Dr. Naram azt mondta, hogy mestere továbbra is kérdezgette tőle: „Honnan fogja tudni, hogy ön a legjobb pulzusgyógyító?"

„Ha láttam százezer embert, akkor tudni fogom." „Mi más?"

„Akkor fogom tudni, ha hat országból jönnek hozzám az emberek." „Fantasztikus, most írja le. Mi egyéb?"

„Akkor leszek a legjobb, amikor Teréz Anya odajön hozzám, és azt mondja: „Dr. Naram, ön végzi a legnagyobb munkát ezen a bolygón."

„Nagyon jó. Mi még?"

„Abból is tudni fogom, amikor Őszentsége a Dalai Láma eljön, és megkér, hogy vizsgáljam meg a pulzusát."

Naplójegyzeteim

További Marmaa Shakti titkok, hogy tisztán lássuk, mit akarunk* (Folytatás a 9. Fejezet:ből, 136. oldal)

7) A jobb kezünk mutatóujjának legalsó részén lévő pontot nyomjuk meg 6-szor.

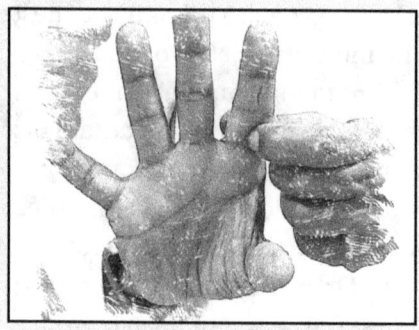

8) Tegyük fel magunknak a kérdést: „Ha meglenne az, amire vágyom, vagy azzá válnék, aki lenni szeretnék, az pontosan hogy nézne ki?"

9) Írja le a kapott válaszokat, és folytassa a kérdések feltevését, amíg tiszta kép nem alakul ki.

*Bónusz anyag: Ahhoz, hogy Dr. Naram végigkísérje Önt ezen a folyamaton, kérjük, tekintse meg az ingyenes MyAncientSecrets.com tagsági oldalon található videókat.

Dr. Naram szünetet tartott, és így szólt: „Mindezek a vágyak még azelőtt költöztek a szívembe, mielőtt egyetlen betegem is lett volna. Csak egy álmom volt. A mesterem bátorított, de amikor elmondtam a barátaimnak, és a családomnak, kinevettek. Nem értették, miért akarna annyi ember eljönni hozzám, vagy miért érdekli a Dalai Lámát vagy Teréz anyát az én pulzusgyógyításom."

„Ha valakinek van egy álma, támogassuk őket. Ne szabotáljuk őket, - mondta Dr. Naram. „Akkor majdnem feladtam az álmomat, de a mesterem biztatására elkezdtem a gyógyítóvá válás folyamatát. Lassan indult, de a tempó felgyorsult, és egyre jobban nőtt. Az volt a célom, hogy hat országból jöjjenek az emberek, jelenleg pedig már több, mint száz országból érkeztek, és tudtam segíteni nekik. Őszentsége a Dalai Láma sokszor eljött, hogy megmutassa a pulzusát. Teréz anya is bejött a klinikára és megölelt."

„Milyen érzés volt ez?" Érdeklődtem.

„Olyan volt, mintha ezer anya ölelt volna meg. Csakhogy amikor átölelt, megkérdezte, „Dr. Naram, maga terhes? – Megdöbbentem. Nem tudtam mire gondol, amíg el nem mondta, hogy meglepte, milyen kövér vagyok. Akkoriban nagyon túlsúlyos voltam, 220 font (100kg). Kérdése rádöbbentett arra a képmutatásra, hogy megpróbálok másoknak egészséget szerezni, de túlságosan elfoglalt vagyok ahhoz, hogy magamnak is megszerezzem azt. Annyira megdöbbentett, hogy elkezdtem tanulmányozni az ősi kéziratokat, hogy felfedezzem a fogyás ősi titkait. Csaknem száz fontot (45kg) adtam le."*

Az első élmény után, amikor találkozott Teréz anyával, Dr. Naram elmondta, hogy elkezdte hívni őt, hogy megkérdezze, segítene-e a gondozásában lévő embereknek. „Teréz anya igazán szerette az embereket, és ezért szerette volna látni, hogy meggyógyulnak" - mesélte Dr. Naram. Ezzel a szeretettel, amikor a legjobb modern módszerekkel próbált segíteni nekik, amelyek nem működtek, vagy súlyos mellékhatásokkal jártak, azt személyesen a szívére vette. Aztán amikor Dr. Naramot hívta segítségül, és látta, hogy a sok problémával küszködő emberek meggyógyulnak, viccből megharagudott rá.

„Miért nem találkoztunk harminc évvel korábban!" - mondta. „Annyi emberen segíthettünk volna."

Felismerte, hogy Dr. Naramnak olyan eszközei vannak, amelyek biztonságos, nem mérgező, hosszú távú módon segítettek az emberek betegségeinek feloldásában. Dr. Naram elmondta, hogy élete egyik legboldogabb napja volt, amikor Teréz anya azt mondta: „Dr. Naram, az ön munkája a gyógyítás legcsodálatosabb és legtisztább formája ezen a bolygón. Nagyon szeretem önt. Dolgozzunk együtt."

---

*Bónusz anyag: A Dr. Naram által az egészséges fogyáshoz használt ősi módszer megismeréséhez, amely világszerte emberek ezreinek segített, kérjük, tekintse meg az ingyenes MyAncientSecrets.com tagsági oldalon található videókat.

Szent Teréz anya 1985-ben Ronald Reagan elnöktől átveszi a Szabadság Érdemrendet. A képek a Wikimédiáról származnak.

Dr. Naram azt mondta: „Lehet szeretni az embereket, de ha nincsenek meg a megfelelő eszközeink vagy módszereink, hogy segítsünk rajtuk, akkor frusztrációt és fájdalmat érzünk. Főleg, ha megpróbálunk segíteni nekik valamiben, és az, ahogyan „segítünk" csak még több problémát okoz. Annyira hálás vagyok, hogy a mesteremtől megkaptam ezt a hat ősi eszközt, amelyek mély gyógyulást hoznak. És hálás vagyok amiért Teréz anya megmutatta nekem, hogy ezek a szeretet igazi kiterjesztései."

Dr. Naram ekkor előhúzott valamit az inge alól, hogy megmutassa nekem. A nyakában, a fehér zakója alatt, a szíve közelében lógott néhány jelentőségteljes tárgy. Mala és rudraksa gyöngysorok, amiket mestere adott neki; egy muszlim ima gyöngysor, amelyet egy hívő muszlim nő ajánlott fel neki, akinek Dr. Naram megmentette az életét; egy szent medál, amelyet egy nagy szikh mester ajándékozott neki; és egy keresztény keresztet ábrázoló nyaklánc, amelyet II. János Pál pápa áldott meg, és szent Teréz anya adott neki.

„Itt van, azt akartam, hogy lássa az értékes ajándékot, amit nekem ajánlott fel Teréz anya. Mindig becsülni fogom a vele töltött időt." Ujjait a medál köré fonta, megszorította, mintha a kezével akarná átölelni és azt mondta: „De térjünk vissza a lényegre. Ez önről szól."

Ha valóban hisz benne, ha valóban felfedezi, hogy mit akar az életétől, akkor a dolgok megtörténhetnek. Ha egyszer felfedezte azt az álmot vagy égő vágyat, idővel azt akarom átadni önnek, amit a mesterem adott át nekem: az eszközöket, hogy ezt az álmot a tudatfeletti elméből a tudatalattiba, majd a tudatos elmébe juttassa, hogy az az álom még ebben az életben valóra váljon."

Ezt leírtam a jegyzeteimbe, mert emlékezni akartam rá, de azért is, mert nem tudtam a szemébe nézni, miközben annyi intenzitást és törődést irányított felém. Bizonytalan és megtört voltam akkoriban az életemben. Hinni akartam, hogy elérhetem a tisztánlátást, de nem akartam csalódni, ha ez soha nem jön el.

Dr. Naram nyomatékosan megismételte: „A lényeg az, hogy tudjuk mit akarunk, elérjük amit akarunk, majd élvezzük amit elértünk."

Megkérdeztem: „Hogyan tehetem ezt meg?"

Soha ne hajszoljuk a pénzt; hajszoljuk a kiválóságot

Dr. Naram azt mondta: „Szeretném, ha részt venne egy yagná-n."

A yagna egy ceremónia, vagy folyamat, amelynek meghatározott célja van. Azt mondta, hogy ennek a középpontjában önmagunk felfedezése áll, azáltal, hogy megkérdezzük: „Ki vagyok én? Merre haladok? És hogyan juthatok előre, gyorsabban, biztosabban, hogy kiteljesedjek az életben?" Nem volt rejtély, hogy miért javasolta, hogy vegyek részt rajta.

„Első lépésként megkérem Dr. Giovannit, hogy mutassa meg, milyen ételeket fogyasszon, hogy táplálja a testét és az elméjét, és hogy egészséges, éber, koncentrált és energiával teli maradjon, hogy elérhesse az álmait."

Ekkor Simone talált egy parkolóhelyet. Mielőtt kiszálltunk volna az autóból, hogy besétáljunk a dómba, Dr. Naram hozzám fordult. „Clint, a mesterem

> „Fedezze fel magának: Ki vagyok én? Merre haladok? És hogyan juthatok előre, gyorsabban, biztosabban, hogy kiteljesedjek az életben?"
> – Dr. Naram

> Soha se hajszoljuk a pénzt. Hajszoljunk ötleteket, nagy ötleteket; kergessük és valósítsunk meg nagy álmokat."
> – Baba Ramdas
> (Dr. Naram mestere)

mondott nekem valamit, amit meg akarok osztani önnel." Olyan intenzitással, amit soha nem felejtek el, azt mondta: „Soha ne hajszolja a pénzt. Azt akarom, hogy hajszoljon ötleteket, nagyszerű ötleteket, és azt akarom, hogy hajszoljon és valósítson meg nagyszerű álmokat. Ne hajszolja a sikert, ehelyett hajszolja és érje el kiválóságot."

Azt mondta nekem, hogy ha felfedezem és követem a szívem vágyát, akkor a szenvedély meg fog jelenni. Dr. Naram így folytatta: „Ha egyszer tele van szenvedéllyel és a kiválóságra törekszik, a siker magától jön. Elég pénz fogja követni, és fontos dolgok történnek az életében."

„Mint micsoda?" - kérdeztem.

„Boldog, elégedett lesz, és végül felfedezi a beteljesülést."

Ezt gyorsan leírtam a jegyzeteimbe, mielőtt kiugrottunk volna az autóból. Miközben a katedrális gyönyörű bejárata alatt sétáltunk, Dr. Naram azt mondta: „Csak ha ezt teszi, akkor fogják az emberek valóban meghallani majd, amikor beszél. Észre fogják venni önt, és nagy hatással fog rendelkezni. Hiszi vagy sem, minden nap, mindenki pozitívan, vagy negatívan hat másokra. Amikor felfedezi, amit akar, eléri, amit akar, és élvezi az elért eredményeket, akkor egy gyűrűző hatású atommaggá válik – elkezdi pozitív módon befolyásolni a világot. És segít abban, hogy ez a világ egészségesebb, boldogabb lakóhellyé váljon."

Dr. Naram abbahagyta a sétálást, hogy közvetlenül rám nézzen, és azt mondta: „Clint, tudja miért érdeklődöm ön iránt?"

> „Amikor felfedezi amit akar, eléri amit akar, és élvezi az elért eredményeket, akkor egy gyűrűző hatású atommaggá válik—elkezdi pozitív módon befolyásolni a világot."
> – Dr. Naram

Nemlegesen megráztam a fejem. Bár kényelmetlenül éreztem magam, hogy ismét így a figyelem középpontjába kerültem, kíváncsi voltam, miért tölt velem annyi időt.

„Ez azért van, mert a »seva« útján jár."

Cselekedetei elárulják, hogy a szíve valóban a szolgálatról szól; az apja felé, igen, és mindenkivel szemben, akivel találkozik. Csak úgy tűnik, hogy egy kicsit össze van zavarodva azzal kapcsolatban, hogy hol teheti a legtöbb szolgálatot.

„A csendben eltöltött időszak az egyik legtanulságosabb, legerőteljesebb dolog, amit az életben megtehetünk."
– Dr. Naram

Hiszem, hogy szerepet kell játszania abban, hogy a világ jobb hellyé váljon. Különben miért lenne itt? Szeretném, hogy lássa a szerepét, bármi is legyen az: azt akarom, hogy tudja.

A szívem minden egyes mondatánál egyre hevesebben vert.

„Mielőtt megtaláltam volna a célomat" - folytatta Dr. Naram -, „a mesterem arra utasított, hogy töltsek tíz napot csendben. Ez az egyik legtanulságosabb, és legerőteljesebb dolog, amit az életben megtehet."

Azt mondta, nagyon kevesen töltenek ilyen hosszú időt csendben, de ő ezt rendszeresen megtette, és ezt tartotta növekedése egyik legfontosabb és legbefolyásosabb részének.

Amikor ismét elindultunk, megkérdezte tőlem: „Miért isznak az emberek? Miért dohányoznak az emberek? Vagy miért válnak az ételek vagy a filmek rabjaivá, vagy bármi másé? El akarnak menekülni; nem akarnak a belső énjükkel lenni. Nem elég türelmesek a kényelmetlenségükben, hogy felfedezzék lényük mélyebb rétegeit."

Világossá vált számomra, hogy megragadtam abban a szokásban, hogy elfutok önmagam elől. Nem a droggal, vagy az alkohollal, hanem a munkával, az utazással és a szórakozással. Láttam, hogy még a szolgálati tevékenységeim is szívesen látott figyelemelterelésnek bizonyultak az önmagammal való együttlét kellemetlenségétől. Rájöttem, hogy nem tudom, hogy ki vagyok, és nem tudom, hogyan legyek elég sokáig egyedül magammal ahhoz, hogy rájöjjek arra. Volt egy halvány elképzelésem, de homályos volt, és azon alapult, hogy mások hogyan látnak engem. Hogy csökkentsem a kényelmetlenségemet, keményebben dolgoztam, és keményebben játszottam— - vagy egy új kapcsolat vagy a legújabb elektronikus játékszer vonta el a figyelmemet. Ezeknek a pillanatoknak az izgalma gyorsan elillant, és újra bekúszott az üresség azt súgva, hogy itt valami többnek kell lennie, és hogy biztosan nem veszek észre valami fontosat.

Dr. Naram Dr. Giovannival, amount felnéznek a Dómra.

Miközben kint álltunk és felnéztünk a dómra, Dr. Naram azt mondta: „Sok ilyen titok van. Amikor visszatér Indiába, csendességbe kellene vonulnia. Adhatok önnek néhány kérdést, amit megkérdezhet magától, de először be kell lépnie a tiszta csendbe."

Tudtam, hogy ez fontos volt, de frusztráltnak éreztem magam, mert nem tudtam, hogyan tegyek többet a hallgatásnál. Az elmélet az egy dolog, a mindennapi valóságom pedig egy másik. Hogyan tudom a Dr. Naramtól hallottakat a laptopomon található jegyzeteken túlra juttatni, és tényleges megélt tapasztalattá alakítani? Hogyan alkalmazhatnám azokat a mindennapi életemben?

Az Ön naplójegyzetei

Hogy elmélyítse és felnagyítsa a könyv olvasásából származó előnyöket, szánjon most néhány percet arra, hogy válaszoljon a következő kérdésekre.

Hunyja be a szemét, nyomja meg a jobb kéz mutatóujjának felső részén lévő marmaa pontot, és tegye fel magának ezeket a kérdéseket sorban, egyenként. Minden kérdés után írja le az első gondolatokat/ötleteket, amelyek eszébe jutnak.

Ha csak hat hónapja lenne hátra az életéből mit szeretne a legszívesebben csinálni, vagy kivé szeretne válni?

_____

_____

_____

_____

Ha tudná, hogy nem bukhat el, mit szeretne a legjobban csinálni, vagy kivé szeretne válni?

_____

_____

_____

_____

Ha lenne tíz millió dollárja a bankban, és soha többé nem kellene dolgoznia, akkor mit szeretne a legszívesebben csinálni, és kivé szeretne válni?

_____
_____
_____
_____

Milyen más meglátások, kérdések, vagy felismerések merültek fel Önben e fejezet olvasása közben?

_____
_____
_____
_____

15. FEJEZET

Elefántok, Pitonok, és Felbecsülhetetlen Pillanatok

*Nem az számít, hogy mennyi mindent csinálunk, hanem az,
hogy mennyi szeretetet fektetünk abba, amit csinálunk.*
– Kalkuttai Szent Teréz anya

Mumbai, India

Az olaszországi tartózkodásom után Indiába repültem, hogy apámmal lehessek.

A klinikára érve örömmel láttam, hogy felkelt és járkál. Sőt, úgy ragyogott, ahogy már egy ideje nem láttam. Más betegek is meséltek nekem arról az átalakulásról, amelyet megérkezése óta tapasztaltak. Mosolyogva elmondta, hogy bár a teste még mindig érzékeny, de azt vette észre, hogy számos problémája enyhül. Már alig várta, hogy hazamehessen, hogy újra megvizsgálják.

Az alatt a rövid idő alatt, amit apámmal töltöttem Indiában, Dr. Naram meghívott minket otthonába. A felesége, Smita üdvözölt minket, aki az összes klinikát irányította Indiában, beleértve a panchakarma osztályt is, ahol apámnak segítettek. Szívélyesen fogadott minket otthonában. Belépve megláttuk Dr. Naram tízéves fiát, Krushnát, amint egy hatalmas pitont tart a kezében.

Már a Krushnával való rövid interakcióm során is meg tudtam állapítani, hogy különleges fiú. Ahelyett, hogy a telefonja, vagy videójátékok rabja lett volna, mint sok más vele egykorú gyerek, Krushna teljesen jelen volt velünk. Annak ellenére, hogy egy híres ember fia volt, nagyon gyakorlatias, alázatos és szeretetteljes volt. Észrevettem, hogy mindenki vele akar lenni, mert annyira jó volt a jelenlétében lenni.

„Szeretnék megfogni?" - kérdezte tőlünk. Bár elsőre ijesztő volt, lenyűgöző volt érezni a kígyó tapintását, súlyát és erejét, ahogy a teste a kezemben mozgott, felfelé haladva a karomon egészen a nyakamig, miközben próbáltam nyugodt maradni. Amikor azt mondtam, hogy végeztem, Krushna segített kibontani a végtagjaimról.

Miután elfogyasztottuk a finom vacsorát, amely mungóbab levesből és zöldségekből állt, valaki figyelmeztetett, hogy egy elefánt van a ház előtt. Megetettük tökkel a kertből, és ahogy az ormányával kikapta a kezünkből az ételt, lenyűgözött ennek a csodálatos állatnak a hatalmas mérete. Egy bizonyos ponton Dr. Naram utasítást adott az elefántnak. Az elefánt az ormányával felkapott egy virágfüzért Dr. Naram kezéből, és az apám nyakába akasztotta. A mosoly apám arcán felbecsülhetetlen volt.

Apám és én Indiában Laxmi elefánttal együtt.

Amikor az elefánt elment, megkérdeztem Dr. Naramot arról a folyamatról, amelyen apám keresztülment, és azokról a dolgokról, amelyek miatt még mindig aggódtam. Lehet, hogy túlzottan védelmező vagyok, de ez nem akadályozott meg abban, hogy érdeklődjek az apám által tapasztalt és szedett dolgok biztonságáról, és hatékonyságáról. A türelmetlenségemre, ami apám néhány még mindig fennálló problémáját illeti, Dr. Naram azt mondta: „Ez nem egy gyors megoldást kínáló program, Clint. De a legtöbb esetben az ősi gyógyítás idővel működik, hogy az embereket egyre mélyebben és mélyebben gyógyítsa meg. Nem lehet valaki terhes, és nem mondhatja az orvosának, hogy két hónapon belül szeretné világra hozni a babáját, amikor az kilenc hónapba telik. Vannak dolgok, amik időbe telnek, erőfeszítést és energiát igényelnek, akár tetszik, akár nem. A mesterem egy nagyon fontos dolgot tanított meg nekem: „Időbe telik, hogy meggyógyítsuk magunkat és másokat."

Bár megértettem, mégis alig vártam a teljes eredményt apám számára. Aggódtam amiatt, hogy ilyen ismeretlen úton jár. Megkérdeztem Dr. Naramot a gyógynövény-kiegészítők biztonságosságáról, amelyeket apámnak Indiából való távozása után is szednie kellene. Dr. Naram azt mondta: „Ahelyett, hogy én válaszolnék minden fontos kérdésére, mit szólna ahhoz, ha elmenne abba a gyárba, ahol azokat gyártják?"

> „Ez nem egy gyors megoldást kínáló program. Az ősi gyógyítás idővel működik, hogy egyre mélyebben és mélyebben gyógyítsa meg az embereket. A mesterem egy nagyon fontos dolgot tanított meg nekem:
> »Időbe telik, hogy meggyógyítsuk magunkat és másokat«."
> – Dr. Naram

Egy áltudós?

Miután édesapámat felültettem a hazafelé tartó repülőgépre, az utolsó pár napomat Indiában azzal töltöttem, hogy elutaztam azokba a gyárakba és laboratóriumokba, ahol Dr. Naram gyógynövényeit termelték és tesztelték. Igyekeztem akkor megjelenni, amikor nem számítottak rám.

Azonnal lenyűgözött, hogy minden tiszta és rendezett volt. Valaki beleegyezett, hogy elvigyen egy körútra. Cipővédőt kellett a cipőmre húznom, fertőtlenítenem kellett a kezem, és hajhálót kellett viselnem. Minden modern volt; a szabványosítási és tesztelési berendezések önmagukban biztosan több százezer dollárba kerültek. Az egész létesítmény felállítása határozottan milliókba került, és teljesen követett valami olyasmit, amit az ipar CGMP-nek (jelenlegi jó gyártási gyakorlatnak) nevez. A körút felénél az egyik adminisztrátor telefonon összekapcsolt Dr. Narammal. Őszintén értékelve amit láttam, mondtam neki, hogy világszínvonalúnak tűnik, amit csinál. Dr. Naram gyorsan megszólalt: „Ó nem, az nem jó. A mesterem azt mondta, hogy a világ legjobbját kell megteremtenünk. A „világszínvonal" nem elég jó. Ha lát valamit, amin javíthatunk, kérem szóljon."

Így folytatta: „El tudja képzelni, hogy amikor először kezdtem, a saját konyhámban készítettem a készítményeket? Hosszú utat tettünk meg. És még ma is biztosítom, ahogyan akkor is, hogy minden egyes általunk gyártott formula ugyanolyan szeretettel készül, mint ahogyan egy anya eteti a saját gyermekét."

„A mesterem azt mondta nekem, hogy a »világszínvonal« nem elég jó. A világ legjobbját kell létrehoznunk."
– Dr. Naram

A túra után leültem és beszélgettem két olyan tudóssal, akik évtizedekig együtt dolgoztak Dr. Narammal, Dr. Pujarival és Guy Kavarival. Dr. Pujari büszkén mutatta meg a laboratóriumi vizsgálati létesítményt. „Gondoskodunk arról, hogy minden tabletta, vagy testápoló biztonságos legyen, és mentes legyen a baktériumoktól, vagy nehézfémektől."

Elmondta, hogy milyen részletesen és szorgalmasan ügyelnek arra, hogy minden egyes üveg gyógynövény szabványosított legyen a minőség és a szennyeződés mentesség szempontjából. Az ősi mesterek hangsúlyozták, hogy ahhoz, hogy a dolgok összhangban legyenek a természettel, az egész növényt kell felhasználni, a hatóanyagok kivonása helyett. Azt mondta, hogy néha az emberek aggódnak, mert ugyanannak a gyógynövény-kiegészítőnek két üvegcséje különböző színű lehet. Elmagyarázta, hogy mivel nem használnak mesterséges vegyszereket, vagy színezékeket, az azonos növényekben lévő természetes színváltozatok miatt ugyanannak a készítménynek a különböző tételei kissé eltérő árnyalatúak lehetnek. Csakúgy, mint ahogy a zöldségesnél a brokkoli két készlete is lehet különböző zöld árnyalatú, egyik jele annak, hogy minden teljesen természetes."

Dr. Pujari elmondta, hogy mivel gyógyszerkutatásban volt kiképezve, egyáltalán nem hitt az ősi gyógyító tudományban. Aztán elvégezte a saját teszteléseit, és az eredmények igazolták ezeknek a gyógynövényeknek és módszereknek a hatékonyságát.

Guy Kavari elmondta, hogy nem sokkal azután, hogy elkezdett Dr. Narammal dolgozni, nyilvánvalóvá vált, hogy sem Indiában, sem az Ayurveda-ban, sem Nyugaton, nem létezik kódex, vagy adatbázis a Dr. Naram által használni kívánt gyógynövényekre és eljárásokra vonatkozóan. Új laboratóriumot építettek, több száz gyógynövényt gondosan tesztelve, dokumentálva azok tulajdonságait, és létrehozták saját könyvtárukat.

Amikor megkérdeztem Guy-t hogyan jellemezné Dr. Naramot mint személyt, habozás nélkül azt mondta: „Két szó: humanitárius és zseniális." Meglepett, hogy ezt ilyen gyorsan és magabiztosan mondta.

„Miért?" Kérdeztem.

Elmondta, hogy ebben az iparágban a legtöbben csak a költségeket akarják csökkenteni, így a legolcsóbb nyersanyagokat, és a leggyorsabb feldolgozási módszereket szerzik be. Dr. Naram viszont a legjobb minőséget akarta, függetlenül az ártól, vagy az időigénytől.

„Ezért drágábbak az ő gyógynövényei, mint a legtöbb más gyógynövény-kiegészítők?" Kérdeztem.

Guy azt mondta, hogy tudja a gyógynövény termékek ilyen módon történő előállításának költségeit, és azt is, hogy Dr. Naram mennyiért árulja őket. „Alig van nyereség a számára. Emiatt a szenvedélyéért nevezem őt humanitáriusnak."

„És miért zseniális?" Kérdeztem.

„Évekkel ezelőtt, mielőtt India vagy Amerika kormányai aggódtak volna a nehézfémek miatt, Dr. Naram ragaszkodott ahhoz, hogy minden általa előállított terméknek nehézfém mentesnek kell lennie.

Ezért már a kezdetektől fogva a legjobb nyersanyagokat és innovatív eljárásokat keresték, hogy minden termék nehézfém mentes legyen, függetlenül attól, hogy ez milyen költséggel vagy erőfeszítéssel járt."

Később elmeséltem Dr. Naramnak a gyárban szerzett tapasztalataimat. Elmondta mennyire hálás azoknak az embereknek akikkel találkoztam. Gondoskodtak arról, hogy az ősi eljárásokat betartsák. Azt is garantálták, hogy mindegyik formula megfelel a modern táplálkozástudományi tesztek legmagasabb színvonalának.

Dr. Naram bizalmasan beszélt velem azokról a problémákról, nézeteltérésekről, és nehézségekről, amelyekkel gyakran szembesült, amikor egy új tudóssal dolgozott. A mestere és az ősi szövegek által ösztönzött eljárások nagymértékben különböztek attól, amit a mai egyetemeken tanítanak, vagy értenek. A tudósok nem értették Dr. Naram ragaszkodását ahhoz, hogy bizonyos mantrákat mondjanak el a gyógynövények előállítása előtt és közben, vagy hogy miért kell a dolgokat csak bizonyos módokon, és időpontokban kombinálni. Főleg, ha hosszabb ideig tartott és többe került, mint az egyszerűbb úton való eljárás.

Guy Kavari esetében a konfliktus akkor alakult ki, amikor Dr. Naram azt mondta, hogy egy bizonyos gyógynövényt, amely enyhíti

Dr. Naram vidéki területen, ahol gyógynövényeket gyűjtenek, olyan növényt tartva a kezében, amelynek nedve csökkenti a fájdalmat, és erősíti az immunitást.

a női menstruációs időszak alatti vérzést, csak telihold idején éjfélkor szabad betakarítani. Guy ezt ostobaságnak tartotta, és ezt tudatta is Dr. Narammal. Azt mondta, hogy tudósként nem hisz a tündérmesékben, és nem volt hajlandó éjfélkor betakarítani azt a növényt.

„Ön valójában egyáltalán nem is tudós" - válaszolta Dr. Naram - „Maga egy áltudós."

Guy-t ez váratlanul érte, és megvédte magát. „Tudós vagyok, ezért nem hiszem el ezt a hülyeséget."

„Maga egy áltudós, aki olyasmit hisz igaznak, amit nem ismer" - mondta Dr. Naram. „Ha igazi tudós lenne tudná, hogy hipotézise lehet, nem pedig következtetése. És tesztelné azt, hogy megtudja mi az igazság."

Guy úgy érezte, hogy egy olyan kihívás elé került, amelyet nem utasíthat el, ezért kiterjedt tanulmányt készített, hogy bebizonyítsa Dr. Naram téved. Az adott gyógynövényt a nap különböző időszakaiban szüretelte, köztük teliholdkor, éjfélkor is. Majd berendezéseikkel tesztelte a hatóanyag erejét. Fogta a különböző mintákat, belekeverte őket a készítménybe, és a vérzési problémákkal rendelkező nőknek adta.

Az eredmények megdöbbentőek voltak Guy számára. A telihold idején éjfélkor betakarított gyógynövények hatóereje csaknem hússzor nagyobb volt, mint a napközben betakarított ugyanazon gyógynövényé. Amikor azt a kiegészítőhöz keverték, és olyan nőknek adták, akiknek szükségük volt rá, az eredmények egyértelműen jobbak voltak. Ettől a ponttól kezdve Guy beleegyezett abba, hogy kövesse a gyógynövények betakarításának és a formulák összekeverésének eljárását pontosan úgy, ahogy azt az ősi gyógyító kéziratokban írták le. Más lenyűgöző eredményeket is felfedezett a laboratóriumokban, amelyek ellentétben álltak a képzésével. Meglepetésére az avassági szint csökkent, és az eltarthatóság megnőtt, amikor követték az ősi szövegek előírásait.

A gyógynövények biztonságosságával kapcsolatos kérdéseim megoldódtak. Ugyanakkor inspirált, hogy ekkora szenvedéllyel és kiválósággal dolgozó embereket láttam.

Nyugtalanító e-mail apámtól

Indiából Thaiföldön át Kínába repültem, hogy előadást tartsak egy tudományos konferencián. Professzorok és hallgatók vettek körül a technológia különböző fejlesztéseiről beszélve, és arról, hogy azok hogyan befolyásolják az oktatást. A Dr. Narammal eltöltött idő után, a „normális" életemhez való visszatérés enyhén szólva is zavaró volt.

Megváltozott az, ahogy önmagamat és a világot láttam. Amikor megpróbáltam megosztani másokkal néhány dolgot, aminek szemtanúja voltam, gyakran olyan hitetlenkedő pillantással tekintettek rám, ami véget vetett a beszélgetésnek. Úgy döntöttem nem az én feladatom, hogy meggyőzzek bárkit is bármiről. Édesapám jobban volt, és nekem csak ez számított.

Amikor megérkeztem Kínába, e-mailben értesítettem anyámat és apámat, hogy biztonságban vagyok, és megkérdeztem tőlük hogy vannak. Egy napon belül aggasztó híreket kaptam apámtól.

2010. szeptember 10.

Szia fiam!

Te folyamatosan lenyűgözöl engem. Úgy beszélsz arról, hogy Bangkokban éjszakázol, és Kínába mész mielőtt a következő országba utaznál, mintha Provóban töltötted volna az éjszakát, és a Salt Lake City-i házunk felé tartanál.

Még mindig próbálok kilábalni az indiai utazásomból. Hazaérkezésem után energia-összeomlást tapasztaltam. Nem sok mindenre vagyok képes. Köszönjük, hogy megadtad az időbeosztásod. Mikor lépsz legközelebb kapcsolatba Dr. Narammal? Ha hamarosan, lenne pár kérdésem, amire talán kaphatnál választ, mert nem értem mi történik a testemmel.

Kérlek tudd, hogy imádkozom azért, hogy utazásod biztonságos és gyümölcsöző legyen mindenki számára.

Nagyon szeretlek,
Apa

Gyorsan visszaírtam neki Dr. Naram telefonközpontjának az elérhetőségével, amely össze tudja kapcsolni vele. Éreztem, ahogy a nyugtalan, csendes szomorúság újra magával ragad. Ennyi idő, költség és erőfeszítés után az ősi gyógyítás és Dr. Naram cserbenhagyta apámat?

Az Ön naplójegyzetei

Hogy elmélyítse és felnagyítsa a könyv olvasásából származó előnyöket, szánjon most néhány percet arra, hogy megválaszolja a következő kérdéseket:

Nevezzen meg egy-két dolgot, ami ha még kiválóbban csinálna az életében, az mindent megváltoztatna:

_____

_____

_____

_____

Milyen jó dolgok történtek az életében a türelem és a fegyelem eredményeként?

_____

_____

_____

_____

Milyen más meglátások, kérdések, vagy felismerések merültek fel Önben e fejezet olvasása közben?

_____

_____

_____

_____

16. FEJEZET

Egy váratlan új probléma

*Ne mondja azt, hogy „reggel van", és utasítsa el a tegnap nevével.
Tekintsen rá először, mint egy újszülöttre, akinek még nincs neve.*
— Rabindranath Tagore

Kína után visszatértem Finnországba, hogy a Joensuu Egyetemen (amely később a Kelet-Finnország Egyetem lett) folytassam a munkámat. Egy hóval borított kisvárosban éltem, nem messze az orosz határtól. Bár mélységesen szerettem Finnországot, az embereket és az ottani munkámat, apám felkavaró e-mailje után úgy éreztem, hogy sürgősen látnom kell őt. Ez az érzés akkor erősödött fel bennem, amikor apám felhívott, hogy megkérdezze, mikor leszek újra otthon, hogy személyesen beszélhessünk az egészségéről. Egy „új problémát" említett. Aggódtam és össze voltam zavarodva, és amint tudtam, hazarepültem.

A szüleim házának ajtaja előtt állva azon tűnődtem, vajon mit akar apám velem megbeszélni. Több mint hat hónap telt el azóta, amióta bemutattam őt Dr. Naramnak Los Angelesben. Jobban érezte magát? Észrevennék bármilyen változást is rajta? Vagy hiába küldtem el őt a fél világon keresztül? Még mindig szenvedett? Rosszabbodott az állapota? Alig fél évvel ezelőtt azt mondta nekem, hogy talán nem éli meg a következő reggelt. Ennek emléke még mindig friss és fájdalmas volt.

Apám olyan pillantással üdvözölt az ajtóban, amit nem tudtam megfejteni. Besétáltunk az irodájába, és leültünk ugyanazokra a székekre, amelyeken legutóbb is ültünk, amikor ott jártam. Csak ezúttal ahelyett, hogy a földet nézte volna, nem szakította meg velem a szemkontaktust.

Elhelyezkedve mély levegőt vett. „Fiam, van egy új probléma." A szívem összeszorult. Összeszedve magam megkérdeztem: „Ezt hogy érted?"

Az íróasztala mögül előhúzott egy cipősdobozt és kinyitotta. Tele volt pirulás dobozokkal. „Az a problémám, hogy nem tudom mit csináljak ezzel a sok tablettával. Nincs többé szükségem rájuk!" Hatalmas mosoly suhant át arcán. A tizenkét gyógyszerből, amit indiai utazása előtt szedett, már csak egyre volt szüksége. Már nem tartottam vissza a lélegzetemet és nagyot sóhajtottam a megkönnyebbüléstől! A mosolya ragályos volt, én pedig nevettem a meglepetéstől.

Kiderült, hogy az India után tapasztalt energia-összeomlás csak pillanatnyi volt, ami azért következett be, mert elkezdte fogyasztani az összes régi, megszokott ételt, amit nem lett volna szabad. Így hát elszenvedte a következményeket. Amint elkezdte szedni a házi gyógykészítményeket, és beállította étrendjét, azonnal jobban érezte magát.

Nem tudtam elhinni. Alig fél évvel ezelőtt elviselhetetlen fájdalmai voltak, és nem tudta, még meddig élhet. A teste annyira gyenge volt, hogy még az olyan egyszerű dolgok is óriási kihívást jelentettek számára, mint a székből való felkelés, vagy a folyosón való séta. Olyan fáradtság kerítette hatalmába, ami megrémített. Az elméje az Alzheimer kór felé haladt, elvesztette a mondatok folyamát, és könnyen elfelejtett dolgokat. És szívszorító volt látni, ahogy súlyos depresszióba zuhant.

Most alig néhány hónappal azután, hogy találkozott Dr. Narammal és fegyelmezetten követte a tanácsait, apám megváltozott. Már nem voltak koleszterinproblémái, a vérnyomása normális lett, és nem küzdött többé vércukorproblémákkal. A folyamat során rendszeresen találkozott a szokásos orvosaival, akik figyelemmel kísérték fejlődését, és meglepődve tapasztalták, hogy hamarosan azt javasolják neki, ne szedjen tovább bizonyos gyógyszereket. Mire találkoztam vele, már szinte nem volt szüksége egyre sem!

Apám számára talán az volt a legjelentősebb, hogy a lábában és a mellkasában érzett fájdalom megszűnt, így már a fájdalomcsillapítókról is leszokott. „Valójában," mondta, „az egész testem fájdalommentes!"

Elmondása szerint hússzor több energiája, fizikai képessége és szellemi ébersége volt. Újra tudott dolgozni, és úgy érezte, hogy változást hoz létre a bolygón. Látva apámat, ahogy hasznosnak és eredményesnek érzi magát, hozzájárulva a magasabb rendű jóhoz, ahogy mindig is az volt a küldetése, a minden eddiginél nagyobb teljesség érzésével töltött el.

Az elmém cikázott. Ez valóban megtörténhet? Micsoda szent pillanat! Milyen gyönyörű ajándék!

Még most is, amikor ezt írom, visszagondolva arra a pillanatra, hálás könnyek folynak le arcomon.

Apa és anya ismét nevetnek.

A legfontosabb pillanat az volt, amikor apám egyenesen a szemembe nézett és azt mondta: „Most egy másik fontos kérésem van számodra, fiam."

Az apám íróasztalának tetején, az őket megillető helyen feküdt a mappák és papírok halmaza, az összes olyan anyaggal, amit apám az élete során gyűjtött össze - ahelyett, hogy vissza lettek tolva a fiókba.

Emlékszik arra a könyvre amit meg akart írni, és ami összefoglalja életművét, hogy segítsen a gyerekeknek felismerni a jó ötleteket, és segítsen jó döntéseket hozni? Amikor beteg lett és a depresszió felemésztette, apám szem elől vesztette ezt a célt és a reményt.

Kezét a papírhalomra helyezve azt mondta: „Be akarom fejezni *The Missing Piece in Education* (*A hiányzó láncszem az oktatásban*) című könyv megírását, és a segítségedet kérem. Fiam, leszel a társszerzőm?"

Túlságosan megtisztelve éreztem magam, és bár nem tudtam megállni, hogy ne mosolyogjak, könnyek csordultak le az arcomon.

„Természetesen" – mondtam neki.

Milyen más kérés volt ez attól, mint amit hat hónappal korábban tett fel! Reméltem, hogy ennek a könyvnek a megírása gyógyító hatással lesz apámra: valami olyan örömteli dolog, amely örökségének része lesz. Kevésbé tudtam akkor, hogy az engem is meg fog gyógyítani. De ez egy másik történet.

Apám figyelemreméltó felépülése után úgy kezdtem el leírni amit Dr. Naram az emberekért tett, mint olajcserét a testnek. Amikor kicseréljük a szűrőket az autónkban, láthatjuk, hogy mennyi szennyeződés gyűlt össze. A testünkben mindez nem látható, de attól még ott van. Ha nem tisztítjuk meg és nem gondoskodunk róla megfelelően, akkor az működési zavar formájában jelentkezik. Amikor apám testében a szűrők meg lettek tisztítva, az egészségügyi problémái megszűntek.

Hálás voltam Dr. Naramnak és ennek a gyógyító rendszernek, és a saját szememmel láttam milyen csodálatos átalakulást élt át apám, ezért felhívtam Dr. Naramot, hogy megköszönjem neki, de nem válaszolt. Amit nem tudtam, az volt, hogy miközben apám egészsége folyamatosan javult, Dr. Naram apja kómába esett, és halottnak nyilvánították.

Az Ön naplójegyzetei

Hogy elmélyítse és fokozza a könyv olvasásából származó előnyöket, szánjon most néhány percet arra, hogy megválaszolja a következő kérdéseket:

Ki az a valaki, akit szeret? Tudja, hogy mi a legnagyobb álma?

_____

_____

_____

_____

Hogyan tudja támogatni őket annak elérésében? Vagy hogyan tud nekik segíteni abban, hogy tisztábban lássanak, ha még nem is tudják egészen, hogy mit akarnak?

_____

_____

_____

_____

Milyen egyéb meglátások, kérdések, felismerések merültek fel Önben e fejezet olvasása közben?

_____

_____

_____

_____

17. FEJEZET

Búcsúzás

*Mi a legfigyelemreméltóbb dolog a világon?
Hogy mindenki meg fog halni, de senki sem gondolja, hogy ez
egyszer vele fog megtörténni.*
– A Bhagavad Gita-ból, egy 5000 éves szövegből parafrazálvat

Dr. Naram tudta, hogy az apja nincs jól. Az elmúlt években sokszor meglátogatta őt, és mindig tudott segíteni neki. Ezúttal az apja prognózisa súlyos volt. Mielőtt elindult volna a szülei otthonába, Dr. Naram elhívta magával Dr. Giovannit, Lucianót, és Vinay-t, nem tudván, hogy mivel kell szembenéznie.

Amikor megérkeztek, a bejáratnál könnyes szemmel fogadta őket Dr. Naram bátyja, Vidyutt, az édesanyja, a család többi része és a doktor, aki éppen a halotti bizonyítványt állította ki. Már túl késő volt.

„Látni akarom őt." - mondta Dr. Naram a bátyjának.

Dr. Naram odasétált az ágy mellé, ahol apja teste pihent. Kinyújtotta a kezét, hogy megfogja a csuklóját, és megdöbbenve vett észre valamit. Ujjai nagyon gyenge pulzust érzékeltek. Azonnal megkérte Dr. Giovannit, hogy hozza a vérnyomásmérőt, és vizsgálja meg a vérnyomását és a pulzusát. Dr. Giovanni megtette, és a gép azt mutatta, hogy nincs pulzus. Dr. Naram megkérte, hogy újra vizsgálja meg, és az eredmény ugyanaz lett, se pulzus, se vérnyomás.

Dr. Naram megkérte Dr. Giovannit hogy gyorsan hozzon gyömbért és ajwain port a konyhából. A házban mindenki megkérdezte Dr. Giovannit, hogy miért van ezekre szüksége. A kezelőorvos is értetlen arckifejezéssel nézett fel, mire a család elmagyarázta neki, hogy Dr. Naram pulzusgyógyító. Megcsóválta a fejét, és visszatért a papírmunkához.

Dr. Naram utasította Dr. Giovannit, hogy dörzsölje be az apja lábát az ajwain és gyömbérporok száraz keverékével. Ezzel egyidejűleg Dr. Naram ghee-vel kente be, és nyomott meg bizonyos marmaa pontokat a kezein, lábain, hasán, és a fején. Néhány perc múlva közel hajolt az apja füléhez és azt mondta: „Apa, ha tudatodnál vagy, ha hallasz engem és élni akarsz, akkor emeld fel a kezed, lábad vagy akár az ujjad."

Az apja felemelte az egész kezét!

Dr. Naram nem tudta visszafogni izgalmát, és elmondta bátyjának, hogy az apjuk még életben van. A kezelőorvos szkeptikus volt, és azzal vádolta Dr. Naramot, hogy ő maga mozgatta meg az apja kezét. Mindenki bejött a szobába, és végignézte, ahogy Dr. Naram megismétli a beavatkozást. Ezúttal az apja az egész lábát emelte fel, és a kezelőorvos megdöbbenten hátrahőkölt.

Ahogy ezt a részt hallgattam, nevettem, és elképzeltem az egész jelenetet. Az orvos azt gondolta, hogy ez hullamerevség lehet, amíg Dr. Naram folytatta az eljárást. Dr. Naram apja szerette guru Sai Babát. Ennek tudatában, Dr. Naram megkérte Dr. Giovannit, hogy segítsen megnyomni a marmaa pontokat és közben mondja ki a Sai Baba bhakták közös köszöntését: „Sai Ram." Az ágyból halk, de világos válasz érkezett: „Sai Ram."

Mindenki megdöbbent. A csodálkozás hatalmas mosolyán keresztül Dr. Giovanni ismét azt mondta: „Sai Ram."

Egyre hangosabb „Sai Ram!" hangzott Dr. Naram apjától. Ezt hallva a teremben mindenki felnevetett örömében, sokan közülük könnyek között.

Csak az orvos nem mosolygott. Az aláírt halotti bizonyítvány még mindig

> „Fontos, hogy bizonyos dolgokat befejezzünk az életben, hogy lelkünk békében pihenhessen."
> – Dr. Naram

nedves volt a tintától, és ez meghaladta a felfogóképességét. Halottnak nyilvánította ezt a személyt, és ő most beszél? Ahelyett, hogy aznap este az apjuktól búcsúztak volna el, a család az orvostól vett búcsút. Az orvos szóhoz sem tudott jutni, amint kilépett az ajtón.

Dr. Naram apja, aki ébren és tudatánál volt, a következő hét folyamán annyira felépült, hogy fel tudott ülni, járni, és beszélgetett a családjával. A kezelőorvos, aki aláírta a halotti bizonyítványt, pár naponként felhívta Dr. Naram bátyját, hogy tájékoztatást kapjon „arról a furcsa esetről." Minden alkalommal meglepődve tapasztalta, hogy a beteg még mindig él és virul.

Dr. Naram's Father, Pankaj Kimji Naram.

Dr. Naram apja hamarosan elég jól érezte magát ahhoz, hogy befejezzen néhány elintézetlen ügyet, aláírjon fontos dokumentumokat, és fontos beszélgetéseket folytasson feleségével, gyermekeivel és unokáival.

„Fontos, hogy bizonyos dolgokat befejezzünk az életben, hogy lelkünk békében pihenhessen" – osztotta meg Dr. Naram.

Amikor hansúlyoztam, hogy ez mennyire figyelemreméltó, Dr. Naram megismételte mestere szavait: „Soha ne adjuk fel a reményt!

Naplójegyzeteim

További ősi gyógyító titkok a kómában lévő ember megsegítésére* (Az 1. fejezetbeli jegyzet folytatása)

4) Házi gyógymód—Keverjük össze a száraz gyömbérport és az ádzsváin (ajwain) port, és dörzsöljük be a kómában lévő személy lábát.

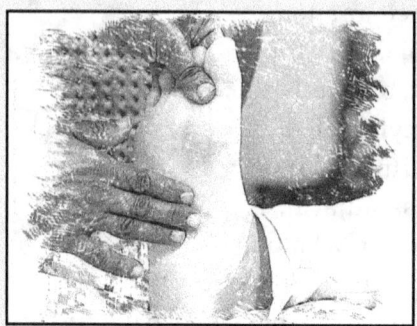

5) Marmaa Shakti—Miközben az 1. fejezetben (a 15-ik oldalon) felvázolt pontokat nyomkodjuk, mondjuk ki a személy nevét oly módon, ahogy a legtöbben szólítják.

*Bónusz anyag: Hogy meghallgassa Dr. Giovanni & Dr. Naram beszélgetését erről a pillanatról, és hogy mélyebben megértse ezt a módszert, kérjük, keresse fel az ingyenes MyAncientSecrets.com tagsági oldalt.

Az Ön naplójegyzetei

Hogy elmélyítse és fokozza a könyv olvasásából származó előnyöket, szánjon most néhány percet arra, hogy megválaszolja a következő kérdéseket:

Milyen dolgokat szeretne befejezni az életében, mielőtt meghal (pl. szembenézni valamilyen félelemmel, megbocsátani valakinek, elérni valamit, bocsánatot kérni valakitől, legyőzni valamilyen kihívást stb.)?

_____

_____

_____

_____

_____

Milyen egyéb meglátások, kérdések, felismerések merültek fel önben e fejezet olvasása közben?

_____

_____

_____

_____

_____

18. FEJEZET

Ősi bölcsesség, modern világ

*Minden utazásnak vannak titkos állomásai,
amelyekről az utazó nem tud.*
– Martin Buber

Nem sokkal e csodásnak tűnő események után Dr. Naram meghívott egy díjátadó ünnepségre New Jerseybe, ahol kitüntetésben részesült a 9/11-es tűzoltók és elsősegélynyújtók megsegítéséért. Ahogy ott álltam a több ezer ember között, akik beszélgettek és várták, hogy elkezdődjön az ünnepség, a szívem mélyén tudtam, hogy fel kell tennem Dr. Naramnak egy kérdést, ami már egy ideje foglalkoztatott.

Elmosolyodtam, amikor megláttam Marshallt és Josét, a *Serving Those Who Serve (Szolgálni azokat akik szolgálnak)* két alapítóját, akikkel korábban New York-ban találkoztam. Most olyan embereknek segítenek, akik más katasztrófákat is túléltek, és remélték, hogy Dr. Naram továbbra is támogatja őket.

Dr. Naram elmosolyodott, amikor meglátott engem. „Annyira örülök, hogy el tudott jönni, Clint."

Megtisztelésnek éreztem, hogy ott lehetek. „Izgatott?" - kérdeztem. „Hallottam, hogy New Jersey kormányzója is itt van, hogy átadja önnek a díjat."

„Inkább alázatos" - válaszolta. „Miért is?"

„Tudom, hogy az erő ebben a vonalban, az ősi szövegekben rögzített titkokban, és a mesterem tanításaiban van. Én csupán ennek az ősi bölcsességnek a közvetítője vagyok a modern világ számára. És ha már a mesteremről beszélünk, ismeri a történetet arról, hogy honnan tudtam mi az ami segíthet a 9/11-es tűzoltókon?"

„Hogyan?"

„Utcagyerekek Mumbaiban!"- mondta. „Utcagyerekek?"

„Igen, az ezer napos kiképzés után a mesterem adott nekem egy szolgálatot, vagy seva (ejtsd szé-va) megbízást. Azt mondta, hogy az első emberek, akiknek segítenem kellett Dharaviban, a világ második legnagyobb nyomornegyedében éltek."

Dr. Naram elmesélte hogyan találkozott az ott élő utcagyerekekkel, a koszos arcukkal és szakadt ruháikkal. Megtapintotta a pulzusukat, és adott nekik gyógynövényeket, amikről azt gondolta, hogy segíteni fognak. De amikor visszament, rájött, hogy egyik sem használt, és a gyerekek még mindig betegeskedtek, tüdő problémákkal, alvászavarokkal, depresszióval, szorongással, és köhögéssel, és a pulzusuk még mindig a méreganyagok felhalmozódását mutatta ki a szervezetükben. Értetlenül, Dr. Naram konzultált a mesterével, aki azt mondta neki, hogy mélyebbre kell hatolnia, és többet kell megtudnia ezekről a gyerekekről.

Dr. Naram visszament, és megkérdezte tőlük hol élnek és dolgoznak. Megtudta, hogy egy vegyi üzemben dolgoztak. A gyár nem akart pénzt költeni a vegyszerekkel teli kádak keverésére szolgáló gépekért, ezért felbérelte az utcagyerekeket, hogy úszkáljanak bennük. Megdöbbent, jelentette ezt a hatóságoknak, és visszament a mesteréhez, hogy kiderítse mi mást tehetne még, hogy segítsen ezeken a gyerekeken.

Együtt tanulmányozták a kéziratokat, hogy kiderítsék, használtak-e valamit az ókorban az olyan bonyolult mérgek eltávolítására, mint például a nehézfémek. Izgatottá váltak, amikor felfedezték a lehetséges megoldást. Az ősi háborúk idején a katonák kémiai mérgekbe mártották a nyilaik és lándzsáik hegyét. A Siddha-Veda vonal gyógyítóinak olyan módszereket kellett találniuk, amelyekkel segíteni tudtak az embereknek a méreg kiürítésében. Huszonhét olyan gyógynövényt azonosítottak (köztük a kurkumát és a neem-et) amelyek segíthetnek eltávolítani ezeket a mérgező nehézfémeket. A találtak alapján, Dr.

Naram és mestere új formulát állítottak össze, hogy kipróbálják az utcagyerekeken.

„Működött, a gyerekek jobban lettek! A méreganyagokat eltávolították a szervezetükből. A mesteremtől és ezektől az ősi szövegektől származóelvekbe vetett hitem megnőtt, látva, hogy ilyen drámai esetben segítettek. Aztán megtörtént 9/11, és ez olyasmi volt, amit a világ és Amerika még soha nem látott."

Virális fotó az utcagyerekekről, akik „szelfit" készítenek a szandáljukkal.
A Google Images oldalról letöltve.

Amikor Dr. Naramot felkérték, hogy segítsen a tűzoltóknak, akik éjjel-nappal dolgoztak a Ground Zero-nál lévő gödörben, tudta, hogy nekik is hasonló méreganyagok voltak a szervezetükben a füst belégzése és a sok mérgező törmelékkel való érintkezés miatt. Azt is tudta, hogy a nyugati orvostudomány még nem ismeri a módját, hogy eltávolítsa ezeket a mérgeket. „Öröm, és megtiszteltetés volt számomra, hogy szolgálatot tehettem. A mesteremnek köszönhetem azt, hogy megtanított arra, hogyan lehetek ilyen hasznos a rászoruló emberek számára. Mindenki, még a mindennapi életben is valamilyen mértékben szennyezett. Mindenki belélegzi az autók és a teherautók kipofogógázait, feldolgozott, vagy módosított élelmiszereket eszik, amelyeket gyakran savas eső öntöz, ki van téve a mobiltelefonok sugárzásának, olyan húst, vagy növényeket eszik, amelyek szennyezettek, és más minőségű napfényt tapasztal az ózonréteggel kapcsolatos légköri problémák miatt. Tehát ha még nem is voltunk New York-ban 9/11- én, mindannyiunknak szüksége van ezekre a titkokra, hogy eltávolítsuk ezeket a környezeti mérgeket a szervezetünkből." Bár mindez nagyon lenyűgöző volt, nem tudtam elfelejteni azt az égető kérdést, amit fel akartam tenni neki. Éppen akkor amikor kinyitottam volna a számat, valaki félbeszakított minket, hogy Dr. Naramot a színpadra vezesse.

Leültem a székemre a közönség soraiban, elolvastam a programot, ami több történetet tartalmazott a tűzoltóktól, és elsősegélynyújtóktól, akik részesültek Dr. Naram segítségében. Egyikük Darren Taylor volt, az FDNY tűzoltója. Ezt írta:

„Két nappal a World Trade Center elleni támadások után a Grand Zero-hoz küldtek. Az általános testmentés és keresés, valamint az általános felderítés és a tűzoltás területén dolgoztam. Körülbelül egy hónappal azután, hogy rendszeres bevetéseken dolgoztam a városban, kezdtem észrevenni az egészségemre gyakorolt hatásokat. Gyakrabban fáztam meg. Néha éjszaka köhögési rohamra ébredtem, nem produktív száraz köhögésre. Kicsit depressziós voltam, és ez az immunredszeremre negatívan hatott. Általánosságban véve betegebbnek éreztem magam—nem voltam olyan egészséges, mint normális esetben. Amikor először hallottam erről a programról, és

9/11 tűzoltó Darren Taylor, FDNY, Dr. Naram gyógynövényeit használta arra, hogy eltávolítsa a méreganyagokat a szervezetéből, erősítse az immunitását, javítsa az alvást, és sokkal egészségesebb és boldogabb életet éljen!

ezekről a gyógynövényekről, nem érdekelt. De hónapokkal azután, hogy a Grand Zero-nál voltam, a tüneteim rosszabbodtak. Aggódtam emiatt, és gondoltam kipróbálok valami természeteset. Örülök, hogy megtettem. Miután egy ideig szedtem a gyógynövényeket, és azt tapasztaltam, hogy a megfázásom nagyjából megszűnt, és a köhögési rohamaim is elmúltak. Nagyobb lett az állóképességem. Egyszerűen jobban éreztem magam. Kevésbé voltam depressziós. Könnyebben tudtam élni az életemet, és magam mögött hagyni az egészségügyi aggályokat. Többet, és jobban aludtam. Most már általánosságban nagyon jól érzem magam. Köszönet az ön által nyújtott szolgáltatásnak. Sok sikert ahhoz, hogy ez minél több emberhez eljusson."

Egy másik elsősegélynyújtó elmondta, hogy körülbelül egy évig szedte a gyógynövényeket, amikor valami elképesztő dolog történt: a tüdőfunkciós tesztjei normális értéket mutattak, és évek óta először el tudta hagyni az inhaláló használatát. Ezt írta:

„És van egy mellékhatása; A gyógynövényekkel képes voltam abbahagyni teljesen a dohányzást. Éreztem a testemből kiáramló cigarettaszagot. Annak ellenére, hogy már egy éve leszoktam a dohányzásról, még mindig vágytam rá. Aztán bármilyen nikotin raktár volt is a testem zsebeiben, szerintem a gyógynövények megszabadítottak tőle. Néha a vizeletemnek hamutartó szaga volt. Azt kérdeztem magamtól: „Ez meg honnan jött"? És azt gondolom, hogy a gyógynövények szabadították fel a nikotint a szervezetemből. Az elmúlt egy év során minden sokat javult, és ezt Dr. Naram gyógynövényeinek tulajdonítom. Úgy hiszem, hogy minden testrészből kivonják a mérget."

Egyik történetet a másik után olvastam. Arra gondoltam, hogy milyen erőteljes volt, hogy Jose valami által vezérelve volt, hogy találkozzon Dr. Narammal, és létrehozza ezt a szervezetet, hogy segítsen a 9/11-i elsősegélynyújtóknak. Lefogadom, hogy amikor először találkozott Dr. Narammal fogalma sem volt arról, hogy ez lesz az az út, amelyen az élete haladni fog.

Aztán visszagondoltam Reshma-ra és Rabbatra. Valószínűleg Reshma nem is sejtette, amikor először látta Dr. Naramot a tévében, hogy arra lesz vezérelve, hogy találkozzon vele, és így megmentse a lánya életét. Amikor Dr. Giovanni először találkozott Dr. Narammal, nem is sejtette, hogy az egész életét annak fogja szentelni, hogy megtanulja az ősi gyógyító titkokat, és azokat a pácienseinalkalmazza. Az elmém a váratlan útmutatásra és csodára irányult.

Éppen akkor eszembe jutott egy ima, amelyet gyermekként mondtam, amikor nővérem, Denise halálával küzdöttem. Azért imádkoztam, hogy Isten vezessen oda, ahol a legtöbb szolgálatot nyújthatom, hogy segíthessek azoknak, akiknek fájdalmaik vannak.

Lehunytam a szemem, és az elmém megnyílt annak a rejtélynek, ami azóta kibontakozott. A nővérem halála vezetett el Gary Malkinhoz és a Wisdom of the World projekthez. Hogy segítsem annak sikerét, találkoztam Gail Kingsburyvel, és ő mutatott be Dr. Naramnak. Alicia iránti rajongásom Indiába vezetett. Apám romló egészségi állapota arra késztetett, hogy mélyebben kutassam az ősi gyógyító titkokat, és így tovább. Minden egyes esetben azt tapasztaltam, hogy a legjobb dolgok akkor történtek az életemben, amikor megpróbáltam mások szolgálatára lenni. Világos volt, hogy azokban az időkben, különösen amikor a szívem másokra összpontosított, egy magasabb isteni erő vezetett oda, ahol a gyógyulás mindannyiunk számára biztosított volt. A felismerések áradatától kissé meghatódva azon tűnődtem, hogy vajon most hova fog vezetni az élet.

Amikor meghallottam a bemondót a mikrofonba beszélni, kinyitottam a szemem, és a színpadra összpontosítottam a figyelmemet. Az általános bemutatkozás és formaságok után, New Jersey jelenleg már volt kormányzója, Christine Todd Whitman lépett a mikrofonhoz. Megköszönte Dr. Naramnak, hogy segített a 9/II-es tűzoltók, rendőrök

Dr. Naram átveszi a New Jersey államtól kapott kitűntetését Christine Todd Whitman tiszteletreméltó volt kormányzótól, a 9/II tűzoltók és elsősegélynyújtók ezreinek megsegítéséért.

és más elsősegélynyújtók ezreinek. Felemelte a New Jersey állam törvényhozása által Dr. Naramnak odaítélt díjat, és felolvasott egy részletet az abban foglaltakból: „New Jersey állam szenátusa és közgyűlése örömmel üdvözli és büszkén tiszteleg Dr. Pankaj Naram, az ősi gyógyítás és a pulzus diagnosztika nagyra becsült szakembere előtt, aki híres emberbaráti erőfeszítéseiről, a gondoskodás és együttérzés szellemében tanúsított példamutatásáról a 9/11 terrortámadás első válaszadóinak szolgálatában, a közösségünknek az egészségügy területén végzett kiemelkedő szolgálatáról, valamint az ősi gyógyítás tudományának világszerte történő népszerűsítéséről."

Whitman kormányzó befejezte a levél felolvasását, majd a színpadra szólította Dr. Naramot. Büszkén kezett fogott vele, és átadta neki a díjat. A mikrofonhoz vezette, fehér öltönye kontrasztban állt a mögötte lévő sötét színekkel. Dr. Naram a maga sajátos módján kezdett el beszélni.

„Namaste. Ezt a díjat megtiszteltetésként kapom a Serving Those Who Serve alapítóival együtt—Marshall, José, Nechemiah, és Rosemary. De a nap igazi hősei a tűzoltók, a rendőrök és mások, akik a veszély középpontjába hatoltak. A legkevesebb amit tehetünk értük az, hogy segítünk nekik visszaszerezni az egészségüket és az életüket.

„Az én gyógyítói vonalamban, mi nem tartjuk magunkat hősöknek. Úgy tekintünk azokra, akik hozzánk fordulnak, mint akik szívességet tesznek nekünk azzal, hogy megengedik, hogy ősi módszereinkkel segítsünk rajtuk. A mesterem azt mondta, hogy ez az egyik út a megvilágosodáshoz. Mit tesznek az emberek annak érdekében, hogy elérjék a boldogságot, amit mi *moksha*-nak nevezünk, ami a megvilágosodást, vagy beteljesülést jelenti? Van, aki a meditáció útját választja, van, aki az imáét, van, aki sikert arat az üzleti életben, vagy a háborúban. Indiában ezeket az utakat *karmayog*-nak, *bhaktiyog*-nak, vagy *gyanyog*-nak hívjuk. Mesterem szerint a gyógyítói úton csak akkor érjük el megvilágosodást, vagy beteljesülést, ha a pácienseink boldogok. Az emberek gyógyulásának segítése a megvilágosodás és a boldogság forrása. Minden egyes személyt templomként kezelünk. Mondhatjuk, hogy a beteg egy templom, vagy mecset, vagy *gurudwara*. Ezek mind istentiszteleti helyek nevei. A mesterem azt tanította nekem, hogy isten mindannyiunkban lakozik, tehát mindegyikünk egy templom. Nos, ha ez igaz, akkor mikor válik Isten boldoggá? Amikor megtisztítjuk a templomot! Minden embernek sok rekesze van, mint például az elme, az érzelmek, és a lélek. Amikor ezeket megtisztítjuk, átalakulást tapasztalunk fizikailag, mentálisan és érzelmileg. Ennek eredményeképp elérjük amit csak akarunk az életben. Nagyon hálás vagyok a mesteremnek, amiért megtanított ennek az ősi tudománynak az alapelveire, amely ezeket a mélyebb átalakulási lehetőségeket hozza létre bárki számára, aki használja."

Miközben beszélt, eszembe jutott a mosoly apám arcán, amikor megmutatta nekem a doboznyi gyógyszert, amire már nem volt szüksége. Annyira hálás voltam Dr. Naramnak, hogy segített kiüríteni a méreganyagokat a testéből, újra egyensúlyba hozva a dosháit. Mosolyogtam, hogy most már azt is tudtam, hogy mit jelent ez a szó: dosha! Kíváncsi voltam, hogy milyen más ősi elveket tanulhatnék még, amelyek segíthetnek nekem, és másoknak. A tizenegy éves kislányra, Rabbatra gondoltam, aki felébredt a kómából, és azt mondta: „Anyu", amikor felébredt, és az édesanyja szemében könnyek csillogtak. Elgondolkodtam az ápolónő ujjongásán, amiért ez a módszer segített a saját testvérén is. Stephen Robbins kaliforniai rabbira gondoltam, aki a halálos ágyából, a kerekesszéken át, olyan változáson ment keresztül, hogy most újra edzőteremben edz és tíz évvel fiatalabbnak tűnik, és érzi magát. Eszembe jutott a férfi a lefagyott vállával, aki újra teljesen mozgékony lett, Giovanni és a méhészek, akik megmentették a méhkaptárukat, a nő, akinek menopauza után gyermeke született, és az a sok ember aki azt mondta nekem: „Dr. Naram megmentette az életemet." Elgondolkodtam a Dr. Naram gyárában dolgozó embereken, akik a gyógynövényeket az ősi módszerek szerint, oly nagy precizítással és szeretettel készítik, és az összes tűzoltón, akik hasznukat vették.

„Ezt nevezik seva-nak, vagyis a gyógyító szolgálatának. A mesterem azt tanította nekem, hogy ez nem a betegért, hanem a gyógyítóért végzett seva" - folytatta Dr. Naram. „A mesterem azt is megtanította nekem, hogy a gyógyítónak először két akadályról kell gondoskodnia, hogy segítsen az embereken. Melyik az a két akadály? Az egó és a félelem.

„A kimondhatatlan veszély közepette ezek a nagyszerű tűzoltók, rendőrök és mások, akik a 9/11-én segítettek, maguk mögött hagyták a félelmet és az egót. Ők nagyszerű példái az igazi seva, vagyis a szolgálat azon fajtájának, amely beteljesülést hoz. A mesterem azt tanította nekem, hogy Isten jelen van mindannyiunkban. És megtiszteltetés számomra, hogy szolgálhatom az isteni hőst mindannyiótokban, bármilyen módon, ahogyan csak tudom."

A közönség álló ovációban tört ki. Amikor Dr. Naram lejött a színpadról, emberek tömege vette körül. Őt figyelve éreztem, hogy szívem megtelik annak a teljes elismerésétől, hogy ki ő, minek szenteli az életét, és hogy ez milyen sok embert megáldott.

Ahogy Dr. Naramot figyelve újra befelé fordítottam a tekintetemet, láttam, hogy az a szkeptikus aki eredetileg voltam, szinte teljesen elolvadt. Ezen túlmenően a minden eddiginél nagyobb céltudatosságot és mélyebb békét éreztem. Nem ezt az utat terveztem, de az élet mégis erre az útra vezetett, és úgy éreztem, hogy ennek oka van. Persze még sok szürke terület volt—annyi minden, amit még nem tudtam megérteni. De ahelyett, hogy automatikusan elvetettem volna ezeket a dolgokat, az elmém megnyílt a velük kapcsolatos kérlelhetetlen kíváncsiságnak, és arra vágytam, hogy magam is kipróbáljam őket, és felfedezzem, hogyan működnek.

Csak aznap késő este volt ismét egy közösen eltöltött pillanatom Dr. Narammal, amikor végre feltehettem égető kérdésemet.

Az égető kérdés

Miután a tömeg végre elvonult, egy pillanatnyi csend következett, amikor csak Dr. Naram és én vártuk az autót, ami hamarosan megérkezik érte. Mesteréről beszélt, és elmondta, hogy milyen büszkének képzeli el szeretett Baba Ramdas mesterét, ha látná, hogy az ősi titok a legmélyebb módon segítik az embereket a világ minden táján. „Ismeri a boldogság és a siker egyik legnagyobb titkát, Clint? Hála. Mindig adjon hálát azoknak, akik tanították Önt."

„A boldogság és a siker egyik legnagyobb titka a hála. Mindig adjunk hálát azoknak, akik tanítottak minket."

– Dr. Naram

Dr. Naram mestere azt mondta neki, hogy legyen olyan, mint egy lótuszvirág.

Dr. Naram a leggyengédebb érzéssel szólva megosztotta velem: „Mielőtt a mesterem elhagyta a testét, segített nekem felfedezni életem munkáját és küldetését. Megtanított arra, hogy ez a küldetés túlmutat a nemzeten, a valláson, a politikán, a kaszton, a hitvalláson és a fajon. Az *egész* emberiség számára létezik. Azt mondta, hogy az ősi gyógyítás olyan, mint egy lótuszvirág. Ismeri a lótuszvirágot?"

Dr. Naram nővére, Varsha egyszer azt mondta nekem, hogy Dr. Naram keresztneve, Pankaj, angolra fordítva azt jelenti: „lótusz."

„Mesterem azt mondta, ahogy a ragyogó fehér lótuszvirág kiemelkedik a sötét sárból, hogy fényességét és illatát megossza mindanynyiunkkal, úgy kell ezeknek az ősi gyógyító titkoknak is megnyílniuk, hogy felfedjék mélyebb gyógyító szépségüket és erejüket az egész emberiség számára. Ez nem vallás, nem szekta, vagy bármi ilyesmi.

„Az ősi gyógyításnak ez a küldetése túlmutat a nemzeten, a valláson, a politikán, a kaszton, a hitvalláson és a fajon. Ez az egész emberiségnek szól. Ez egy olyan gondolati iskola, amelyből mindenki profitálhat— megtanulva, hogy hogyan segíthet magának és másoknak, hogy egyre mélyebben és mélyebben gyógyulhassanak."

– Dr. Naram

Ez egyszerűen egy gondolkodási iskola, amihez bárki csatlakozhat és hasznát veheti - megtanulva hogyan segíthet magának és másoknak, hogy egyre mélyebben és mélyebben gyógyulhassanak. A mesterem segített abban is, hogy felfedezzem a küldetésemet—hogy megvédjem, megőrizzem, és eljuttassam e titok előnyeit a Föld minden szívébe és otthonába."

Őt hallgatva, lenyűgözött a hála állapota, amelyből beszélt. Nem tudtam tovább várni, és így szóltam: „Dr. Naram, feltehetek egy fontos kérdést?"

Bólintott.

„Meggyőződésem, hogy több embernek kell tudnia, hogy ezek az ősi gyógyító technikák választási lehetőséget jelentenek. Amit Ön tud és csinál, az nagyon sok embernek segíthet ezen a bolygón. Lehet, hogy nem azt választják, de tudniuk kell, hogy van választásuk."

Végül kiugrott a számon az égető kérdésem: „Hogyan segíthetek Önnek?"

Az érezhetően komoly pillanat megváltozott, amikor Dr. Naram elmosolyodott és halk, de hallható nevetéssel válaszolt a kérdésemre. Annyira össze voltam zavarodva, hogy ez bizonyára látszott az arcomon. Azt mondta: „Köszönöm, Clint. Szeretnék segítséget, és szükségem van a segítségre. Csak nem tőled."

Megdöbbentem. Összeráncoltam a homlokomat, miközben próbáltam rájönni, jól hallottam-e amit mondott.

Azt mondta: „Most már ismerem önt, és az elméje túlságosan zsúfolt." Ismét felnevetett.

„É ... én nem értem."

Dr. Naram kedvesen rám nézett és azt mondta: „Most már ismeri a Sidha-Veda hat kulcsát a mélyebb gyógyuláshoz. Remélhetőleg mindegyiket jobban megismeri majd azáltal, hogy a saját és mások életének javára használja őket. De most, Clint, mégha meg is osztanék önnel néhány más legalapvetőbb titkot, amelyet mesterem tanított meg nekem, akkor sem értené meg őket megfelelően. Az értelmével próbálná megfejteni őket, nem értené meg azokat a szívével, és nem tudná beépíteni az életébe. Ahogy mondtam, az elméje túlságosan zsúfolt."

Tanácstalanul kérdeztem: „Akkor mit tehetnék?"

„Hajlandó vagyok nagyon sok mindent megosztani önnel, még mélyebb titkokat is, amint készen áll rá." Szünetet tartott, aztán folytatta: „De mielőtt igazán segíthetne nekem, előbb valamit meg kell tennie magáért."

„Tanulni akarok. Bármit megteszek! Mit akar, mit tegyek?" Dr. Naram elmosolyodott, és azt mondta: „Jöjjön vissza holnap."

Az Ön naplójegyzetei

Hogy elmélyítse és felnagyítsa a könyv olvasásából származó előnyöket, szánjon most néhány percet arra, hogy megválaszolja a következő kérdéseket:

Miért a leghálásabb az életben?

_____

_____

_____

Ki az a személy, akivel úgy érezte, hogy vezérelve volt, hogy találkozzon vele az életben, akivel ha ma kapcsolatba lépne, kifejezné a háláját felé?

_____

_____

_____

Milyen egyéb meglátások, kérdések, vagy felismerések jutottak el Önhöz e fejezet olvasása közben?

_____

_____

_____

Dedikáció

Ezt a könyvet nővérem, Denise emlékének ajánlom.
Mindig szeretni foglak.

Lehet, hogy nem rendelkeztem azokkal az eszközökkel,
vagy tudással, amelyekkel segíthettem volna, amíg éltél…
de ezt a könyvet Neked ajánlom, remélve, hogy sok embert
elvezet a remény és a mélyebb gyógyulás útjára.

És külön dedikáció legendás agyógyító mesternek,
Dr. Naramnak.

Köszönöm, hogy életerejét ezen ősi gyógyító titok
elsajátítására és megosztására szentelte, a Föld minden
otthonának és szívének javára.

Kedves olvasó!

Köszönöm, hogy elolvasta ezt, az első könyvet, és velem tartott a Dr. Narammal való, életemet megváltoztató utazásom első évében!

A hátralévő oldalakon elhelyeztem egy Utószót (az azóta történt eseményekről, és arról, hogy ez hogyan vonatkozik Önre), egy Szerzői megjegyzést (egy felbecsülhetetlen értékű ajándékkal Ön számára), és egy Függeléket (az új szavak szójegyzékével, néhány bónusz ősi titkokat tartalmazó gyógymóddal, és egyéb hasznos információkkal).

Először azonban egy rövid utószót szerettem volna megosztani Önnel, ami szerintem tetszeni fog.

EPILÓGUS

Isteni útmutatás, öngyógyító titkok és az álmaink valósággá válásának alapelvei

*Ne írja a nevét a homokra, a hullámok elmossák.
Ne írja nevét az égre, a szél elfújhatja.
Írja a nevét azoknak az embereknek a szívébe,
akikkel kapcsolatba kerül.
Ott meg fog maradni.*
– Ismeretlen szerző

Dhaka, Banglades (három évvel később)

A repülő landolt. Dr. Giovanni és én beléptünk a repülőtérre, nem tudva mire számítsunk. Bár az első találkozásunk óta eltelt négy év alatt gyakran utaztunk együtt, egyikünk sem járt még Bangladesben. A félelmünk gyorsan eloszlott. A bevándorlási tisztek és határőrök barátságosak, segítőkészek és viccesek voltak. Megtudtam, hogy Banglades 1947-ben vált el Indiától Pakisztán részeként, mielőtt 1971-ben független országgá vált volna. Azóta az országnak két női miniszterelnöke volt. Szembe kellett néznem a saját előítéleteimmel arról, hogy milyen lehet egy muszlim ország. Míg az amerikai media azt hangsúlyozta, hogy egyes iszlám országok nem engedik, hogy a nők autót vezessenek, meglepett, hogy ennek az iszlám országnak már a második női miniszterelnöke van. Az Egyesült Államokban még egyetlen női miniszterelnökünk sem volt.

Miután felvettük a csomagjainkat, találkoztunk Kalim Hussainnal az aulában. „*As-salaam Walaykum,*" – mondta nekünk a hagyományos bangladesi üdvözléssel, ami azt jelenti: „Béke legyen Önökkel."

Megérkezésem előtt megtanultam a megfelelő választ: „*Walaykum—as salaam,*" ami azt jelenti: „És Önnek is."

„A lányom már nagyon várja, hogy találkozzon önökkel – mondta.

Kisétáltunk a repülőtérről, ahol sok embert láttunk, köztük egy gyönyörű fiatal hölgyet. Ahogy közelebb értünk, felismertem a szemeit— és a mosolyát. Áhitattal bámultam.

„As-salaam Walaykum, Dr. Clint, Dr. Giovanni" - mondta.

Rabbat most tizennégy éves volt. Azon tűnődtem, *ki ez a személy, aki ilyen szép, ilyen intelligens, és ilyen életteli?* Ő nem volt más, mint az a kislány, aki a mumbai kórházban ébredt fel a kómából. Bár a megjelenése teljesen megváltozott az alatt a három év alatt, amióta láttuk őt, de a hangja pontosan ugyanaz maradt. Gyengéd és ritmikus hanglejtése megnyugtatta fülemet és lelkemet.

„*Walaykum—as salaam,*" – mondtam, de alig tudtam megszólalni.

Nem tudtam levenni róla a szemem. Az angolja még jobb volt, mint amikor megismerkedtünk, és hihetetlen kedvesség és magabiztosság sugárzott belőle. Nem vártam sokáig mielőtt megkérdeztem, hogy lefényképezhetem-e. Ahogy Dr. Giovanni mellett állt, észrevettem, hogy most már majdnem egyforma magasak. Egy évvel ezelőtt kaptam egy barátfelkérést a Facebookon, de először nem ismertem fel, hogy kitől származik. Örömmel tapasztaltam, hogy Rabbat volt az! Visszahozta a csodálatos felépülésének minden érzelmét. *Milyen érdekes ez a világ*, gondoltam. *Milyen bonyolultan kapcsolódunk egymáshoz mindannyian.*

Miután beszálltunk az autóba megkérdeztem tőle valamit, amire már régóta kíváncsi voltam: „Miért *Swan Bella* a Facebook neved?"

„Ismeri az Alkonyat című könyvet?" Kérdezte.

„Igen."

„Ez a főszereplő neve."

„Olvastad a könyvet?" Kérdeztem.

„Nem, csak a címe tetszett meg."

Mindketten nevettünk.

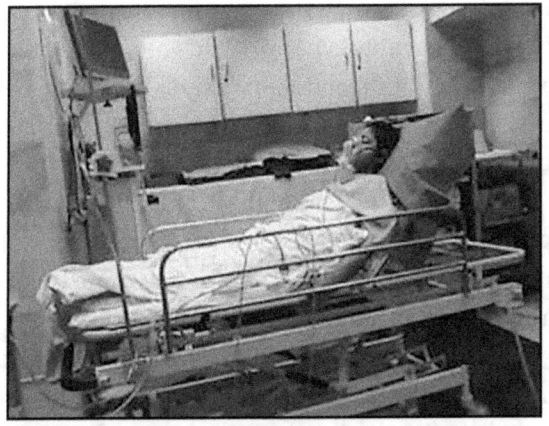

*Fent: Rabbat, amikor először találkoztunk vele a mumbai kórházban.
Alul: Dr. Giovannival és édesapjával a dhakai repülőtéren.*

„Hogy érzed magad most?" Kérdeztem.

„Erős, mint egy ló."

Amikor megérkeztünk az otthonába, Rabbat édesanyja, Reshma, az öccse, és több rokon üdvözölt minket. Reshma nagy örömmel fogadott minket.

„Bangladesben az a hagyomány, hogy a vendégeinknek valamilyen édességet adunk" - mondta, és elővett egy tányért, ami tele volt különféle édességekkel, amiket még soha nem láttam.

„Nekünk is van egy ajándékunk számodra" - mondta Dr. Giovanni.

„Nem, nekem Önök jelentik az ajándékot, az hogy eljöttek. Nagyon örülünk" - mondta Reshma.

Dr. Giovanni több karkötőt, és medált hozott magával Rabbat és családja számára Dr. Naramtól.

Fantasztikus ételt kínáltak fel nekünk rizzsel és zöldségekkel, amit még több édesség követett. Beszélgettünk, néha nehezen értettük egymást, de sokat nevettünk és mosolyogtunk.

Az étkezés után Rabbat és Daanish (kiejtve: Da-nis), a két öccse közül az egyik, elkísértek minket, hogy megnézzük az iskolájukat.

Daanishnak ugyanolyan sötét haja, csillogó szeme és kíváncsisága volt a világ iránt, mint Rabbatnak. Nyugodt, barátságos, és egyértelműen nagyon intelligens, ragályos lelkesedéssel tekintett az élet iránt.

Miközben négyen sétáltunk az iskolához vezető szűk utcán, elhaladtunk ételárusok és üzletek mellett, ahol az emberek az ajtókban ácsorogtak. Tehenek és csirkék kószáltak az utcákon, mi pedig megálltunk megetetni őket. Rabbat és Daanish kókuszdiót vett egy kocsiról, mindegyikünknek egyet, amit az árus az éles késével tört fel. Az édes vizet egyenesen a héjából ittuk, Daanish pedig megmutatta hogyan kell megenni a benne lévő fehér pépet.

Néhány kislány követett minket, és gondoltam talán éhesek, ezért megkínáltam őket a kókuszdióval. Megfordultak és elszaladtak amilyen gyorsan csak tudtak, eltűntek egy utcasarokban. Egy pillanattal később láttuk, hogy ott kukucskálnak körülötte, minket néznek beszélgetnek és vihognak egymással. Hamarosan észrevettem, hogy mindenki, aki mellett elhaladtunk az utcán, minket nézett.

„Kíváncsiak" - mondta Daanish, nevetve. „Nem gyakran látnak magukhoz hasonló külföldieket."

„Honnan tudják, hogy külföldiek vagyunk?" Kérdeztem.

„Olyan magasak vagytok, és olyan sápadt a bőrötök. Tudod hogy hívjuk a magukfajta embereket?"

„Hogyan?"

„Halottaknak" - mondta. „Mert a bőrük olyan sápadt, mintha már halottak lennének. Úgy néznek ki, mint egy vámpír."

Nevettünk azon, hogy ez milyen viccesen hangzott.

Mire az iskolához értünk, egy nagy csapat gyerek követett minket. Mivel szerettem volna kapcsolatot teremteni velük, Daanishon keresztül megkértem őket, hogy énekeljenek egy dalt. Elkezdték énekelni Banglades nemzeti himnuszát, és fiatal hangjuk harmonikusan egyesült.

Még több gyerek, és néhány felnőtt gyűlt össze, hogy lássák mi történik. Amint befejezték a dalt, Dr. Giovanni mindenki elé állt és elénekelte Olaszország nemzeti himnuszát. Mindenkinek nagyon tetszett. Alig vártam, hogy hazatelefonáljak és elmondhassam édesanyámnak és édesapámnak, hogy milyen csodálatos és mély élmény volt látni Rabbatot és Bangladesben lenni. Tudtam, hogy édesapám nagyon szerette hallani az utazásaim minden egyes szórakoztató és lenyűgöző részletét.

Miközben Rabbat megmutatta nekünk az iskolát, elmagyarázta, hogy ez egy angol nyelvű iskola, és hogy az egyik legjobb tantárgya a matematika. Mondott nekünk egy példát: „Amikor kómában voltam, a kórház főorvosa azt javasolta, hogy kapcsolják le rólam a gépeket, és hagyjanak meghalni. Egy másik orvos 10 százalék esélyt adott a túlélésre. De Dr. Naram fogta ezt a 10 százalékot, és négyzetre emelte."

„Ezt hogy érted?" Kérdezte Dr. Giovanni.

„Kiegyenlítette." Elmagyarázta: „A tíz négyzetre emelve egyenlő tízszer tízzel. Dr. Naram 100 százalékos esélyt adott a túlélésre."

Mindannyian elmosolyodtunk és nevettünk.

„Hogy érzed magad most?" Kérdeztem.

„Most 110 százalékosan érzem magam."

Ekkor Rabbat elkomolyodott. „Anya azt mondta, hogy mindent feladott" - mondta. Amikor elvitt Indiába a kórházi kezelésekre, minden pénzünket elköltötte. Elszakadt apámtól, a többi gyermekétől, a családunktól, az otthonunktól—mindentől. Sok mindent elvesztettünk, és ő mégis azt mondta, hogy megtalálta, és megnyerte azt, ami a legfontosabb—az életemet."

Rabbat és Daanish elvittek minket, hogy találkozzunk a közelben élő többi családtaggal. Mindenki édességgel kínált minket, Dr. Giovanni és én, már jóllakva, udvariasan elvettük a legkisebbeket. Találkoztunk az egyik fiatalabb unokatestvérük szüleivel, aki, mint megtudtuk beteg volt és hányt.

Dr. Giovanni adott nekik néhány gyógynövényt és házi gyógymódot.

Amikor visszatértünk Rabbat otthonába, felolvastam a könyv első fejezeteit Reshmának, Rabbatnak, és a családjának.

Figyelmesen hallgatták, minden részletet újra átéltek, és további összefüggéseket osztottak meg egymással.

Én, Reshma, Rabbat, édesapja, és Dr. Giovanni a bangladesi otthonukban.

„Megosztja a történetünket?" Kérdezte Reshma.

„Igen, azt hiszem nagyon sok embernek reményt ad majd" - mondtam. „Elképzelem, hogy inspirációt fognak érezni tudván azt, hogy ha követjük a szívünket és a belső hangot amely Istentől származik, vagy nevezhetjük léleknek, vagy Allahnak, az ehhez hasonló mélyebb gyógyulás is lehetséges. A történeted megváltoztatta az életemet, és remélem, hogy sok más embernek is segíteni fog."

„A kétségbeesés határán voltunk" – mondta Reshma. „De volt megoldás, volt remény. Kérem, mondja el a történetünket, hogy még többen megismerjék. Ez egy csoda; Rabbat velünk van."

Dr. Giovanni telefonja csörgött. Dr. Naram volt az, aki először Rabbattal akart beszélni, majd Reshmával, akinek könnybe lábadtak szemei, miközben beszélt vele. Eszembe jutott, amikor először láttam őt, és hogy mennyire mások voltak ezek a könnyek, mint amiket akkor láttam az arcán. Végül átadta nekem a telefont.

„Most már tudja" – mondta Dr. Naram lassan -, „hogy miért tudok ilyen jól aludni éjszaka. Látott már néhány esetet, de gondoljon bele, mennyi volt az elmúlt harminchat év munkája során, és a leszármazási vonalam több ezer évében. Tudom, hogy nem én vagyok a forrás, de hálás vagyok, hogy részese lehetek. Minden nap megköszönöm a mesteremnek, amiért megtanított ezekre a titkokra, hogy mások szolgálatára lehessek."

„Mélyen segít az embereknek" – mondtam visszagondolva arra, amit Dr. Narammal való találkozásom óta láttam és tapasztaltam, és hogy mennyi mindent tanultam az emberi szívről, reményről, gyógyulásról és a kitartásról. „Bárcsak többen találkozhatnának Önnel, Dr. Naram."

„Ne feledje, nem én voltam, aki segített Rabbatnak, hanem Dr. Giovanni. Nekem nem is kellett ott lennem, hiszen az ősi gyógyító elvek és módszerek ott voltak. És az anyja, Reshma hite volt az, ami létrehozta az átalakulást. Bárki, akiben ilyen égető vágy és hit van, megtanulhatja azt, hogy hogyan használhatja ezeket az ősi titkokat az élete javára és átalakítására. Bizonyos értelemben, azt hiszem hívhatnánk ezeket öngyógyító titkoknak."

Mielőtt elbúcsúzott volna, Dr. Naram azt mondta: „Az egészség és élet visszaszerzése egy dolog. Az igazi kérdés most Rabbat számára, az Ön számára Clint, számomra, és mindenki számára ez: Mit kezdünk az életünkkel amíg még van bennünk élet? Amit a legjobban szeretnék Ön számára az az, hogy felfedezze mit akar, és hogyan valósítsa meg álmait." Mielőtt befejezte volna a telefonhívást, Dr. Naram bizonyossággal azt mondta: „Amikor igazán megérti ennek az ősi tudománynak az alapelveit, Clint, az mindent meg fog változtatni."

Csak most, több mint tíz év elteltévl azután, hogy először találkoztam Dr. Narammal, látom, hogy ez a kijelentés mennyire igaznak bizonyult.

Az Ön naplójegyzetei

Melyek voltak a legértékesebb meglátások, kérdések, vagy felismerések, amelyek e könyv olvasása közben jutottak eszébe?

_____

_____

_____

_____

_____

_____

Mi az a dolog az életében, ha egyáltalán van valami, amit mostantól kezdve másképp akar csinálni?

_____

_____

_____

_____

_____

_____

UTÓSZÓ

A szeretet misztikus csodái

*"Amikor a tanítvány készen áll, a tanár megjelenik.
Amikor a tanítvány valóban készen áll, a tanár eltűnik."*
– Lao-Ce

Mostanra elolvasta ezt a könyvet, amely a Dr. Narammal töltött első évem történetét meséli el. Az utazásom vele több, mint tíz évig folytatódott, és most már Ön is a részese.

Ezt a könyvet így kezdtem: "Nem véletlenül olvassa ezeket a szavakat... Hiszem, hogy Ön egy bizonyos okból lett ehhez a könyvhöz vezérelve ebben az időben."

Tudja már az okát? Mit jelentett az Ön számára a könyv olvasása? Szívesen támogatom az útján, bárhová is vezessen az. Az ezt követő szerzői jegyzetben megosztok Önnel egy ajándékot, amely felbecsülhetetlen értékű forrásokat tartalmaz, amelyeket én állítottam össze az Ön számára.

Előtte azonban szeretnék megosztani Önnel szívtől-szívig egy élményt, amely közvetlenül e könyv kiadása előtt történt. Sokat elmond arról, hogy életünk minden egyes napja mennyire értékes.

2020. február 19-én kaptam egy szívszorító hírt, amely arról tájékoztatott, miszerint azonnal vissza kell sietnem Mumbaiba, mivel Dr. Naram váratlanul elhunyt. Először nem tudtam elhinni. Még ha az orvosok halottnak is nyilvánították: azt gondoltam, hogy valahogy megússza.

Dr. Naram egyedül utazott Nepálba és Dubaiba is. Általában minden útján vele tartottam, de ezúttal megkért, hogy maradjak Indiában, és vegyek részt egy konferencián Delhiben. Minden nap kaptam tőle üzeneteket és hívásokat utazása alatt, és megosztotta velem új felismeréseit, és felfedezéseit. Például lelkesen újságolta, hogy huszonhét fő tendenciát és kihívást lát, amelyek felé a világ tart, beleértve a vírusjárványt is, és hogy az ősi titkok hogyan segíthetnek mindegyikben. Miközben a közelgő kihívásokról beszélgettünk, nagyon hálásnak éreztem magam, hogy bármi is álljon előttünk, Dr. Naram és az ősi titkok segíthetnek nekünk.

Az utolsó betegek egyike, aki Dubajban látta Dr. Naramot, azt mondta nekem: "Tele volt vibráló energiával, megérintette a szívünket, reményt adott nekünk, és megnevettetett. Soha nem gondoltuk, hogy ez lehet az utolsó alkalmunk vele."

Amikor Dr. Naram már az Indiába tartó repülőgép fedélzetén ült, hazatelefonált és beszélt a fiával, Krushnával, a feleségével, Smitával, és az otthonában lévő néhány látogatóval, Ingával és Jack Canfieldel (Jack a társszerzője az *Erőleves a léleknek* című könyvsorozatnak).

Dr. Clint G. Rogers Jack és Inga Canfield és Dr. Naram.
A fénykép egy nappal Dr. Naram Indiából Nepálba történő utazása előtt készült.

Apámhoz hasonlóan ők is Indiába jöttek, hogy megtapasztalják az egy hónapos pancsakarma gyógykezelés élményét. A beszélgetés, amelyet Dr. Naram mindegyikükkel folytatott, könnyed, vidám, és szeretetteljes volt.

Miután a repülőgépe leszállt Mumbaiban, Dr. Naram felhívta Vinayt, hogy elmondja: biztonságban megérkezett, és megkérdezte, ott van-e az autó, hogy felvegye. Valahol a repülőgépről való leszállás és a vámvizsgálat között a reptéri tisztviselők jelentették, hogy Dr. Naram hirtelen összeesett. Mentőautóval azonnal kórházba szállították, ahol a megérkezéskor halottnak nyilvánították. Boncolás nélkül azt állították, hogy a halál oka szívelégtelenség volt, és a holttestet kevesebb, mint 12 órával később elégették. Indiában az a szokás, hogy a testet nagyon gyorsan elégetik, mivel úgy tartják, hogy a lélek szabadabban tud továbblépni.

Az elmém nem tudott értelmet adni mindannak, ami történt. Csak néhány hónappal korábban jártam Dr. Narammal Berlinben, amikor egy német orvos számos vizsgálatot végzett a szívén, és megállapította, hogy a szíve a korához képest a normális tartományban működik. Ez még egy okkal több, amiért nehezen hittem el a hírt.

Mivel még Delhiben voltam, azonnal visszasiettem Mumbaiba. Zsibbadt testtel és sokkos állapotban a repülőtérről a krematóriumba taxiztam. Ahogy áthaladtunk a zsúfolt forgalmon, fájdalmas gondolatok jártak a fejemben. "Ez nem lehet igaz. Annyira legyőzhetetlennek tűnt! Hogy történhetett ez a mesteremmel, a tanárommal, a barátommal?! Szükségünk van rá!" A taxim közvetlenül azután állt meg, hogy Dr. Naram családja megérkezett a holttestével az égetésre.

Ahogy az emberek tömegén keresztül sétáltam a teste felé, szemkontaktusba kerültem minden személlyel, és emlékek áradata tört fel bennem. Ismertem a történeteiket és tudtam, hogy Dr. Naram milyen mélységesen szerette és segítette mindannyiukat. Nem tudtam visszatartani a könnyeimet. Ahogy az eltávozásának valósága egyre jobban realizálódott bennem, éreztem a veszteség pusztító terhét—azokét, akik ismerték őt, és azokét is, akik most már nem találkozhatnak vele.

Dr. Naram utolsó éveiben olyan voltam, mint az árnyéka. Most a bátyja, a tanítványai és a legközelebbi barátai ölelgettek, sokan mondták mennyire hálásak azért, amit tettem, hogy összegyűjtöttem Dr. Naram életének történeit és titkait.

Elég nehéz volt visszafogni az érzelmeimet, ezért képzelje el milyen érzés volt, amikor odaléptem Dr. Naram fia mellé. Amikor először találkoztunk, Krushna tíz éves volt. Most húszéves fiatalember áll előttem, aki évek óta az egyik legjobb barátom volt. Alig egy hónappal ezelőtt láttam Krushnát egy 300.000 fős hallgatóság előtt beszélni, ahol mindenki szívét megérintette. Együtt utaztunk az Egyesült Államokba, Nepálba, és Európába, annyi mindent átéltünk és soha nem számítottunk erre a pillanatra. Ahogy átkaroltam a vállát, hogy támogassam, friss könnypatak-áradat talált utat arcomon.

Dr. Naram tanítja fiát, Krushnát, az ősi Siddha-Veda gyógymódok működésének titkos elveire.

Aztán Krushna volt az, aki megvigasztalt. Nyugodt, és tiszta hangon beszélt hozzám, és a közelben lévőkhöz. "Tudjátok, hogy ő nem egyenlő a testével. A teste olyan, mint egy ing, és most elment új inget ölteni. Nem gyászolni kell a halálát, hanem megünnepelni az életét."

El voltam ámulva. Hogy volt Krushna ilyen gyakorlatias, bölcs és szeretetteljes, még ebben a legnehezebb helyzetben is?

Emberről emberre járva megfogta a kezüket, néha a szívükre vagy a vállukra tette a kezét, és minden egyes embert akit megérintett, meg is vigasztalt.

Miközben ennek tanúja voltam, úgy éreztem, mintha Dr. Naram hangját hallottam volna a fejemben, és keserédes szavak jutottak eszembe. Az együtt töltött évek alatt tucatnyi alkalommal, valahányszor izgatott lett, amikor éppen megtanultam leszármazási ágának egyik legfontosabb titkát, Dr. Naram örömmel mondta nekem: "Annyira örülök, hogy végre megtanulta ezt a dolgot! Most már megoszthatja Krushnával és másokkal is a jövőben." Most Krushnát figyelve azonban úgy éreztem, hogy inkább én szeretnék még nagyon sok mindent tanulni tőle.

Az elmúlt tíz év során számos képet és videót készítettem Dr. Naramról világszerte, dokumentálva gyógyító munkáját és küldetését. Megszokásból elővettem a telefonomat, hogy a krematóriumban is megörökítsek néhány pillanatot, egészen addig, amíg már túl sok nem lett. Olyan szürreális érzés volt lefényképezni a testét, amint békésen, mozdulatlanul fekszik egy fadeszkán, virágfüzérekkel borítva. Visszacsúsztattam a telefonomat a zsebembe, és úgy döntöttem, hogy teljesen a jelenben leszek. Néztem, ahogy ott fekszik, és nagyon szerettem volna, hogy felkeljen, és meséljen nekünk egy történetet, ami inspirál minket, megnevettet minket, és segít úgy érezni: minden rendben lesz. De ő csak feküdt, csukott szemekkel, mozdulatlanul.

Néhány szertartás után Dr. Naram családjának férfitagjai körbevették a testet, és felvették. Dr. Naram bátyja, Vidyutt intett nekem, hogy csatlakozzak a családtagok egyikeként a holttest hordozásához. Többször körbevittük a holttestet a farakás körül, végül a tetejére helyeztük.

Nem sokkal ezután Krushna egy lángoló fadarabot tartott maga elé, meggyújtva Dr. Naram végső nyughelyét. Miközben néztem, ahogy a lángok elkezdenek felszállni és pattogni a teste körül, elgondolkodtam azokon az éveken, amikor élettel és gyógyító energiával telinek láttam őt. Néha hajnali háromig, vagy négyig maradtunk a klinikán, és olyankor még több energiája volt, mint a nap elején. Ahogy Krushna ott állt az égő test mellett, eszembe jutott egy felbecsülhetetlen pillanat, amit alig néhány héttel korábban éltünk át közösen. Az utolsó hosszú nap az indiai klinikán éjfél után ért véget, és mindnyájan azt hittük, hogy hazamegyünk. Dr. Naram azonban meglepte a tanítványait és Krushnát azzal, hogy mindannyiunkat kivitt Mumbai útjaira. Az autója csomagtartója tele volt takarókkal, és a következő néhány órában hajléktalan férfiakat, nőket, és gyerekeket kerestünk az utcákon, és betakatuk őket miközben aludtak.

Bár nem ez volt az első alkalom, hogy ezt tettük, azon tűnődtem, hogy egy nagyon hosszú klinikai nap végén, Dr. Naram miért akarja, hogy mindannyian ilyesmit csináljunk. Azt mondta nekem: "Clint, bár a klinikán töltött napunknak vége lett, ezek az emberek még mindig szenvednek a hidegben. Segítenünk kell nekik. Amikor fiatal voltam, és kitettek otthonról,az első éjszakát az utcán kellett töltenem, és emlékszem mennyire fáztam és milyen magányos voltam. Az éjszaka folyamán egy idegen rám terített egy takarót. Csak akkor vettem észre, amikor felébredtem. Soha nem fogom megtudni, hogy ki volt az, de megáldottam őt, és elköteleztem magam arra, hogy a jövőben segítek a hozzám hasonlóan rászorulóknak." Elképzeltem, mennyire hálás lehetett, hogy amikor kitették otthonról és az utcán aludt, abban a kritikus pillanatban, amikor a legnagyobb szüksége volt rá, megérintette a szeretet. "Amikor névtelenül teszünk ilyesmit anélkül, hogy bármi ellenszolgáltatásra lenne szükségünk, Isten végül olyan érzéssel áld meg minket, amit pénzzel nem lehet megvásárolni" - mondta.

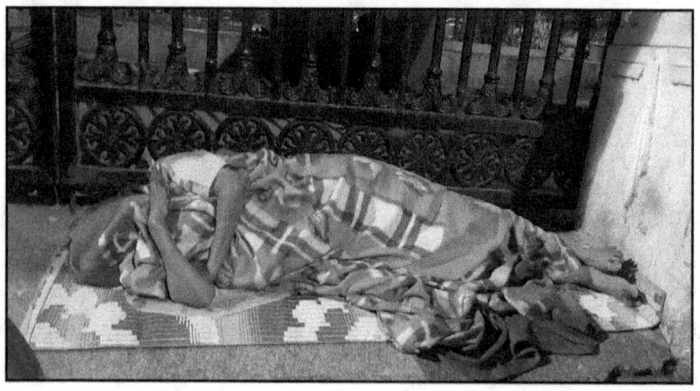

Egy hajléktalan, aki átöleli a takarót, amit Krushna éppen ráterített.

Miközben a tűzláng-átakaró melengette Dr. Naram testét, eszembe jutott a vele töltött évek alatt az a sok száz takaró, amit az utcasarkon és a hidak alatt alvó emberekre terítettünk, és néhány ember arckifejezése, aki az idegenek kedvességére ébredt. Akárhová mentem Dr. Narammal, mindig volt étel vagy pénz az autójában, vagy a zsebében, hogy odaadja bárkinek, aki rászorulva fordult hozzá—embereknek, állatoknak, bárkinek. Azt mondta: "a mesterem megtanított arra, hogy az *Atithi Devo Bhawa* (»a vendégek egyenértékűek Istennel«) nem csupán egy fogalom, hanem egy életforma." Láttam, hogy ez igaz volt rá. Dr. Naramnak mindig volt mit adnia a hajléktalan gyerekeknek, akik kopogtattak az autója ablakán, vagy kekszet adott az útját keresztező éhes kóbor kutyáknak. Nem számított neki, hogy milyen késő van, vagy hogy már mennyit dolgozott.

Azon az éjszakán, ahogy körbe-körbe kocsikáztunk, és a takarókat sorjában terítettük az emberekre, láttam, hogy Dr. Naram egyre boldogabb és boldogabb lett. Ahogy Dr. Naram és én néztük, ahogy Krushna átsétál az út túloldalára, hogy takarókat helyezzen egy alvó hajléktalan nőre és gyermekeire, felsóhajtott, és azt mondta nekem: "Azt akarom, hogy Krushna tudja, hogy minél nagyobb egy ember, annál alázatosabbnak kell lennie. Az emberek nem azért jönnek hozzám a világ minden tájáról, mert »nagyszerű orvos« vagyok. Azért jönnek, mert szeretem őket, mert megértem őket, és mert megoldást találok az égető problémáikra. Amikor látom, hogy Krushna ezt ekkora szeretettel teszi, büszke vagyok rá. Rájövök, hogy nem kell többé aggódnom érte, hiszen tudja, hogy nincs nagyobb áldás annál, mint amikor az ember valóban szeretni és szolgálni tudja a rászoruló embereket."

Egy mester halála, egy mozgalom születése

Dr. Naram halála utáni első rádióinterjúmban a műsorvezető feltette nekem azt a kérdést, amit szerintem nagyon sokan feltettek maguknak világszerte. "Dr. Naram mestere nagyon sokáig élt, viszont Dr. Naram annyira fiatal volt, csak 65 éves, amikor elhunyt. Hogy lehetséges ez?"

Így kezdtem a válaszomat a rádió műsorvezetőnek: "Vannak dolgok, amelyeknek az okát talán soha nem tudjuk meg..." Azt hiszem, valószínűleg mindannyian természetesnek vettük és feltételeztük, hogy Dr. Naram tovább fog élni. De végül is, még az ősi titkok ellenére is, mindannyian halandók vagyunk. Nem tudjuk, mikor jön el az utolsó leheletünk. Elgondolkodtam a Rabbattal az intenzív osztályon szerzett tapasztalataimon, figyelve a tüdőmből ki- és beáramló levegőt, és rájöttem, hogy minden egyes lélegzet ajándék.

Miközben szünetet tartottam hogy levegőt vegyek, eszembe jutottak a gyönyörű szavak, amelyeket a nővérem mondott: "A halállal kapcsolatos igazság az, hogy senki sem tudja örökké visszatartani. És

Dr. Naram tanítványaival a Gyógyítás Ősi Hagyományai minősítő tanfolyamán egy berlini egyetemen.

sokkal fontosabb az, hogyan élt és hogyan szeretett, mint az, hogyan halt meg."

Egy pillanat alatt eszembe jutott mindenki, akit Dr. Naram szeretett: a páciensei, a barátai és a családja. Sok olyan tanítványára gondoltam, akiket szeretett, és akikről még nem esik szó ebben a könyvben, mint például Szandja Japánból; Dr. Mehta, Száhádzs, Pranita és mások Indiából; Alvaro és Videh Olaszországból; Sarita, Sascha és Rebecca Angliából; Jutta Ausztriából; Radu Romániából; Dr. Siddiqui Bangladesből; Richard Norvégiából; Dipika Ausztráliából; Suyogi, Elinor, Dubravka, Jonas, Mira, Anne, Pooja, Moksha és Shital Németországból; és sokan mások. Hálás voltam mindazoknak az orvosoknak és gyakorló orvosoknak, akiket Olaszországban tanított, és annak a sok orvosnak a világ minden tájáról, akik a berlini egyetemen keresztül részt vettek Dr. Naram minősítő tanfolyamán. Több, mint harminchat év alatt nagyon sok diákot tanított, és megtiszteltetés volt számomra, hogy én is közéjük tartozhattam.

Aztán Dr. Naram feleségére, Dr. Smitára gondoltam, aki oly sok éven át vele volt, és az egész pancsakarma-klinikát vezette Mumbaiban, valamint más orvosokat képzett ki. A fiára gondoltam, Krushnára, és hogy Dr. Naram milyen büszke volt arra a férfira, akivé vált. Krushna azóta kap képzést a pulzusgyógyításra, amióta elég idős volt ahhoz,

Dr. Naram, Krushna, és Smita Nepálban.

hogy az apukája ölébe üljön, és már most inspiráló volt látni azt a képességét, ahogy segíteni tudott az embereken.

Erre a könyvre is gondoltam, amit most Ön olvas, és mind azokra az emberekre, akik e könyv által megismerhetik az ősi gyógyító tudományt. Mindenben azt láttam, hogy ennek a mesternek a halála nem a vég, hiszen ő már egy mozgalom születését is elindította.

A szívemben lévő békés érzés inspirálta a többi válaszom. A rádió műsorvezetőnek egy Lao-ce idézettel válaszoltam, amit Amrutha nevű barátom nemrég küldött nekem. Úgy tűnt, hogy ebben a pillanatban igaznak tűnt: "Amikor a tanítvány készen áll, a tanár megjelenik. Amikor a tanítvány VALÓBAN készen áll, a tanár eltűnik."

A szeretet misztikus csodáinak megnyilvánulásai

Csak egy idő után jöttem rá, hogy az "eltűnik" szó problémája az, hogy azt a benyomást kelti, hogy ha valaki elhagyta a testét, akkor az a vég. De mi van akkor, ha valami más az igazság? Mi van akkor, ha Dr. Naram valójában soha nem tűnt el, hanem sokkal inkább velünk van, mint eddig bármikor?

Dr. Naram halála óta sok ember számolt be misztikus dolgokról. Több spirituális vezető mondta nekem szinte ugyanazokkal a szavakkal, "Az univerzumnak/Istennek nagyon nagy szüksége lehetett rá, hogy ilyen gyorsan elvitte Dr. Naramot. Egy olyan lélek számára, aki olyan mester, mint ő, hogy így távozzon a testből, fontos oknak kell lennie. Most, hogy Dr. Naramot nem korlátozza a test, minden eddiginél jobban élvezheti gyógyító munkáját."

Észrevettem, hogy még ha nem is vagyunk teljesen tudatában Dr. Naram szellemi jelenlétének, halála óta folyamatosan történnek misztikus, varázslatos dolgok. Ezek közül sok, a történése körülményeinek alapján úgy tűnik, hogy egyértelműen az ő keze által valósult meg. El tudják képzelni a mosolyát a túlvilágról, ahogy továbbra is segít a csodák megszervezésében?

Ennek egyik példájaként már több tucat ember, köztük Krushna, Smita, a barátom Mina (aki akkoriban Indiába látogatott), mesélt nekem Dr. Naram figyelemre méltó megjelenéseiről, amelyeket halála óta tett nekik. Általában álomban történt, de néha ébrenlétben is. Minden egyes megjelenés fontos gyógyító üzenetet vagy tapasztalatot közvetített az adott személy számára.

Ön is okkal vonzódott ahhoz, hogy elolvassa ezt a könyvet, és Dr. Naram történetét. Ennek fényében elképzelem, hogy Dr. Naram kapcsolatban áll Önnel, és talán érezni is fogja a jelenlétét. Bár én személy szerint nem láttam őt, amióta eltávozott, volt egy egészen megmagyarázhatatlan élményem, amelyet meg szeretnék osztani Önökkel.

A Dr. Naramért tartott ima utáni reggelen 5:30 körül különösen elveszettnek, és magányosnak éreztem magam. Egy közeledő depresszió sötét felhője kezdte beborítani az elmém. Odakint is sötét volt még, de nem tudtam aludni. Ezért kikeltem az ágyból, felvettem a cipőmet, és sétálni indultam. Húsz perc céltalan bolyongás után arra lettem figyelmes, hogy valaki követ. Először megijedtem, de aztán láttam, hogy egy kutya az. Barna lábai, feje és farka volt, a hátán fekete szőrzet, szinte mint egy kabát. A hasa és az orra jó része fehér volt. Amikor megálltam, hogy megnézzem, ő is megállt, hogy rám nézzen. Amikor tovább sétáltam, szorosan követett. Össze voltam zavarodva. Miért követett engem ez a kutya?

Nem volt nálam étel, és a kezem üres volt. Hosszú volt a séta, és mindegy, merre fordultam, vagy mentem, ez a kutya velem maradt. Ez egyszerre volt mulatságos és zavaró.

Szomorúságomat ez a gondolat szakította meg; eszembe jutott, hogy Dr. Naramnak mindig volt valamije a kutyáknak, vagy bárkinek, aki hozzá fordult. Hallottam a hangját a fejemben: "Atithi Devo Bhava." (Bánjunk úgy a váratlan vendéggel, mintha maga az isten/istennő jött volna látogatóba hozzánk.) Ahogy felkelt a nap, és kinyitottak az üzletek, vettem néhány kekszet ennek a váratlan látogatónak, aki türelmesen ült a földön és várt rám. Amikor azonban letettem előtte a kekszet a földre, a kutya megszaglászta, majd visszanézett rám anélkül, hogy beleharapott volna, vagy akárcsak megnyalta volna.

Most még inkább tanácstalanná váltam. Ha nem volt éhes, akkor mit akart tőlem?

Továbbsétáltam, az állat persze felállt és követett engem, a kekszet pedig otthagyta egy másik kutyának vagy szerencsés állatnak. Mostanra minden szomorúság, amit éreztem eltűnt, helyette a történtek iránti játékos csodálkozás kerített hatalmába. Ahogy együtt sétáltunk, elkezdtem visszaemlékezni sok mindenre, amit Dr. Naram tanított nekem, és ami a halála fényében új módon hatott rám. Éreztem mindezek értékét és a kutya megjelenésének varázsát, ezért elővettem

Csodakutya, Milo, és én az egyik első közös sétánk után.

a telefonomat, és felvettem egy élő Facebook-videót, hogy megosszam másokkal, akiket szintén sújtott Dr. Naram halálának híre.

A videó visszhangja fenomenális volt. Az emberek a világ minden tájáról hagytak megjegyzéseket arról, hogy a videó mennyire segítette őket a gyógyulási folyamatban. Közvetlenül azután találkoztam Krushnával, akinek a kutya láttán szintén visszatértek az emlékei. Izgatottá tettek minket a felismerések, amelyeket az emlékek hoztak.

Aznap este azonban egy kihívással kellett szembenéznem. Nem tudtam mit kezdjek ezzel a kutyával, aki ugatni vagy nyüszíteni kezdett, ha az ajtó előtt hagytam. Végül úgy döntöttem, hogy valóban úgy bánok ezzel a váratlan vendéggel, mintha maga Isten látogatott volna el hozzám. Ugye nem hagynám Istent kint aludni az utcán? Így hát óvatosan beengedtem a kutyát. Kellemesen meglepett, hogy nem kapargatta meg a bútorokat, és nem pisilt a padlóra. Köszönöm, Istenem. Csak feküdt a földön abban a szobában, amelyikbe mentem, és nézett rám. Amikor eljött az alvás ideje, csak akkor hagyta abba a nyüszítést, ha közvetlenül az ágyam mellett feküdhetett a földön, a kezemmel a fején.

Annyi mindent el tudnék mondani erről az isteni kutyáról. Most Bhairavának hívom (ami Isten kutya alakban való isteni megnyilvánulása) vagy csoda Milonak (mert akkor találtam rá, amikor *mélyponton - my low -* voltam, de a megjelenése a *szeretetemhez - my love -* vezetett). Varázslatos megjelenése mély gyógyulást váltott ki belőlem. Jelenléte megmutatta nekem, hogy valójában soha nem vagyunk egyedül. Az isteni szeretet jelei mindig ott vannak körülöttünk, és csak keresnünk kell őket.

Amikor először hallottam Dr. Naram haláláról, azt gondoltam: "Ez a vég? Mi jöhet ezután?" A gyógyulás, amit Milo hozott nekem, olyan nagyszerű emlékeztető arra, hogy az ő halála NEM a vég. Csupán annyi történt, hogy a történet más fordulatot vett, mint amire számítottunk, vagy amit akartunk. Még sok történetet szeretnék megosztani másokkal a Dr. Narammal kapcsolatos múltból, de Milo azt is megtanította nekem, hogy még sok történet következik a jövőben.

Ami miatt nagyon izgatott vagyok, az az, hogy most már Ön is részese lehet a folytatódó történetnek. Nagyon kíváncsi vagyok arra, hogy Ön milyen szerepet fog játszani a történet további részében, és ennek a történetnek milyen részét fogjuk együtt átélni. A Miloval töltött idő emlékeztetett arra, hogy mindannyian együtt vagyunk ebben a dologban, és egyikünk sincs igazán egyedül.

E vonalak mentén itt van egy utolsó történet, amit megosztok Önnel. A második napon, amikor Milo velem volt, a barátnőmmel, Minával el kellett mennünk a klinikára. Nem tudtam, mit kezdjek Miloval. Amikor hívtam egy Ubert, Milo követett az autóhoz. Amint Mina és én beszálltunk az autóba, Milo azonnal utánunk ugrott, és az ölembe huppant. Az Uber sofőrje nem tűnt boldognak, de szerencsére úgy döntött, hogy mégis elvisz minket.

Milo az egész 35 perces út alatt az ölemben ült. Mina megjegyezte, hogy milyen furcsa, és érdekes, hogy egy kóbor kutya ilyent tesz. Amikor megérkeztünk a klinikához, Milo kiugrott a kocsiból, és azonnal csóválni kezdte a farkát. Kissé szorongva engedtem, hogy velem sétáljon a létesítmény folyosóin, de ő nem is akart mást. Gondolatban azzal indokoltam, hogy mivel sokan hozták az állataikat Dr. Naramhoz, feltételeztem, hogy a személyzet hozzászokott. A klinikára érve egy másik elképesztő dolog is történt, azt is megörökítettem egy Facebook-videón.

Az épület második emeletén a kutya otthagyott engem, és egyenesen abba az irodába ment, ahol Dr. Naram fogadta a betegeket. A személyzet egyik tagja nyitotta ki az ajtót, és mindannyian teljesen meglepődtünk, amikor Milo azonnal bement, felnézett a képre, amelyen Dr. Naram és Smita látható a Dalai Lámával, majd a székre pillantott, ahol Dr. Naram

Milo a padlón ül Dr. Naram asztala előtt.

ülni szokott. Aztán Milo leült közvetlenül az íróasztal elé, mintha ott lenne a helye. Könnyek potyogtak a személyzet arcán, akik azért jöttek be, hogy tanúi legyenek a misztikus kibontakozásnak. Még nekem is vissza kellett néznem a Facebook videómat, hogy lássam tényleg így történt-e, vagy csak elképzeltem.

Mivel a személyzetből sokan bejöttek, hogy megnézzék és lefotózzák Milot, az egész élmény mindannyiunkban megújította a csodálat és csodálkozás érzését. Nem sokkal később bezártam az iroda ajtaját, és Mina, Milo és én ott ültünk egy darabig. Mina és én behunytuk a szemünket, hogy meditáljunk, és a csendben felidéződött bennem egy emlék, az első alkalmak egyike abban a szobában – tíz évvel ezelőttről, amikor először jártam Indiában Aliciával.

Pontosan ott, ahol most Milo ült, Dr. Naram félrehúzott a várakozó emberek tömegéből. Furcsának találtam, hogy engem emelt ki, hogy beszélgessen velem, ezért kíváncsian hallgattam, ahogy így szólt: "Nem tudom miért, Clint, de hiszek Önben." Szünetet tartott. "Talán oka van annak, hogy itt van. Erős az érzésem, hogy valami nagyszerűt fog tenni az életben, és sikeres lesz abban, amit szeretne csinálni." Kezével a karomon a szemembe nézett, és azt mondta: "A fő kérdés az, hogy mit akar?"

Ahogy ez az emlék eszembe jutott, széles mosoly terült el az arcomon, megszakítva az arcomon végigfolyó könnypatakot.

És ez az a kérdés amivel most én is itt hagyom Önt, kedves olvasó.
Mi az, amit Ön akar?

SZERZŐI MEGJEGYZÉS

Mi jön ezután?

Élj úgy, mintha holnap meghalnál.
Tanulj úgy, mintha örökké élnél.
— Mahatma Gandhi

Mi a következő lépés az Ön számára? Az emberek azt kérdezik tőlem: "Clint, most, hogy Dr. Naram elhunyt, hová mehetek, hogy megtapasztaljam az ősi titkokat?"

Dr. Naram azt tanította nekem, hogy az esetek nyolcvan százalékában léteznek egyszerű dolgok, amelyekkel meggyógyíthatjuk magunkat. Csak bizonyos elveket kell alkalmaznunk, és kis támogatásra van szükségünk. Hogyan fedezhet fel erről többet?

Regisztráljon most az ingyenes tagsági weboldalon: www.MyAncientSecrets.com/Belong

1. Minden fejezethez illeszkedő, Dr. Naram, jómagam és mások által készített oktatóvideók linkjeit fogja megkapni, amelyekben házi gyógymódok, gyógynövény készítmények, marmaák és étrendi titkok szerepelnek, amelyek segíthetnek Önnek.

2. Ha személyesen szeretne beszélni valakivel a helyzetéről, megtudhatja, hogyan teheti ezt meg.

Dr. Naram és én ugyanazon a helyen, ahol a mestere tanította őt.

3. Értesítjük minden eseményről vagy képzésről (élő és online), és megtudhatja, hogyan hívhat meg engem, vagy mást, hogy beszéljen az Ön rendezvényén.

4. Megtudhat többet a könyvhöz tartozó munkafüzetről, melynek címe Önmagunk felfedezése: Az ősi titkok alkalmazása, amelyek megváltoztathatják az életünket (amely ebben a könyvben nem található haladó tartalommal rendelkezik). Segít alkalmazni, és személyre szabni ezt az időtálló bölcsességet, a fizikai, mentális, érzelmi és spirituális jólléte érdekében.

5. Szórakoztató bónuszként létrehoztunk egy játékot, amelynek címe: 30 nap az ősi titkos erőnk feltárásához. Ez segíthet, hogy játék közben élénkebb egészséget, korlátlan energiát és lelki békét tapasztaljon meg.

6. Azonnal kapcsolatba kerül egy olyan közösséggel, akik változást akarnak elérni ezen a bolygón, és a családunk részévé válik.

Izgatottan várom, hogy mi történik az Ön életében, ha csatlakozik hozzánk.

Megjegyzés: Tudomásom szerint ez az első angolul megjelent könyv Dr. Naram ősi gyógyító titkairól. Senki sem kért fel ennek a könyvnek a megírására, és senki sem fizetett érte. Ihletet éreztem arra, hogy megírjam. Ez a könyv nem a végleges, definitív mű sem Dr. Naramról, sem a Sziddha-Védáról, hanem egyszerűen az én nézőpontomat tartalmazza. Remélem, hogy ez tükrözi, és tiszteli ennek a különleges embernek, és gyógyító mesternek a vibráló, dinamikus természetét, valamint azoknak az érzelmeit, akik megosztották velem történeteiket. Néhány megkérdezett személy névtelenséget kért, ezért megváltoztattam a nevüket. A többiek engedélyt adtak arra, hogy történetüket nyilvánosan megosszam, és néhány esetben azt mondták, hogy az elérhetőségüket megoszthatom bárkivel, aki szeretné. Néhány esetben több személyből gyúrtam egy szereplőt, hogy segítsek az embereknek a névtelenségük megőrzésében, és a történet gördülékenységének fenntartásában. Mindazok, akik megosztották tapasztalataikat, reményüket fejezték ki, hogy talán segíthetnek inspirálni másokat, amikor a legnagyobb szükségük van arra. Sok, a könyvben említett személlyel – például Rabbattal – utólagosan készítettem egy interjút vagy videót, így megtudhatja, hogy mi történik jelenleg az életükben. Ezeket megtalálja a MyAncientSecrets.com honlapon is.

Külön köszönet és elismerés: Azok listája, akiknek köszönetet adok túl hosszú, ezért fel kellett tennem a MyAncientSecrets.com weboldalra. Mindazoknak, akik bármilyen módon segítettek a történetek megosztásában, a könyv átnézésében, szerkesztésében és a visszajelzések adásában, mély hálámat fejezem ki. Az ő szeretetük áldása érződik e könyv minden egyes oldalán.

A következő könyv: Mivel ez a könyv csak egy maroknyi részletet tartalmaz a számtalan történetből és házi gyógymódból, amit megörökítettem, már dolgozom a sorozat következő könyvén, amely még több életet megváltoztató történetet és titkot tartalmaz. Ha csatlakozik a tagsági weboldalhoz, látni fogja hogyan értesülhet a következő könyv megjelenéséről. MyAncientSecrets.com/Belong.

Az Ön utazása: Mahatma Gandhi kijelentette, hogy mindannyian össze vagyunk kötve egymással. Amikor egy ember szenved, mi mindannyian ugyanúgy szenvedünk. Fordítva, amikor egy emberen segítünk, az egész emberiség ugyanolyan mértékben felemelkedik. Ha ez a könyv bármilyen módon segített Önnek, kérem, hogy hagyjon ötcsillagos értékelést az Amazon.com-on, és ossza meg a tanultakat azokkal, akiket szeret. Minden egyes élet, amelyet megérint és jobbá tesz, ugyanolyan mértékben az egész emberiség hasznára is válik.

Ez a könyv valójában nem Dr. Naramról szól, és soha nem is szólt róla. És nem is rólam szól. Lehet, hogy soha nem találkozik egyikünkkel sem, és nem is követi ezt a gyógyítási módszert.

Ez a könyv csakis *Önről* szól. Arról szól, hogy meglássa önmagában az istenit, amely pontosan az Ön számára tökéletes tapasztalatokhoz, tanítókhoz, és gyógyításhoz vezetheti. Remélem, hogy a könyv elolvasása közbeni utazása eredményeként több szeretetet fog érezni, nagyobb vágyat fog érezni arra, hogy jobban vigyázzon saját magára, és áhítattal tekintsen az élet minden csodájára.

Ön valóban gyönyörű, egyedi, és ragyogó része a létezés isteni szövevényének. Az egész élet *Önért* történik, nem pedig *Önnel*.

És Ön *vezérelve lett ide*. Ennek a valóságnak a bizonyítéka az, hogy most ezeket a szavakat olvassa.

Lehet, hogy e könyv olvasása közben még arra is kapott sugallatot, hogy milyen cselekedeteket kellene elvégeznie: én arra bátorítom, hogy tegye meg ezeket a dolgokat. Vagy talán eszébe jutott valaki, akivel szívesen megosztaná ezt a könyvet. Sosem tudhatjuk, kinek van most szüksége a szeretet ajándékára.

Van még egy utolsó kérésem Önhöz.

Arra kérem Önt, hogy most álljon meg néhány percre, és csukja be a szemét, vagy írjon szabadírással az alábbi helyre.

Szánjon rá egy kis időt, és írjon le minden olyan pillanatot, személyt és élményt, amire emlékszik, hogy hozzájárult az életéhez, és amiért hálás:

_____

_____

_____

_____

_____

Szerzői megjegyzés

_____
_____
_____
_____
_____
_____
_____
_____
_____
_____
_____
_____
_____
_____
_____
_____
_____
_____
_____
_____

Nézze meg most újra a listáját, és miközben egyenként olvassa őket, mondjon a szívében »köszönöm« -öt az életnek. És a végén mondjon köszönetet azért az ajándékért, hogy Ön pontosan az, aki; pontosan ott ahol van; pontosan ebben a pillanatban. »Köszönöm«.

Ahogy engem is valami vezérelt, hogy segítsek az apámnak, majd sok ember és tapasztalat tökéletesen merült fel az utamon, hogy oda vezessen, ahol most vagyok, és az igazság az, hogy Ön is vezérelve volt. A szeretet által. Bizzon abban, hogy a szeretet továbbra is vezetni fogja Önt, pontosan oda, ami az Ön számára helyes. És remélem, hogy mindig emlékszik arra: bármilyen problémával is szembesüljön, mindegyikre van megoldás. Sőt, ahogy Dr. Naram mondta: „Minden probléma, vagy kihívás magában hordozza az azonos, vagy még nagyobb lehetőség magvait."

Namaszté,
Dr. Clint G. Rogers

Utóirat: Szívesen tartanám Önnel a kapcsolatot, hogy megismerjem a történetét arról, hogyan jutott ehhez a könyvhöz. Kapcsolatba léphet velem a Facebookon, Instagramon, vagy írjon nekem E-mailt a DrClint@MyAncientSecrets.com E-mail címre.

FÜGGELÉK

Útmutató az új szavakhoz

Aam (vagy ama) = méreganyagok

Agni = ősi kifejezés, az emésztő tűz, vagy erő leírására

Allopátia, vagy **allopátiás orvoslás** = az orvosi gyakorlat olyan rendszere, amelynek célja a betegségek leküzdése olyan gyógymódok (mint gyógyszerek, műtétek) alkalmazásával, amelyek a kezelt betegségtől eltérő vagy azokkal összeegyeztethetetlen hatásokat váltanak ki (*Merriam-Webster Orvosi Szótár* definíció).

Amrapáli = a valaha született egyik legszebb nőnek tartották; a Dzsivakától tanult ősi Szidda-Véda fiatalság – és szépség titkok segítségével olyannyira megőrizte hamvasságát és szépségét, hogy a király, akinek volt már egy fiatal és gyönyörű felesége, beleszeretett Amrapáliba, pedig ő több, mint húsz évvel idősebb volt nála.

Ősi gyógyítás = nem a "betegségek leküzdéséről" szól, hanem a test egyensúlyának megteremtéséről, gyakran a méreganyagoktól való megtisztítás révén, ami által a test képessé válik önmaga gyógyítására.

MyAncientSecrets.com ingyenes tagsági weboldal = ajándék, amiért elolvasta ezt a könyvet, és egy olyan forrás, amivel megtanulhatja, hogyan alkalmazhatja akármikor saját egészsége érdekében ezen ősi gyógyító titkokat. Kezdje itt: www.MyAncientSecrets.com/Belong.

Ancient Traditions of Healing (ATH) = a Dr. Naram és a Sziddha-Veda ősi gyógyítási módszereinek kétéves, eredetileg egy berlini egyetemen keresztül kínált, mostanra a világ más egyetemein is elterjedt tanúsító tanfolyama.

'Atithi Devo Bhava' = indiai mondás, amely azt jelenti, hogy minden vedéggel, bárki legyen is az, és bármilyen kellemetlen is a látogatása, úgy kell bánni, mintha maga Isten jött volna el hozzánk látogatóba. A Sziddha-Véda gyógyító vonalában nagyon is szívükön viselik ezt a mondást, minden látogatóba érkező személyt Isten megnyilvánulásának tekintenek.

Átmijáta (kiejtve: *At-mi-ja-ta*) = Háripraszád Szvámidzsí által tanított, és a Yogi Divine Society tagjai által gyakorolt erőteljes életelv: függetlenül attól, hogy valaki hogyan bánik velünk, szeretettel és tisztelettel válaszolhatunk vissza.

Ájurvéda = az élet tudománya; több mint 5,000 éves Indiából származó tudomány, amely egyrészt a betegségeken való felülkerekedésre összpontosít, másrészt arra, hogy milyen életmód segít a betegségek megőrzésében.

Blokkok (fizikai, mentális, érzelmi, kapcsolatbeli, spirituális, pénzügyi, stb.) = ahol az élet elakad, és elkezd bűzleni (és nehézkessé válik). A mélyebb gyógyulás akkor következik be, ha a blokkokat felismerjük, és biztonságos, hosszútávú módon fel tudjuk oldani őket.

Buddha = eredetileg Sziddhártha Gautama nevű spirituális mester, aki körülbelül 2,500 évvel ezelőtt született Indiában; arról ismert, hogy feladta a palotában folytatott kiváltságos életét, hogy a megvilágosodáshoz vezető utat kövesse, majd tanítsa.

Tudatos, tudatalatti, tudatfeletti = a tudatosság három szintje, amelyek a Marmaa Shakti által aktiválódnak.

Dard Mukti (kiejtve *dard muk-ti*) = A dard jelentése "fájdalom," és a mukti jelentése pedig "megszabadulás"; ősi gyógyító titkok, amelyek segítenek enyhíteni a különböző ízületi vagy izomfájdalmakat.

Dis-ease (*angol, jelentése: betegség, a "kényelmetlenség" szóból*) így beszél Dr. Naram az egyensúlyzavarokról — arról, hogyha egyensúlyhiány áll fenn, az nyugtalanságot, vagy betegséget hoz létre, de amikor eltávolítjuk a blokkot, és újra egyensúlyba hozzuk a rendszert, visszatér a könnyedség az életünkbe.

Mélyebb gyógyulás = a felszíni tüneteken túlmutató, a probléma gyökeres megoldása fizikai, mentális, érzelmi és spirituális szinten.

Doshák = a természetben létező elemek (*kapha*=föld/víz, *vata*=szél/éter, *pitta*=tűz); amikor a dosháink egyensúlyban vannak, egészségesek vagyunk, amikor nincsenek egyensúlyban, az egyensúlyhiány betegséget okoz.

Ghí = tisztított vaj, amelyet a tejből, a szilárd anyagok kifőzésével készítenek, majd főzésre és gyógyászati célokra használják.

Gurudwara = a szikh hitű emberek imahelye.

Dzsivaka = gyógyító mester aki i.e. 500 körül élt. A Sziddha-Veda vonal első mestereként ismert, valamint a Buddha Urunk; Amrapáli, akit a világ legszebb nőjének tartottak; és Bimbiszára indiai király személyes orvosa volt. Megtanulta, ősi kéziratokban rögzítette, és továbbadta tanítványainak az általa felfedezett titkos tudást a minden korban elérhető vibráló egészségről, a korlátlan energiáról és a lelki békéről.

Kapha = a földhöz/vízhez kapcsolódó *dosha*, vagy életelem.

Karma jóga, bhakti jóga, and gyána jóga = a *mokshához*, a megvilágosodás vagy beteljesedés állapotához vezető különböző utak (p.l.. a meditáció, az ima útja, az üzlet vagy harc útján történő siker).

Marmaa Shakti = a mélyebb átalakulás ősi technológiája, amely minden szinten - test, elme, érzelmek és szellem - működik. Tudatosan vagy tudtán kívül, mindenkit programoz a társadalom. A Marmaa egy ősi technológia, amivel átprogramozhatjuk magunkat, hogy az életünket az igazi célunkhoz igazítsuk. Segíthet eltávolítani a blokkokat, és újra egyensúlyba hozni a szervezetünket. Nemcsak a fizikai fájdalmat csökkentheti vagy tüntetheti el, hanem ez az ősi technológia abban is segíthet, hogy elérjük, amit szeretnénk az életben.

Moksha = a megvilágosodás, vagy beteljesedés állapota.

Namaszté vagy **Namaszkár** = Indiában a szív előtti kezek összetételével történő üdvözlés, ami azt jelenti, hogy "a bennem lévő isteni Isten/istennő meghajol az Önben lévő isteni Isten/Istennő előtt, és tisztelem azt a helyet, ahol Ön és én egyek vagyunk."

Pakoda = hagymakarikához hasonló indiai étel, amelyet Dr. Naram arra használt, hogy megszabadítson erős fejfájásomtól, és demonstrálja azt az elvet, hogy minden lehet gyógyszer vagy méreg attól függően, hogyan, mikor, hol használjuk.

Pancsakarma vagy aszthakarma = a test alapvető rendszereinek több folyamatból álló tisztítása és újjáépítése, a Sziddha-Véda hat kulcsának egyike a mélyebb gyógyuláshoz. A *karma* jelentése "cselekvés," a *pancsa* jelentése "öt." A panchakarma tehát öt műveletből áll, amelyek célja a méreganyagok eltávolítása a testből. Az aszthakarma nyolc cselekvésből, vagyis további három lépésből áll, hogy a testet belülről kifelé megtisztítsa, és újra egyensúlyba hozza.

Pankaj Naram = az ebben a könyvben említett gyógyító mester (Dr. Naram), 1955. május 4-én született, és 2020. február 19-én hagyta el a testét.

Pitta = a tűzzel kapcsolatos *dosha*, vagy életelem.

Pulzusgyógyítás = ősi diagnosztikai módszer, amelynek során a gyógyító megérinti a páciens pulzusát, és a pulzus ugrásának módja alapján képes meghatározni, hogy milyen egyensúlyzavarok és blokkok vannak a testben, és ezek hogyan hatnak a fizikai, mentális érzelmi és spirituális egészségre.

Seva = "szolgálat"

Shakti = "erő"; vagy isteni erő, amely képes dolgok elvégzésére vagy létrehozására. Dr. Naram szerint ez az erő már bennünk van, és a *marmaa shakti* egy olyan ősi eszköz, amely segít azt előhozni — a Siddha-Veda többi kulcsával közösen segít az embereknek megtapasztalni a vibráló egészséget.

Sziddha-Véda (vagy Sziddha-Raharshajam) = gyógyító vonal, vagy gondolati iskola, amely az Ájurvédán egy lépéssel túlmutató, mélyebb gyógyulás titkaival rendelkezik, amely mesterről tanítványra száll át olyan titkokkal, vagy "technológiával" amelyek segítenek felfedezni, elérni, és élvezni amit akarunk.

> Az emberek 95 százaléka ezen a bolygón nem tudja, mit akar;
>
> 3 százaléka tudja mit akar, de nem tudja elérni azt;
>
> 1 százaléka tudja mit akar, el is éri, de végül nem élvezi.
>
> Az embereknek csak 1 százaléka tudja mit akar, el is éri, és élvezni is tudja azt.

A Sziddha-Véda hat kulcsa a mélyebb gyógyuláshoz = étrend, házi gyógymódok, gyógynövényes kezelések, marmaa shakti, életmód, és pancsakarma/ aszthakarma. Ezek segítenek abban, hogy az emberek bármely életkorban fiatalnak nézzenek ki és érezzék magukat.

Vaidja = szanszkrit szó, jelentése "orvos", Indiában olyan személyre utal, aki az őshonos indiai gyógyászati rendszereket gyakorolja.

Vata = a *dosha*, életelem amely a széllel/éterrel kapcsolatos.

Jagna = egyfajta rituálé, amelynek meghatározott célja van.

Az allopátia (modern nyugati orvoslás), az Ayurveda, és a Siddha-Veda összehasonlítása

	Allopátia	Ayurveda	Sziddha-Véda
Hány éves?	200+ éves, 1810-ben nevezték el először	5,000+ éves	2,500+ éves
Ki kezdte?	Samuel Hahnemann (1755–1843) alkotta meg az "allopátia" kifejezést, hogy megkülönböztesse a "homeopátiától"	Az egyik eredeti tudós, Szusruta azt mondta, hogy az akkoriban Varanászi királyaként megtestesült Dhanvantaritól tanulta meg ezt a gyógyászati módszert	Jivaka (Buddha és más híres kortársak orvosa)
Hogyan adták tovább?	Orvosi iskolák és szakmai képzés	Könyvek, egyetemek és gyakorlatok	Mesterről tanítványra történő átadás töretlen vonalban
Mi az alapvető célja?	A betegség tüneteinek kezelése gyógyszerekkel és műtétekkel; a testet részekre bontja, a szakemberek az egyes részekre összpontosítanak	Az "élet tudománya"- ként definiált rendszer a helyes életmódra öszszpontosít, amely segít megelőzni, vagy felülkerekedni a betegségeken(a személy dosha - alkatától függően) — a test, az elme és az érzelmek minden részének összefüggését látja, és olyan gyógymódokat hoz létre, amelyek mindezt figyelembe veszik.	Segít az embereknek a kicsattanó egészség, a korlátlan energia és a lelki béke elérésében (a személy dosha – alkatától függően) — látja a test, az elme és az érzelmek minden részének összekapcsolódá-sát, és olyan gyógymódokat hoz létre, amelyek mindezt figyelembe veszik; segít az embereknek a) felfedezni, mit akarnak, b) elérni, amit akarnak, és c) élvezni, amit elértek

Mik a diagnosztikai eszközök?	Külső gépek használatával mérhető adatok rögzítésével (pl., hőmérséklet, vérnyomás-, vércukorszint, stb.)	Az orvos közvetlen érzékelése, (pl. pulzus, nyelv, vizelet megfigyelése, stb.)	Az orvos közvetlen érzékelése (pl., pulzus és más, a helyzetnek megfelelő módszerek))
Melyek a gyógyítás fő eszközei/ módszerei?	Gyógyszerek és műtét	Gyógynövény formulák, házi gyógymódok, étrend, életmód, pancsakarma	A gyógyítás 6 eszköze, vagy "kulcsa,": házi gyógymódok, étrend, marmaa shakti, gyógynövény készítmények, pancsakarma/ aszthakarma, életmód
Mik az ellenőrző módszerek?	Kettős vak kísérletek (amelyek elkülönítik a változókat, hogy ellenőrzött környezetben teszteljék őket egy bizonyos időn keresztül)	A gyógymód hatása a közvetlen egészségi állapotra, hosszabb időn keresztül megfigyelve, különböző embereknél, több ezer éven keresztül	A gyógymód hatása a közvetlen egészségi állapotra, hosszabb időn keresztül megfigyelve, különböző embereknél, több ezer éven keresztül
Mik az erősségei?	Gyakran lehet gyors megoldás	A hosszútávú előnyökre összpontosít	A mélyebb gyógyulásra és a hosszútávú előnyökre összpontosít; mindig kiváló minőségű gyógynövényekkel, amelyek nehézfémmentesek
Mik a hátrányai?	Gyakran vannak negatív mellékhatásai a kezelésnek; emellett gyakran szakemberhez kell fordulni, ami miatt vagy biztosítással kell rendelkezni, vagy sokat kell zsebből fizetni	Gyakran időbe, erőfeszítésbe, életmódváltásba és türelembe kerül, hogy eredményeket lehessen látni; az orvos vagy a gyógynövények minősége változó; néha nehézfémek találhatók a gyógynövényekben	Hosszú várakozási idő az orvoshoz, mert nagy a kereslet; gyakran időbe, erőfeszítésbe, életmódváltásba és türelembe kerül, hogy eredményeket lehessen látni; a gyógynövények ára a minőség miatt feláras

*MyAncientSecrets.com oldalon további beszélgetést talál a fenti három módszer, valamint a hagyományos és „alternatív" gyógyítás egyéb formái közötti különbségekről.

Naplójegyzeteim (bónusz titok Önnek)
AMRAPALI TITKA

Három ősi titok különböző korú nők támogatására (15 éves kortól 60+ éves korig) az optimális hormonszintekért*

1) Házi gyógymód— A Dr. Naram által 'Amrapáli titká'-nak nevezett házi gyógymód

    250g édesköménypor
    250g őrölt római kömény
    50g ádzsvain (ajwain) por
    50g fekete só
    50g kapormag
    25g korianderpor
    10g asafoetida/hing por

Keverjük össze az összes hozzávalót, és osszuk el 60 egyenlő csomagba. (Sok, nálunk nem hagyományos hozzávaló megrendelhető az interneten.)

Egy csomag elfogyasztásához először áztassuk a keveréket meleg vízben 30-60 percig, majd igyuk meg a teljes tartalmát. Naponta négy csomagot fogyasszunk el így, a nap folyamán elosztva. Folytassuk a folyamatot legalább 6 hónapig.

2) Marmaa Shakti for Amrapali's Secret—on the left wrist under the thumb count three points down the arm, and press that point 6 times, many times a day.

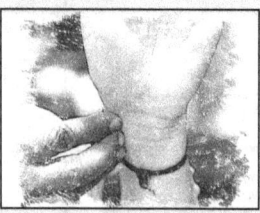 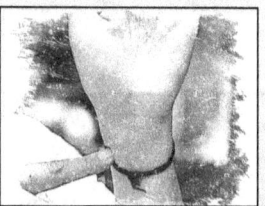

3) Gyógynövény készítmények —létezett egy folyékony és egy tabletta-alapú gyógynövénykészítmény a nők egészséges hormonjainak támogatására, amelyek olyan összetevőket tartalmaznak, mint az édeskömény, shatavari (asparagus racemosus), a zeller és a barátcserje magok.

*Bónusz anyag: Az Amrapali további titkait online fedezheti fel a tagsági oldalon: MyAncientSecrets.com/Belong.

*Ne feledje, hogy az orvosi jogi nyilatkozat mindenre vonatkozik, ami ebben a könyvben vagy online található.

Naplójegyzeteim (bónusz titok Önnek)
ŐSI TITKOK AZ IMMUNERŐ TÁMOGATÁSÁHOZ

A 12. fejezetben Dr. Giovanni segített egy méhcsaládnak felülkerekedni egy víruson, részben azzal, hogy gyógynövényeket, és egy házi gyógymódot adott nekik az immunitás erősítésére.

1) Diéta—Forraljunk fel szeletelt gyömbér gyökeret vízben 1/2 teáskanál kurkumaporral, és kortyorgassuk a nap folyamán. Kerüljük a búza- és a tejtermékeket, valamint a savanyú és az erjesztett ételeket. Ehelyett fogyasszunk mungóbab levest, és főtt zöld, leveles zöldségeket.

2) Marmaa Shakti—A jobb kézen, a középső ujj Legfelső részét nyomjuk meg 6-szor, naponta többször

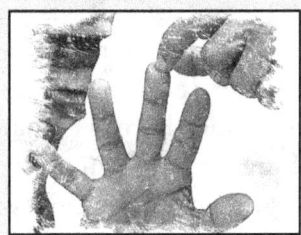

3) Házi gyógymód—Dr. Naram erőteljes ősi házi gyógymódja az immunitás támogatására:

    1 tk méz
    1/2 tk gyömbérlé
    1/2 tk kurkuma por
    1/4 tk fahéj por
    11-12 tulszi (*tulsi* - szent bazsalikom) levelek
    1/8 tk szegfűszegpor
    1 gerezd fokhagyma (de ha vallási okokból kerüli a fokhagymát, akkor nem kell beletenni)
    –keverjük össze az egészet fél pohár meleg vízben, és fogyasszuk el naponta 2-4 alkalommal.

4) Gyógynövényes gyógymódok - Dr. Giovanni megadta az immunerő támogatására szolgáló gyógynövények receptjét, amely olyan összetevőket tartalmazott, mint a gránátalma héja, az indiai tinospora, az édesgyökér, a holarrhena kéreg, az andrographis gyökér, a gyömbér és a szent bazsalikom levelei.

*Bónusz anyag: A MyAncientSecrets.com tagsági weboldalon láthatja online ezt a marmaa bemutatót és azt, hogy hogyan készítheti el ezt a gyógymódot. Ne feledje, hogy az orvosi jogi nyilatkozat mindenre vonatkozik, ami ebben a könyvben vagy online található.

A könyvben megemlített gyógynövénykészítmények*

Dr. Naram created more than 300 herbal formulas to assist people in deeper healing, which he had different names for in different countries. He created these formulations using the principles he learned from his master, from the ancient manuscripts, and from his extensive experience helping over a million people during more than 36 years. I saw how he used secret ancient processes to bring out the alchemical benefits from the combination of specific ingredients, and at the same time he utilized modern scientific facilities to ensure cleanliness, standardization, and safety. My wish is that everyone creating herbal products would do it with the same level of excellence. For any herbal supplements you use, it is wise to check if they include fresh ingredients, and ensure everything is heavy-metal free.

For educational purposes only, here is a chart listing a few of the ingredients in some of the herbal formulations mentioned in this book. It is not meant to be an exhaustive or comprehensive list. For more info on this topic, please search online or find a good teacher.

*Az alábbiak egészséges támogatására:	*Egyes gyógynövény készítmények tartalmazhatnak ilyen összetevőket:
Vérnyomás	ardzsuna (*arjuna*) kéreg, indiai köldökfű, boerhavia, bíbor tephrosia, fokhagyma
Agyműködés	törpe hajnalka, gotu kola, vizi izsóp, shatavari, fehér tök, celastrus mag olaj
Nyugalom	ashwagandha, vízi izsóp, gotu kola, törpe hajnalka, kurkuma és édesgyökér
Haj	Szezámolaj, embrikagyümölcs, indiai köldökfű, eclipta, ním (*neem*), sapindus gyümölcs, henna levelek
Immunitás	Gránátalma héja, indiai tinospora, édesgyökér gyökere, holarrhena kéreg, gyömbér, és szent bazsalikom (tulsi) levelek

Ízületek	Szárnyas fakéreg, indiai tömjén, barátcserje levelek, gyömbér, és guggul gumigyanta
Máj	phlanthus, indiai tinospora, boerhavia, chebulic myrobalin, andrographus, kapricserje
Tüdő	Gránátalma gyümölcse, sárgagyümölcs gyökerei, malabári diófa levelei, édesgyökér gyökerei, szent bazsalikom, bael fa gyökerei, illatos padre fa gyökere
Férfi hormonok	Szezámmag, tribulus, indiai tinospora, ashwaganda gyökér, indiai kudzu rizóma, és bársonyvirág magok
Izmok/ízületek „dard" enyhítése	borsmenta, télizöld olaj, oroxylum, pluchea, fahéj olaj, gyömbér, cyperus gyökér, kurkuma, barátcserje levelek
Bőr	ním (neem), kurkuma, kókuszolaj, szent bazsalikom (tulsi), édes indradzsao (sweet indrajao), fahéj, kardamom, indiai aranyeső, indiai egres, sal fa, és fekete bors
Női hormonok	édeskömény, shatavari, zeller, barátcserje magok, ördöggyapot gyökér, asoka fa kérge, és római kömény

Megjegyzés a gyógynövény termékekről és a házi gyógymódokról

Ha néhány összetevő, vagy gyógynövényformula nem elérhető az országban ahol él, ne aggódjon. Nagyon sok dolog van amit még meg lehet tenni.

Emlékszik a Sziddha-Véda hat kulcsára? Megváltoztathatja az étrendjét, megnyomkodhatja a marmaa shakti pontokat, vagy készíthet házi gyógymódokat a saját konyhájában található dolgokból. Dr. Naram gyakran módosította a gyógymódokban szereplő összetevőket az emberek állapota, alkata, kora, neme, és néha tartózkodási helye alapján. Figyelemmel kísérte azt is, hogy mi történik a testükkel, miközben szedik a gyógynövényeket, és szükségszerűen változtatott rajtuk. Tehát bármit is tesz hallgasson a testére, és ha tud, keressen egy nagyszerű gyógyítót, aki segít Önnek. Dr. Naram azt mondaná, "Az ezermérföldes út egyetlen lépéssel kezdődik. Kezdje azzal, amihez hozzáfér, és tegyen meg mindent, amit csak tud." Aztán bízzon abban, hogy vezérelve lesz, ha bármi másra lesz szüksége.

*A könyvben vagy az interneten található bármely gyógymódokkal kapcsolatban kérjük olvassa el az orvosi jogi nyilatkozatokat.

Szórakoztató képek és áldások

Dr. Clint G. Rogers a bollywoodi szupersztárral Amitabh Bachchannal.

Bhayya Joshi RSS-vezető: "Ezek a titkok felbecsülhetetlen kincsek, amelyekre az indiai és a világ minden tájáról származó emberek büszkék lehetnek."

Dr. Clint G. Rogers és Dr. Bruce Lipton, biológus és bestseller szerző.

Dr. Clint G. Rogers Poonacha Machaiah-val és Dr. Deepak Chopra-val.

Pietro Tanzini, az olaszországi Toszkáná-ban található Bucine (AR) polgármestere úgy hivatkozik Dr. Naramra, mint "GYÓGYÍTÓ GURU"-ra.

Dr. Dagmar Uecker, egy elismert német orvos, aki minden évben elhozta Dr. Naramot a németországi klinikájára, hogy olyan eseteket oldjon meg, amelyeken senki más nem tudott segíteni.

Jó hír! Különleges áldás mindazokra, akik ezt a könyvet birtokolják és megosztják sok nagy szenttől és mestertől, többek között:

Őszentsége a 14th Dalai Láma orákuluma

Őszentsége Háripraszád Szwámidzsí

Szvámi Omkar Das Ji Maharaj

Dr. Tyaginath Aghori Baba

Őeminenciája Namkha Drimed Randzsam Rinpoche

Dr. Yeshi Dhonden, tibeti orvoslás szerinti gyógyító

Bővebben a számos különböző hagyomány spirituális vezetője által adott áldásokról és egyebekről a MyAncientSecrets.com oldalon olvashat.

Szentek, tudósok és támogatók levelei:

Őszentsége Haripraszád Szvámi, Yogi Divine Society

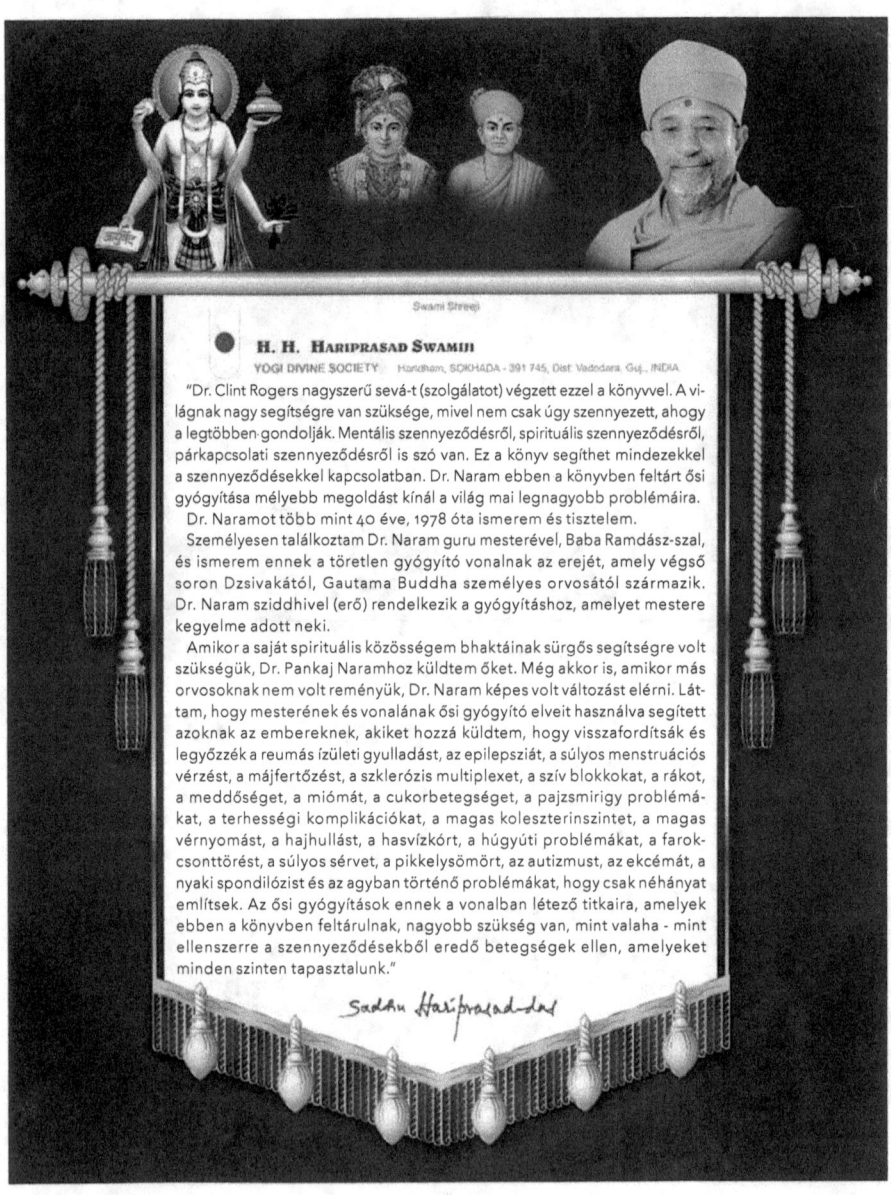

H. H. HARIPRASAD SWAMIJI
YOGI DIVINE SOCIETY   Haridham, SOKHADA - 391 745, Dist. Vadodara. Guj., INDIA

"Dr. Clint Rogers nagyszerű sevá-t (szolgálatot) végzett ezzel a könyvvel. A világnak nagy segítségre van szüksége, mivel nem csak úgy szennyezett, ahogy a legtöbben gondolják. Mentális szennyeződésről, spirituális szennyeződésről, párkapcsolati szennyeződésről is szó van. Ez a könyv segíthet mindezekkel a szennyeződésekkel kapcsolatban. Dr. Naram ebben a könyvben feltárt ősi gyógyítása mélyebb megoldást kínál a világ mai legnagyobb problémáira.

Dr. Naramot több mint 40 éve, 1978 óta ismerem és tisztelem.

Személyesen találkoztam Dr. Naram guru mesterével, Baba Ramdász-szal, és ismerem ennek a töretlen gyógyító vonalnak az erejét, amely végső soron Dzsivakától, Gautama Buddha személyes orvosától származik. Dr. Naram sziddhivel (erő) rendelkezik a gyógyításhoz, amelyet mestere kegyelme adott neki.

Amikor a saját spirituális közösségem bhaktáinak sürgős segítségre volt szükségük, Dr. Pankaj Naramhoz küldtem őket. Még akkor is, amikor más orvosoknak nem volt reményük, Dr. Naram képes volt változást elérni. Láttam, hogy mesterének és vonalának ősi gyógyító elveit használva segített azoknak az embereknek, akiket hozzá küldtem, hogy visszafordítsák és legyőzzék a reumás ízületi gyulladást, az epilepsziát, a súlyos menstruációs vérzést, a májfertőzést, a szklerózis multiplexet, a szív blokkokat, a rákot, a meddőséget, a miómát, a cukorbetegséget, a pajzsmirigy problémákat, a terhességi komplikációkat, a magas koleszterinszintet, a magas vérnyomást, a hajhullást, a hasvízkórt, a húgyúti problémákat, a farokcsonttörést, a súlyos sérvet, a pikkelysömört, az autizmust, az ekcémát, a nyaki spondilózist és az agyban történő problémákat, hogy csak néhányat említsek. Az ősi gyógyítások ennek a vonalban létező titkaira, amelyek ebben a könyvben feltárulnak, nagyobb szükség van, mint valaha - mint ellenszerre a szennyeződésekből eredő betegségek ellen, amelyeket minden szinten tapasztalunk."

Sadhu Haripraryaddad

Oracle of His Holiness the 14th Dalai Lama

ༀ༔ བཀའ་ཤུང་སྐུ་ཉེར། །

Ven. Thupten Ngodup
(Tibet legfőbb állami orákulumának
közvetítője)
Nicsing Dorzse Drayangling kolosto

"Nagyon érdekel Clint Roger hamarosan megjelenő könyve, az *Egy gyógyító mester ősi titkai*, mert pontosan kapcsolódik az Úr Buddha tanításaihoz: 'Ó bhikshuk és bölcsek, ahogyan az ember dörzsöléssel, vágással és olvasztással vizsgálja az aranyat, úgy vizsgáljátok meg jól a szavaimat és fogadjátok el őket. De nem azért, mert tiszteltek engem.'

Clint Roger alaposan utánanézett Dr. Naram ősi technikáinak, amelyekkel rengeteg betegséget lehet gyógyítani, különösen ebben a században, amikor annyi különböző betegség létezik. Nagyon szükséges az ősi és a modern gyógyítási technikák ötvözése. Áldásom és imám van ezen a könyvön és azon a több millió emberen, akik el fogják olvasni, hogy életük mély gyógyulással, boldogsággal és lelki békével legyen megáldva."

Ven. Thupten Ngodup (Tibet legfőbb állami orákulumának közvetítője)

Mrs. World Szupermodell és a Harvardon végzett doktornő

Dr. Clint G Rogers "Egy gyógyító mester ősi titkai" című könyve egy ajándék, és azt akarom, hogy ne csak az általam szeretett emberek, hanem minden egyes ember ezen a bolygón olvassa el. Szívből íródott, minden egyes magával ragadó történetbe időtlen bölcsességet illesztve - és úgy működik, mint egy biblia, amely időtállóan bevált házi gyógymódokat tartalmaz, melyeket bármikor alkalmazhatsz, amikor csak szükséged van rájuk.

Az első fejezet magával ragadott, és nem akartam letenni... annyira izgalmas volt. Egyszerű és könnyen olvasható, de a feszültség határán tartott, mindig azon gondolkodtam, hogy mi lesz a folytatás?

Nagyon tetszett, ahogyan a történetek mély, időtlen bölcsességgel (vagy "gyan", ahogyan Indiában hívjuk) összefonódtak. Gyakorlatias és inspiráló - arra késztet, hogy fontos kérdéseket tegyek fel, amelyek jobbá teszik az életemet - fizikailag, érzelmileg és spirituálisan.

Ez a könyv olyan, mint a Gita (vagy a Biblia, a Korán stb.) - bármilyen életkorban vagy életszakaszban is vagyunk, hasznunkra válik az olvasása. Mindenki találhat benne olyan bölcsességet, amely arra vonatkozik, amit az életének ezen szakaszában tapasztal. És minden alkalommal, amikor elolvassa, valami újat fog találni.

Anyaként azt szeretném, ha minden gyermek elolvasná a könyvet. Nőként és modellként pedig izgatottan várom, hogy alkalmazhassam a benne foglalt ősi titkokat, hogy fiatalabbnak tűnjek. Orvosként pedig nagyra értékelem, ahogy ez az ősi gyógyító tudomány helyreállítja a testet - a középpontból kiindulva. Rájöttem, hogy csak az egó tart vissza minden orvost vagy gyógyítót attól, hogy elfogadja más kezelési formák hatékonyságát, amelyek eltérnek attól, amit ő személyesen gyakorol.

Dr. Naram váratlan halálával erre a könyvre most nagyobb szükség van, mint valaha. Ahogy közeledtem az utolsó fejezethez, azt kívántam, bárcsak ne érne véget a történet. Már alig várom, hogy Dr. Clint G Rogers kiadja a következő könyvet!

Dr. Aditi Govitrikar (orvos, Harvardon végzett pszichológus, Mrs. World, szupermodell és színésznő)

Chairman for L&T, one of India's Most Respected Business Empires

LARSEN & TOUBRO

A. M. Naik
Group Chairman

September 05, 2018

Egy gyógyító mester ősi titkai

Több mint 30 éve ismerem Dr. Pankaj Naramot, és láttam, hogy küldetése, hogy a gyógyulást az egész világon elterjessze, az idők során folyamatosan egyre csak erősödik.

Örömmel tölt el, hogy felkértek arra, írjam meg az ajánlást ehhez a könyvhöz, mivel közös értékeink a tisztesség, a kemény munka, és ami a legfontosabb, a rendíthetetlen szenvedély, bármit is teszünk - beleértve az ősi gyógyító tanítások jelentőségének terjesztését a modern társadalmakban.

Dr. Naram elhozta a világnak azokat az ősi gyógyító gyakorlatokat, amelyek a generációk során elvesztek. Sőt, segített ezeket a gyakorlatokat feltárni és olyan módon megosztani, hogy szinte bárki számára elfogadhatóvá váljanak.

Még azután is, hogy több mint egymillió ember életét érintette meg világszerte, a küldetése iránti elkötelezettsége egyre erősödik. Egy olyan életkorban, amikor a legtöbb ember nyugdíjba vonul, ő minden eddiginél szenvedélyesebben védi, őrzi és hozza nyilvánosságra az ősi gyógyító titkokat (amelyeket a himalájai mesterek kézirataiból gyűjtöttek össze), hogy segítsen hatékonyabban gyógyítani ezt a világot.

Biztos vagyok benne, hogy Dr. Naram élettörténetét, amelyet Dr. Clint Rogers egyetemi kutató osztott meg önökkel, igazán lenyűgözőnek és inspirálónak fogják találni, ahogy ebben a könyvben felfedezik az ősi bölcsesség gyöngyszemeit, amelyeket a mindennapi életükben is alkalmazhatnak.

Sok sikert kívánok neki nemes törekvéseihez.

Üdvözlettel,

A.M Naik
Csoportelnök - Larsen & Toubro

Larsen & Toubro Limited, Landmark Bldg, 'A' Wing, Suren Road, Chakala, Adheri(East), Mumbai 400 093, INDIA
Tel:+91 22 66965233 Fax: +91 22 6696 5334 Email:amn@Larsentoubro.com www.Larsentoubro.com
Bejegyzett székhely: L&T House, N.M. Marg, Ballard Estate, Mumbai - 400 001, INDIA CIN: L99999MH1946PLC004768

Őszentsége, isteni Premben

Swami Shreeji

YOGI MAHILA KENDRA

(Bombay Pumblic Trust Act Reg. No. BRD / E / 2593, Dt. 19-8-1978)
(Income Tax Act Reg. No. 110-Y-1)

President : H.D.H. Hariprasad Swamiji
Secretary : Vitthaldas S. Patel

HARIDHAM, Po. : SOKHADA - 391 745, Di. Vadodara, Gujarat
Ph:(0265) 86011/22/33/44/55,86242, Fax:(0265) 86503,86526,86142

Dr. Pankaj Naram az ősi gyógyító titkok világszinten elismert szakértője. Gurum, Őszentsége Haripraszád Szvámi Maharadzsa (a Yogi Divine Society alapítója és elnöke) több mint 40 éve ismeri Dr. Pankaj Naramot.

Ez a könyv arra ösztönöz, hogy Dr. Pankaj Naram ősi gyógyító titkait beépítsük a mindennapi életünkbe. Segít az embereknek étrenddel, életmóddal, gyógynövényekkel, házi gyógymódokkal a hatalmas energiáért, az egészséges és boldog életért.

Mindig is megérintett Dr. Pankaj Naram küldetése, hogy az Ősi Gyógyításon keresztül minden szívbe és a Föld minden otthonába eljuttassa annak jótékony hatását.

Szedem a gyógyszerét cukorbetegségre és koleszterinszintre, és rendkívüli eredményeket értem el. A Bhakti Ashramban (Yogi Mahila Kendra) sok szádhvi (remete) szedi a gyógyszereit, és hihetetlen hatást értek el, néhányan teljesen meggyógyultak. Legyen az cukorbetegség, pajzsmirigy, ízületi gyulladás, ízületi fájdalom, hátfájás, asztma és még sok más. Az Ő Marmaája csodákat művel a kritikus állapotban lévő embereken. Dr. Naram sokunkat vegán, gluténmentes étrendre is állított a gyógynövény-kiegészítőivel, a testmozgással és a pancsakarmával. Mindegyiknek elképesztő eredményei vannak.

Köszönöm Clint G Rogersnek ezt a csodálatos könyvet, amelyet minden embernek el kellene olvasnia."

Sadhvi Suhrad

shadhvi suhrad.

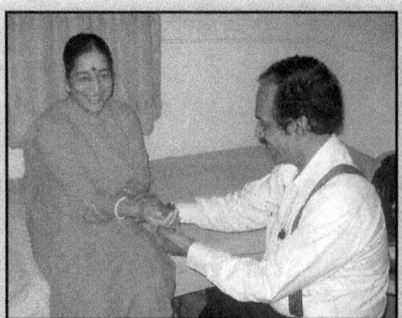

(Donation to this Trust is eligible for relief under section 80 G of Income Tax Act)

A Táplálkozáskutatási Alapítvány elnöke és
6-szoros *NY Times* bestseller író

The Offices Of
Joel Fuhrman, M.D.

2019. Június 18.

Nagyra értékelem Clint barátságát és bajtársiasságát. Nagyon érdekelte az a kiterjedt kutatás, amelyet arról végeztem, hogy a táplálkozási diéta hogyan képes teljesen visszafordítani az olyan egészségügyi kihívásokat, mint a cukorbetegség, a magas vérnyomás, a szívbetegségek, az elhízás, az autoimmun betegségek és még sok más. Életem kutatásai, amelyeket könyveimben és a PBS TV műsoraiban osztottam meg, azt mutatják be, hogy az egészségügyi problémák, amelyekkel szembesülünk, közvetlenül összefüggésben állnak az étkezésünkkel, és hogy ha változtatunk az étkezésünkön, az nagymértékben befolyásolja fizikai, mentális és érzelmi egészségünket, méghozzá jelentős mértékben.

A mindenféle betegséget és rosszullétet visszafordító emberek figyelemre méltó történetei nem számítanak "orvosi csodának". Ezek az eredmények kiszámíthatóak, ha bizonyos elveket követünk. Az egészség az Ön joga, és bárki számára elérhető. A problémát a mérgező ételek, az életmód és a gyógyszerek jelentik, amelyeket a legtöbb ember fogyaszt, és amelyek évről évre megterhelik a test szöveteit, amíg azok végül összeomlanak. A jó hír az, hogy gyakorlatilag bármilyen betegséget meg lehet gyógyítani, és ha akarjuk, azok eleve el is kerülhetőek. Az emberi test már eleve egy csodálatos önjavító, öngyógyító gépezet, ha egyszerűen csak optimálisan megfelelő ételekkel és szokásokkal tápláljuk.

Clintben azt szeretem, hogy az igazság keresője, akit kíváncsisága egy egyedülálló útra és küldetésre vezetett. Lenyűgöző tudással rendelkezik a hasznos, de általában ismeretlen ősi gyógyítási technikákról. Egyszer, amikor együtt voltunk Mexikóban, a feleségem súlyos emésztési problémával betegedett meg (amit néha Montezuma bosszújának is neveznek). Clint gyorsan segített rajta a Dr. Naramtól ismert gyógymóddal, amin meglepődve és örömmel tapasztaltuk, hogy másnapra meggyógyult. Amit a legjobban tisztelek, az Clint szíve és erőteljes vágya, hogy minden ember iránt jóakaratú legyen. Sok sikert kívánok neki ehhez a könyvhöz és az emberiség megsegítésére irányuló általános küldetéséhez.

[signature]

A Táplálkozáskutatási Alapítvány elnöke

6-szoros NY Times bestseller író

4 Walter E Foran Boulvard, Suite 409, Flemington New Jersey 08822 Phone:(908)237-0200 Fax(908) 237-0210
Web www.DrFuhrman.com

Még egy szórakoztató történet Önnek

A nepáli Kathmanduban létezik egy Szvájámbunáth nevű templom (szeretetteljes nevén: "majomtemplom"). Ez az a hely, ahol Dr. Naram először kezdte el tanulni a pulzusgyógyítást a mesterétől. E könyv előkészítése során Dr. Naram és én (Dr. Clint) elmentünk a templomba, hogy köszönetet mondjunk.

Egyszer csak letettem a könyvet, hogy lefényképezzem a gyönyörű háttérrel... és ekkor a lenti, igen váratlan esemény történt!

„Tantric Monkey" without hands walked over, picked up the book, & held it carefully.

Aghori Kabiraj

Aghori Kabiradzs, a több mint négyszáz majom (akik a templom területén szabadon élnek) nem hivatalos gondozója, értetlenkedve állt az eset előtt. Azt mondta, hogy még soha nem látott ilyesmit. Elmondása szerint ez nem akármilyen majom volt. Könnyen felismerhető, mert nincs keze, és őt tartják a templom legerősebb "tantrikus majmának" és Hanuman Úrnak, a majomisten közvetlen képviselőjének.

"Nem hiszek a szememnek," mondta. "Csodát tett!" Aghori Kabiradzs hangsúlyozta ennek az áldásnak az egyedülálló erejét. "Bármi is van ebben a könyvben, azt Hanuman megáldotta, és aki rendelkezik ezzel a könyvvel otthonában és az életében, az meg lesz áldva ezzel az isteni védelemmel, gyógyulással és az akadályok elhárításával is."

"Nyugati szkeptikusként" őszintén szólva nem tudtam mit kezdjek ezzel az egész helyzettel. Mégis, mivel éreztem az isteni erő áldását ennek a könyvnek a létrehozásában, hálás voltam, hogy ez az aghori mester elismerte: ha most a kezében tartja ezt a könyvet, az az isteni áldás erős jele az Ön életében is.

Namaszté.

A Szerzőről

Dr. Clint G. Rogers, PhD egy egyetemi kutató, akinek nem volt ideje az „alternatív orvoslásra." Mivel szkeptikusan állt mindenhez, ami a nyugati tudomány birodalmán kívül esik, ezért amikor találkozott Dr. Naram ősi gyógyító világával, kész volt elvetni és lekicsinyelni mindent, aminek tanúja volt.

Aztán egyszer csak a modern orvostudomány cserbenhagyta a saját apját - Dr. Clint pedig kétségbeesetten keresni kezdte a megoldást, mellyel életben tarthatná apját.

A TEDx előadásán keresztül, amely milliókhoz jutott el, és a jelen, az *Egy gyógyító mester ősi titkai* című könyvén keresztül Dr. Clint feltárja, hogy az apja iránti szeretet volt az, ami átlendítette őt a logikusnak vagy lehetségesnek vélt korlátokon egy olyan világba, ahol a 'gyógyító csodák' mindennapos tapasztalásnak számítanak.

E könyv megjelenéséig számítva, Dr. Clint több mint 10 évig utazott Dr. Narammal, dokumentálva az ősi titkokat, és segítve, hogy minél több ember tudjon a létezésükről.

A könyv és a TEDx előadás mellett, Dr. Clint megtervezett, és Dr. Narammal együtt tartott egy egyetemi tanfolyamot Berlinben a világ minden tájáról érkező briliáns orvosok számára, akik meg akarták tanulni, és alkalmazni akarták ezeket az ősi gyógyító titkokat.

Dr. Clint jelenleg a *Wisdom of the World Wellness* vezérigazgatója, egy olyan álmodozókból és cselekvőkből álló szervezeté, amely a bolygó legjobb bölcsességeit keresi, hogy mindenki részesülhessen belőle.

Emellett az *Ancient Secrets Foundation* kuratóriumi tagja, amely támogatja a humanitárius erőfeszítéseket, amelyeket Dr. Naram nagyon szeretett.

Dr. Clint szenvedélye, hogy megossza a mélyebb gyógyításnak ezt a formáját. Habár nem mindenki választja azt, de legalább tudniuk kell, hogy van választási lehetőségük.

INGYENES BÓNUSZ

Fedezze fel az ősi gyógyító titkokat, amelyek megváltoztathatják az életét

Küzd Ön, vagy valamelyik szerette a következő kihívások egyikével:

- ✓ Fizikai
- ✓ Mentális
- ✓ Érzelmi
- ✓ Spirituális

Szeretne megszabadulni a szenvedéstől, amely évek óta kínozza?

INGYENES tagsági weboldalunk tartalmazza az összes linket, videót és forrást ebből a könyvből, ami az én ajándékom Önnek.

Dr. Clint G. Rogers és Dr. Naram

Erre most a következő weboldalon regisztrálhat: www.MyAncientSecrets.com/Belong

Az INGYENES TAGSÁGI WEBOLDALON felfedezheti:

- ✓ Hogyan csökkentheti azonnal a szorongást
- ✓ Hogyan fogyjon le, és tartsa meg a súlyát
- ✓ Hogyan erősítheti immunitását és növelheti energiáját
- ✓ Hogyan enyhítheti az ízületi fájdalmakat étellel
- ✓ Hogyan javíthatja a memóriáját és a koncentrációját
- ✓ Hogyan fedezze fel az élete célját
- ✓ És még sok mást...

Minden fejezethez kap videókat, amelyek illeszkednek az egyes fejezetekhez, bemutatva a könyvben található titkokat, így segíthet önmagán és másokon.

Emellett egy hatásos játékot is kipróbálhat, amelynek címe: *30 nap az Önben rejlő ősi titkos erő feltárásához*. Játék közben felfedezheti, hogyan alkalmazhatja azonnal az ősi gyógyító titkokat az életében. (MEGJEGYZÉS: Ez magában foglal olyan haladó tartalmakat, amelyek ebben a könyvben nem találhatóak meg.)

Fedezze fel most itt: MyAncientSecrets.com/Belong

www.ingramcontent.com/pod-product-compliance
Lightning Source LLC
Chambersburg PA
CBHW050311120526
44592CB00014B/1867